[以]莎拉·科查夫——著
李巧燕——译

ISRAEL

以色列

中国友谊出版公司

扉页图　这张彩色的耶路撒冷是原稿的一份15世纪的摹本，原作者是锡安山的布尔查德（Burchard of Mount Sion）。

本跨页图　位于死海边上的马萨达城堡是希律王的宫廷之一，后来成为犹太人第一次起义中的最后一个据点，当时有960名犹太人宁死不向罗马军队投降。

ותירך שמו לעולם ועד פלמתכה לסת כול עולמים ובכל שלטתנה   לטובים וב
בכול דור ודור ברוך א̇דא̇ ו̇ברוך שמו לעולם ועד ניען   להודיע גב
יאלוהות בטרויו וחסור בכול מעשיו ברוך אדא̇ וברוך   לכל פתאא
שמו לעולם ועד סומך אדא̇ לכול הנופלים וזוקף לכול   רוב בעשו
הכפופים ברוך אדא̇ וברוך שמו לעולם ועד עונו   להשיבו לו
כול יאלגת ושטרי ואתה נותן להכה אוגלהם בעתו   הגא חוק
ברוך אדא̇ וברוך שמו לעולם ועד פותה יאתה את
ידנה ומשביע לכול חרנעון ברוך אדא̇ וברוך שמו
לעולם ועד יענק בכול דרכו וחסור בכול   ועקוב חו
מעשיו ברוך אדא̇ וברוך שמו לעולם ועד קרוב אדא̇   ידעה בלב
לכול קראיו ירואידו בעמות ברוך אדא̇   נבןשון ב̇
וברוך שמו לעולם ועד ועשה ראון שועתם   ינייזוק ל̇
ושמע וישיעם ברוך אדא̇ וברוך שמו לעולם ועד   וברתה על
שומר אדא̇ את בול ורואי ואת עשגוק ושפר   וחזן שר
ברוך אדא̇ וברוך שמו לעולם ועד   בלך דקה
אדא̇ ודבר פוטיך כל דורשו   עונו יש
ברוך אדא̇   פען ויעה

本跨页图　1947 年，人们在死海以西的犹大沙漠中发现了《死海古卷》。《死海古卷》包含了《圣经》相关的文献以及库姆兰社区（Qumran community）的文件，它们被藏在沙漠的 11 个洞穴里。

下一跨页图　代表犹太历尼散月的女性形象。出现在 4 世纪哈马特太巴列（Hammat Tiberias）犹太会堂中黄道十二宫镶嵌画的一角，显示了希腊罗马艺术的巨大影响。

本页图 公元前 9 世纪的腓尼基象牙装饰板,发现于撒玛利亚,可能用作木制家具的镶嵌物。(以色列博物馆)

下一跨页图 耶路撒冷旧城北区俯视图。在图片的中央可以看到救世主教堂(Church of the Redeemer)的高塔和圣墓教堂的灰色圆顶;而在图片左边则可以看到圣殿山上的圆顶清真寺。

目录 | CONTENTS

前言　16

圣地历史　25

古代地图绘制与印刷品　95

鸟瞰以色列　125

金色的耶路撒冷　145

圣地的历史巡礼　205

参考文献　296

上一跨页图 圣殿山西墙，也称哭墙，它是耶路撒冷犹太人宗教生活的中心。这堵墙由希律王时期精细的石砌工艺砌成，是环绕第二圣殿庭院的古城墙的残存部分。

本跨页图 圆顶清真寺是伊斯兰教最神圣的地方之一，最初在 691 年建于第二圣殿的遗址之上。它坐落在圣石之上，遵循非常精确的几何设计建造。

前言 | PREFACE

圣地的历史藏在《圣经》的书页里,从一望无际的沙漠里,从俯瞰死海的洞穴深处,从城市的废墟中,都可以追寻到圣地的历史。这是一片对犹太教徒、基督徒和穆斯林而言都很神圣的土地,纳巴泰的堡垒、以色列的城市、罗马的圆形剧场、拜占庭的教堂、十字军的城堡和穆斯林的清真寺共同向我们展示了圣地的历史。以色列地处亚欧大陆的十字路口,山河壮丽,众多民族在这里交汇。如今这个年轻的国家正在努力追求和平之路。

本书将带领读者沿着约旦河谷,越过加利利山丘,走过地中海沿岸,穿过内盖夫的沙漠,进行一次发现之旅,把几千年来的历史拼凑成一幅完整的图画。我们拥有最优秀的摄影师,他们不仅拍下了壮观的鸟瞰图、艺术珍品的细节图,也捕捉到了历史留下的石堆废墟以及如今人们的日常生活场景,并配有深入浅出的文字对照片进行补充,以便读者可以获得更深入的了解。

图表和平面图纸进一步展现了古代遗迹的意义。详尽的建筑复原图突破了相机的局限,展示了这些伟大的城市和建筑过去的样子。本书是对这片土地的赞美,无论是追寻冒险的游客还是向往舒适的读者,都可以在本书中获得无数的惊喜。

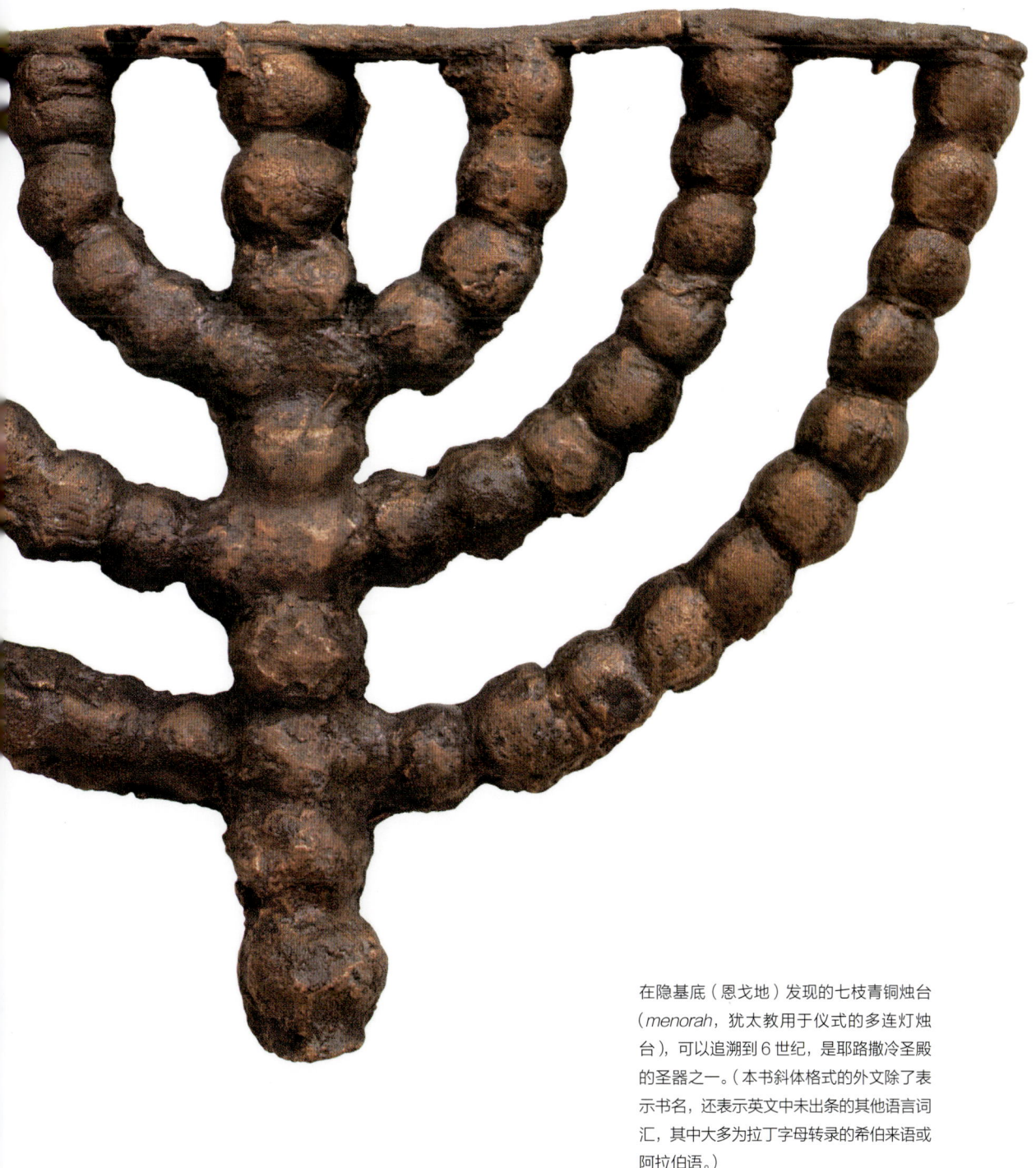

在隐基底（恩戈地）发现的七枝青铜烛台（*menorah*，犹太教用于仪式的多连灯烛台），可以追溯到6世纪，是耶路撒冷圣殿的圣器之一。（本书斜体格式的外文除了表示书名，还表示英文中未出条的其他语言词汇，其中大多为拉丁字母转录的希伯来语或阿拉伯语。）

内盖夫沙漠中拉蒙坑边缘的米兹佩拉蒙（Mitzpe Ramon），现在已经发展成为一个旅游中心。该坑是一个"侵蚀性环谷"（erosional cirque），以其独特的岩石构造而闻名。

耶斯列谷的纳哈勒（Nahalal）是以色列的第一个农业合作社（莫沙夫，Moshavim），成立于1921年。合作社成员的住宅位于一条环形道路上，公共机构位于中心，农场建筑向外辐射。

从度假胜地埃拉特（Eilat）出发，沿着亚喀巴湾的西岸可以南望埃及。西奈半岛的沙漠山脉和埃拉特的海水在这里山水相遇。这里的海域以盛产热带鱼闻名。

圣地历史

圣地历史	26	拜占庭时期：基督教传入圣地	76
历史大事记	29	阿拉伯统治早期：伊斯兰教的传入	80
石器时代和铜石时代	38	十字军时期：圣地重归基督教怀抱	82
青铜时代：迦南人的时代	44	马穆鲁克时期：圣地被归还	86
铁器时代：《圣经》中的族长时代	52	奥斯曼帝国早期：土耳其的统治	88
巴比伦和波斯时期：流放与回归	58	现代以色列的诞生	90
希腊化时期：哈斯蒙尼王朝的兴衰	60	今日以色列	92
罗马时期：希律王、总督和犹太起义	64		

圣地历史

圣地的历史很大程度上取决于它的位置。该国位于一块狭长的陆地上,西邻地中海,东接山脉和沙漠。该国的海岸线笔直,天然锚地少,与南边邻国、北部邻国以及从东边穿越沙漠的游牧民族的关系深深影响了它。这片土地保留了几个世纪以来众多征服国的印记。这些印记存在于它的废墟中,也存在于如今人们的生活里。这个国家之所以被称为圣地,是因为它是西方文明两大宗

上图 两个来自基色遗址(Tel Gezer)的金雕像,该雕像可追溯到公元前16世纪。雕像采用凸纹技术制作,在小砧上将金箔从背面敲成浮雕,再刻上小型图案。此雕像可能是迦南神祇,从雕像的衣着和装饰中可以发现埃及文化的影响。(以色列博物馆)

左图 在阿朱勒(Tel el-Ajjul,又称古加沙)遗址发现的伊什塔尔(Ishtar)星形金吊坠。古加沙遗址位于加沙南部,是埃及和迦南之间的贸易路线必经之地。人们在这里的地下藏匿点和墓地中发现了大量黄金文物。

来自阿朱勒遗址的金色吊坠，图案中的人物可能是丰产女神阿什脱雷思（Asthoreth）。这个人物也与埃及女神哈托尔（Hathor）有关联。哈托尔是妇女的保护神，热爱音乐，同情死者。雕刻风格深受埃及文化影响。（洛克菲勒考古博物馆）

教——犹太教和基督教——的发源地。伊斯兰教也坚持认为圣地属于他们。伴随着征服者的更迭，圣地的名称——或它的一部分——也随着改变，同时它的边界也发生着变化。

在地理上，圣地通常被称为巴勒斯坦（Palestine）。巴勒斯坦这个名字来源于希伯来语非利士（*Peleshet* 或 *Philistia*）。历史上，这片土地一直被称为巴勒斯坦，但自从1948年犹太人为自己赢得了独立家园后，它被称为以色列。以色列这个名字可以追溯到犹太族长时代。该国地处两种文化——南部的埃及文化和东部的美索不达米亚文化——之间的桥梁地带，底格里斯河和幼发拉底河从这里流向新月沃土（Fertile Crescent），因此这片土地深受两条古贸易主干道的影响。两者中沿海大道（*Via Maris*）更重要。它自埃及北上，沿海岸平地，越过低山山口来到米吉多（Megiddo），然后分成两个支路，一支沿着海岸向上，另一支则穿过夏琐（Hazor）直达大马士革。第二条贸易主干道是沿着约旦河东岸延伸的国王大道。

我们对圣地历史的了解基于几个来源。对圣地遗迹的考古发现提供了很多信息。在以色列，大多数考古挖掘都是在土丘（*tell/tel*，又称台形遗址）上进行的。这些土丘由数千年来的碎片堆积而成。考古学家挖开这些土丘，一层又一层地揭开居住在这里的人类的历史。将给定层的含有物与圣地的其他文物发现进行比较，可以确定这片土地上曾经出现的文化类型。对大量陶器、各类墓葬以及植物种子或动物骨骼等其他自然遗物的研究，都有助于确定某个时代人们的生活方式。冶金技术提供了很多关于战争如何进行以及科技发展的知识。很多关于圣地的历史信息主要来自《圣经》。《旧约》和《新约》提到的475个地名中，许多可以与现有的考古遗址相匹配。人们甚至可以从《圣经》中提到的战争寻求到一些证据。其他来源包括古代历史学家的记载。罗马犹太人弗拉维乌斯·约瑟夫斯（Flavius Josephus）可能是这片土地上最权威的历史学家。埃及古墓中发现的碑文或诸如《阿玛纳信件》（*el-Amarna Letters*）等泥板档案也提供了一些有价值的线索。1947年发现的《死海古卷》（*Dead Sea Scrolls*）提供了大量新信息，不时引发学者之间的激烈争论。

历史大事记

青铜时代

约公元前3150—前1200年

铁器时代

约公元前1200—前586年

青铜和铜开始普遍用于制造工具和武器。尽管回归游牧生活方式标志着早期青铜时代的结束，但是第一批设防城镇出现了。在公元前2千纪（前2000—前1001）初，城镇生活得到恢复。在这一时期的大部分时间里，沿海平原和巴勒斯坦的其他大部分地区都被埃及所控制。在埃及文化的强烈影响下，迦南文化也开始发展。这一时期常见的艺术品包括圆筒印和印章。随着陶轮的引入，陶器出现创新。人们开始种植橄榄树和用于酿酒的葡萄树。

海上民族，即包括非利士人在内的海上部落群体，入侵沿海地区并取代了埃及人。迦南族仍然是一股强大的力量。除了非利士人在南部海岸的据点，大卫征服了耶路撒冷和巴勒斯坦。所罗门继承联合王国的王位。他死后，王国被分为以色列和犹大王国。埃及法老示撒（Shishak）入侵巴勒斯坦。亚哈王（King Ahab）被亚述王沙尔曼尼谢三世（Shalmaneser III）打败。亚述人在公元前722年征服以色列，以色列的10个部落被驱散。犹大王国向亚述进贡，亚述也控制了埃及。公元前598年，耶路撒冷向巴比伦人投降。公元前586年，城市被摧毁，圣殿也遭到破坏。

埃及的诅咒祷文提及"耶路撒冷"
（约前1850—前1810）
图特摩斯三世（Tuthmosis III）开始在巴勒斯坦发动战争，包括最出名的米吉多战役
（约前1479）
阿玛纳信件
（约前1350）
麦伦普塔赫（Merneptah）与以色列之战
（约前1238）
海上民族入侵的开始
（约前1220）

大卫王国
（约前1004—前965）
所罗门夺得王位
（约前965）
王国分裂
（约前928）
示撒入侵巴勒斯坦
（前923）
以色列落入亚述人之手
（前722）
辛那赫里布（西拿基立）攻打拉吉（Lachish）
（前701）
希西家重建耶路撒冷
（前701）
耶路撒冷落入尼布甲尼撒之手
（前598）
圣殿被毁，犹太人开始流亡
（前586）

巴比伦和波斯时期
公元前586—前332年

公元前586年，耶路撒冷被巴比伦人攻陷，城市和圣殿被摧毁，犹大王国民众被流放到巴比伦。公元前538年，波斯国王居鲁士占领巴比伦，允许犹太人返回。虽然圣殿在慢慢地重建，但城市仍然很贫穷。被任命为总督的尼希米（Nehemiah）下令重建耶路撒冷的城墙。

居鲁士宣告犹太人回归
（前538）
重建圣殿
（前520—前515）
以斯拉（Ezra）归来
（前458）
重建耶路撒冷城墙
（前445）

希腊化时期
公元前332—前37年

公元前332年，亚历山大大帝征服圣地，埃及和巴勒斯坦落入将军托勒密之手。托勒密和塞琉古为争夺巴勒斯坦而战，塞琉古于前198年掌握统治权。前167年，犹大·马加比（Judah Maccabee）领导起义成功，建立哈斯蒙尼王国。内部冲突威胁着哈斯蒙尼王国的稳定，罗马人在公元前63年控制了哈斯蒙尼王国。在帕提亚人的帮助下，哈斯蒙尼人安提戈努斯成为犹地亚之王。

亚历山大大帝征服巴勒斯坦
（前332）
托勒密一世获得巴勒斯坦
（前301）
托勒密四世收复巴勒斯坦
（前217）
安条克三世征服巴勒斯坦大部分地区
（前198）
安条克四世掠夺圣殿
（前169）
哈斯蒙尼叛乱开始
（前167）
犹大·马加比攻占耶路撒冷，重新命名圣殿
（前164）
庞培攻占耶路撒冷
（前63）
帕提亚人入侵
（前40）

罗马时期
公元前 37—公元 324 年

拜占庭时期
324—640 年

公元前 37 年，安提帕特（Antipater）的儿子希律征服耶路撒冷。希律用一系列宏伟的建筑工程在这个国家留下了永久的印记。公元前 4 年希律去世之后，他的儿子们没有表现出和他媲美的品质，巴勒斯坦落入罗马总督之手。这是一个相当动荡的时期。拿撒勒人耶稣在公元 30 年左右被钉死在十字架上。公元 66 年，第一次犹太人起义爆发。公元 70 年，圣殿被摧毁。哈德良试图将耶路撒冷重建为一个异教城市，引发第二次犹太人起义。哈德良平息叛乱，并重建耶路撒冷，将其命名为埃利亚·卡皮托利纳（Aelia Capitolina）。加利利地区成为犹太人生活的中心。

313 年，君士坦丁皈依基督教，改变了圣地的宗教面貌。324 年，巴勒斯坦成为信奉基督教的东罗马帝国的一部分。福音书中提到的所有圣地都修建了教堂。来自帝国各地的朝圣者帮助了停滞不前的经济。犹太人和撒玛利亚人起义反对伽卢斯（Gallus）。529 年，撒玛利亚人再次起义。查士丁尼皇帝推出新法。撒玛利亚人和犹太人帮助入侵的波斯人，基督徒被屠杀，教堂被摧毁。614 年，耶路撒冷被攻占，犹太人获得 3 年的城市控制权。希拉克略一世（Heraclius I）皇帝进行和平谈判，但基督徒的生活并没有完全恢复。638 年，耶路撒冷向阿拉伯人投降。

希律王
（前 37—前 4）
执政官统治时期
（6—41）
本丢·彼拉多（Pontius Pilate）担任犹太行省的执政官
（26—36）
耶稣之死
（30）
希律·亚基帕一世
（41—44）
第一次犹太人起义
（66—70）
耶路撒冷和圣殿被毁
（70）
第二次犹太人起义
（132—135）

基督教合法化
（313）
圣墓教堂建成
（335）
反对伽卢斯的起义
（351）
查士丁尼皇帝
（527—565）
撒玛利亚起义
（529）
波斯入侵
（614）
希拉克略一世把真正的十字架归还耶路撒冷
（629）
阿拉伯人征服耶路撒冷
（638）

阿拉伯统治早期
640—1099 年

十字军时期
1099—1291 年

638 年，耶路撒冷向第二代哈里发欧麦尔（'Umar）投降。640 年，恺撒利亚投降，至此整个国家落入阿拉伯人手中。这一时期，首府位于拉姆拉（Ramlah）。除了哈里发哈基姆（al-Hakim）时期的迫害外，基督教被允许存在。969 年，法蒂玛王朝征服了巴勒斯坦，或者也可以说至少他们控制了城市，而大部分乡村地区由贝都因人控制。到 1071 年，塞尔柱土耳其人（Seljuk Turks）不仅占领了该国其他地区，还占领了耶路撒冷。1098 年，法蒂玛人重新夺回耶路撒冷。

为响应教皇乌尔班二世的呼吁，十字军于 1099 年 7 月 15 日占领耶路撒冷，屠杀犹太人和穆斯林。1153 年，在热那亚、比萨和威尼斯城邦的帮助下，沿海地区被征服。在哈丁战役（Hattin）中出现逆转，十字军退守推罗（提尔）。1191 年 7 月，狮心王理查成功攻破阿卡城，收复了推罗和雅法之间的海岸。腓特烈二世通过谈判取得了耶路撒冷、拿撒勒和伯利恒的回归。1244 年，耶路撒冷再次被征服。拜巴尔（Baybars）领导了最后一场战役，最后使得十字军在 1291 年离开圣地。

先知穆罕默德去世
（632）
耶路撒冷投降
（638）
圆顶清真寺修建
（691）
阿克萨清真寺竣工
（约 710）
法蒂玛王朝局部统治
（969—1099）
塞尔柱人占领耶路撒冷
（1071）
法蒂玛人夺回耶路撒冷
（1098）

十字军占领耶路撒冷
（1099）
鲍德温一世
（1100—1118）
萨拉丁在哈丁战役中获胜
（1187）
通过外交手段夺回耶路撒冷
（1228—1244）
拜巴尔开始组织战争
（1265）
阿卡城陷落
（1291）

马穆鲁克时期
1291—1517年

巴勒斯坦在马穆鲁克时期发展停滞。在耶路撒冷,许多十字军建筑成为穆斯林宗教机构。为了防止十字军入侵的再次发生,雅法、阿卡和许多其他沿海城市被摧毁。基督徒和犹太人受到限制,而格鲁吉亚和埃塞俄比亚基督徒享有特权。方济各会修士于1335年回归并在锡安山购买了一座小房子。耶路撒冷仍然是一座没有围墙的城市。这一时期出现了众多伊斯兰宗教机构,城市的马穆鲁克建筑也是这一时期的历史见证。

巴赫里马穆鲁克(Bahri Mamluk)王朝
(1250—1390)
拜巴尔一世
(1260—1277)
纳塞尔·穆罕默德(al-Nasir Muhammad)
(约1294—1340)
布尔吉马穆鲁克王朝
(1382—1517)

奥斯曼时期
1517—1917年

1516年,马穆鲁克人在叙利亚北部被土耳其人击败。苏莱曼大帝重新修筑耶路撒冷的城墙。此后,该地区进入衰退状态。大部分农村仍然掌握在贝都因人或当地统治者手中,他们对人民征收重税。1799年,拿破仑的军队从埃及进入,一路未遇到抵抗,直到阿卡城外被贾扎尔帕夏和英国舰队击溃。在埃及国王穆罕默德·阿里的统治下,圣地对外国领事馆、传教士、探险家和测量员开放。犹太复国主义运动奠定了现代以色列国的基础。

土耳其人征服巴勒斯坦
(1517)
拿破仑战役
(1799)
埃及的穆罕默德·阿里
(1832—1840)
英国和普鲁士联合主教区
(1840—1881)
巴勒斯坦探查基金(Palestine Exploration Fund)
(成立于1865)
第一届犹太复国主义代表大会
(巴塞尔,1897)
贝尔福宣言
(1917)

黑门山（赫尔蒙山）
MOUNT HERMON

戈兰
GOLAN

叙利亚
SYRIA

宁录（尼姆鲁德）
NIMRUD

恺撒利亚腓立比
CAESAREA PHILIPPI

迦百农
CAPERNAUM

约旦河源
JORDAN SOURCES

夏琐
HAZOR

萨法德
SAFED

加低斯
KADESH

巴阿姆
BAR AM

波弗特
BEAUFORT

上加利利
UPPER GALILEE

蒙特福特
MONTFORT

黎巴嫩
LEBANON

撒勒法
SAREPTA

推罗
TYRE

西顿
SIDON

| 哈马特加德尔温泉 |
| HAMMAT GADER |

我们的艺术之旅从左上角的黑门山，即《旧约》中的"圣山"开始。约旦河的支流在山脚下的宁录古堡垒以南汇合，继续向右，途经太巴列湖（加利利海）。它一路从北到南流经众多《圣经》地点，其中包括见证基督"喂饱五千人"奇迹的塔布加。上加利利和下加利利的平原、加低斯堡夹在约旦和海岸线之间。这里曾经是拉美西斯二世和赫梯人之间的战场（公元前13世纪），古老的犹太会堂，例如巴阿姆和萨法德，如今还在被人们使用。沿着海岸依次坐落着腓尼基港口西顿和推罗。紧跟着的是十字军在圣地的最后据点阿卡城。在最右边，十字军堡垒贝尔沃和东南边的拿撒勒隔空遥望。正是在拿撒勒这个小城，耶稣基督度过了他的幼年和青年时期。

格姆拉
GAMLA

太巴列
TIBERIADE

加利利海
SEE OF GALILEE

八福教堂
CHURCH OF THE BEATITUDES

塔布加
TABGHA

贝尔沃
BELVOIR

哈马特太巴列（温泉）
HAMMAT TIBERIAS

地泊山（塔博尔山）
MOUNT TABOR

梅隆
MEIRON

拿撒勒
NAZARETH

塞弗里斯
SEPPHORIS

下加利利
LOWER GALILEE

贝特舍阿里姆
BEIT SHE'ARIM

迦密洞穴
CARMEL CAVES

多珥
DOR

阿卡
ACRE

海法
HAIFA

阿特利特
ATLIT

地中海
MEDITERRANEAN SEA

36

地图标注：
- 约旦 JORDAN
- 死海 DEAD SEA
- 希律堡 HERODIUM
- 马萨达 MASADA
- 马姆希特 MAMSHIT
- 隐基底 EIN GEDI
- 以土买 IDUMAEA
- 亚拉得 ARAD
- 内盖夫 NEGEV
- 阿夫达特 AVDAT
- 贝特古布林 BEIT GUBRIN
- 拉吉 LACHISH
- 别是巴（贝尔谢巴）BEERSHEBA
- 希夫塔 SHIVTA
- 基伦（阿什凯隆）SHKELON
- 阿朱勒 TEL EL-AJJUL
- 北

约旦河从北到南流向死海。沿着这条河可以看到非常重要的古代定居点：贝特谢安山谷（伯珊山谷），从新石器时代（公元前5世纪）到罗马时代一直有人居住；耶利哥，世界上第一个"城市"；死海边上的库姆兰，在那里发现了现存最古老的《旧约》抄本的碎片（公元前5世纪）。中央部分包括被认为是《圣经》中末日审判地的米吉多堡垒，以及被撒玛利亚人奉为圣地的基利心山。右边的马萨达堡垒是抵抗罗马人的地方，也是公元73年犹太人起义结束时在那里避难的所有犹太人集体自杀的地方。除了以东（Edom），内盖夫还包括纳巴泰人（Nabatean）的古城马姆希特、希夫塔和阿夫达特，而由希律王建立的恺撒利亚港和他自己的家乡亚实基伦港则位于地中海东海岸。

石器时代和铜石时代

迦密山脉的洞穴中发现的史前人类遗骸至少可以追溯到 50 万年前。

在公元前 11000 年到前 6000 年的某个时间点，现在被称为近东的区域中，社会向有组织的农业社会转变，自给自足的狩猎采集者开始种植粮食作物。在新石器时代，人们聚居在小村庄里，种植谷物和豆类，饲养牲畜，进行有限的贸易交换。Neolithic 来自希腊语，意思即"新石"，具体是指通过凿磨制作石器工具的技术。但是在新石器时代，人们还没有陶器。和如今相比，新石器时代的气候稍微温暖和潮湿些。那时候的海岸线位于现在海岸的西边。在一些地方，人们在海平面下约 2.7 米处发现古海岸线。著名的新石器时代遗址耶利哥位于死海以北 14.5 千米的约旦裂谷（Jordan Rift Valley）。人类在此处的定居点可以追溯到公元前 8000 年。耶利哥遗址提供了从公元前 8000 年到前 1560 年的完整考古记录。

考古学家在耶利哥发现了纳吐夫人存在的证据，他们与住在迦密山脉的另一个群体有血缘关系。这些耶利哥的早期居民

在迦密山脉的洞穴中发现了大量骨器。图中的工具柄呈动物头形状，代表了大约 9000 年前的纳吐夫文化。（以色列博物馆）

内盖夫南部的一个狩猎场景，两个猎人可能正在追逐两只羚羊。这幅雕刻是旧石器时代圣地的一部分，包含了40000多篇铭文。

女性坐像，头上顶着大罐子，胳膊下夹着小罐子，来自内盖夫北部的吉拉特遗址。同时出土的还有一大批可追溯到铜石时代的宗教物品。

生活在地基浅陷于地下的圆形建筑中。这些人建立永久性定居点后不久，他们就开始在村庄周围筑起坚固的城墙。放射性碳测出这些高达9米的石墙修建于公元前6800年。这些遗迹使耶利哥获得了"世界上最古老的城镇"的称号。

在铜石时代（Chalcolithic），冶金技术的进步主要体现在铜制工具的发展上。铜石时代这个名字来源于两个希腊词 *khalkos*（铜）和 *lithos*（石头）。尽管石制工具仍然被广泛使用，但铜制工具已经存在，

来自犹大沙漠海马尔干河洞穴（Nahal Hemar Cave，nahal 指季节性河流和干河谷）中的石制面具。该面具上有绿色和红色的条纹装饰，可能用于祭祖。（以色列博物馆）

这表明人们有了熔炼含铜矿石的新能力。死海以北 4.8 千米的特雷拉迦苏（Tuleilat el-Ghassul）遗址是铜石时期的主要遗址之一。该遗址被命名为"迦苏勒文化"，其年代为公元前 5000 年—前 3300 年左右。此时，陶器的使用已经很普遍了。有迹象表明这时已经形成了贸易网络，因为玄武岩来自北方，贝壳来自红海和尼罗河，绿松石来自西奈半岛南部的矿区，象牙来自非洲或叙利亚北部，河马牙齿可能来自埃及。铜的供应源头有两处，普通铜来自埃拉特湾附近的提姆纳（Timna），砷铜来自安纳托利亚、伊朗和高加索山脉。砷铜是从含有砷的铜矿中提取的天然地具有更高强度的材料。

考古学家在米什马尔干河（Nahal Mishmar）附近死海西岸的悬崖上发现了传说中的藏宝洞。这个洞穴位于高于死海水平线 300 米的悬崖上，是众多几乎无法进入的洞穴中的一个。在这个洞穴后边，人们发现了封着一堵薄泥墙的壁龛，里边囤积着 429 件物品。这些物品几乎都是铜质的，许多物品似乎具有宗教意义，如头冠和权杖。人们甚至还发现了铜石时代的编织篮碎片。大约在公元前 3300 年，铜石时代的人从考古记录中消失。至于为什么消失，学者们持有不同的看法。铜石时代的人与后来的青铜时代早期的人没有什么相似之处。

来自内盖夫的牙雕，可追溯到铜石时期。左边的女性人物的确切出处不详，而男性人物则来自别是巴（Beersheba，今作贝尔谢巴）。雕像的头部穿孔可能是用于穿头发。这些雕像是用河马门牙雕刻而成的。人们在别是巴发现了一个牙雕作坊的遗迹。（以色列博物馆）

右图　在迦密山脉的洞穴中发现的由骨片穿成的项链。这些项链被认为是纳吐夫文化的产物，经常出现在群葬中。墓穴中的遗骸呈紧绷的弯曲姿势。（以色列博物馆）

下图　来自阿佐尔（Azor，现在雅法南部的霍隆）的一个骨罐。这类骨罐可以追溯到公元前4千纪中叶，用于二次埋葬。高度不超过半米，装饰中可以看到动物造型，还有一些骨罐涂有红色或棕色的花卉和几何图案。（以色列博物馆）

装饰着鸟和兽角的头冠。总共发现了 10 个头冠，很可能是祭司所佩戴的。这些物品可能属于附近的一个宗教中心，主要象征生育，可以看出伊朗和美索不达米亚文化的影响。

装饰着山羊头的铜权杖。和它一起出土的还有其他 428 件物品。这些物品被草席包裹，埋在犹大沙漠的"宝藏洞穴"中，可以追溯到铜石时代，很可能被用于某种祭祀仪式。在其他地方也发现了类似的物件。

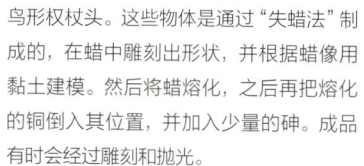

鸟形权杖头。这些物体是通过"失蜡法"制成的，在蜡中雕刻出形状，并根据蜡像用黏土建模。然后将蜡熔化，之后再把熔化的铜倒入其位置，并加入少量的砷。成品有时会经过雕刻和抛光。

装饰着两只山羊的铜制权杖头。犹大沙漠极端干旱的气候使得大量家居用品也得以保存下来。除了一双凉鞋、衣物和纺织机碎片，还有小麦、大麦等谷物以及许多用于收集和准备食物的秸秆编织物。（以色列博物馆）

青铜时代：
迦南人的时代

青铜时代的得名和青铜的广泛使用有关。青铜是含 5%~10% 锡的铜合金。青铜时代大约始于公元前 3150 年。这一时期的特点是城市化不断发展，人口聚集形成城邦。其中一些城邦有防御工事，有证据表明城邦之间发生过战争。这时期的总人口不超过 15 万。经济主要以农业为基础。橄榄树和用来酿酒的葡萄树的出现是早期青铜时代的标志。有证据表明，这一时期以色列与埃及有贸易往来。公元前 2 千纪之前，巴勒斯坦没有港口，所有这些贸易必须通过陆路进行。迦南文化在这一时期开始发展。与埃及贸易的中断和城市文化的衰退标志着早期青铜时代的结束。城镇生活崩溃，游牧和半游牧生活方式随之兴起，其中原因尚不清楚。是因为这里的城市居民被新的民族所取代，或者是气候变化促使人们回归游牧生活，我们不得而知。直到公元前 2 千纪初，即青铜时代中期，围墙之内的城市生活才重新开始。迦南文化被重新引入，与埃及的贸易也重新开始。然而，有非常明显的迹象显示这是一种不同的文化。二次埋葬变得很普遍。在二次埋葬中，死者的骨头在初次埋葬后被重新埋葬在不同的地方。

在早期青铜时代结束时，几乎消失的陶轮重新出现了。在宗教方面，人们建造了露天的高台以及其他开放的礼拜场所，这些宗教建筑以石碑或立柱为特色。最重

来自恩萨米亚（Ein Samiya）墓地的银质酒杯。杯子由银片制成，并饰有凸纹，展示了美索不达米亚的神话场景。两人在太阳盘下握着一条带子，一条蛇在他们之间蠕动。在另一个场景中，一个长着牛腿的雅努斯人手持植物对抗另一条恶蛇。

在夏琐城发掘中发现的陶制面具。《圣经》中多次提到夏琐城是一座伟大的城市。它位于十字路口，是重要的贸易中心。面具是在一个陶器作坊里发现的，可以追溯到公元前14—前13世纪，面具上的孔可能是用来固定头发或其他装饰品的。（以色列博物馆）

来自波莱格遗址（Tel Poleg）的鱼形陶器。波莱格遗址位于波莱格河（Nahal Poleg）附近。波莱格河是一条穿过内坦亚南部沙龙平原的小河。虽然采石场破坏了遗址的大部分，但这些发现表明波莱格在当时是个设防的定居点。（以色列博物馆）

在耶利哥最早发掘中发现的人形容器。容器用途尚不清楚。从青铜时代后期（公元前1750—前1550年）开始，这个时期的考古证据很少。这一时期的考古证据在耶利哥幸存下来。它是一个设防城镇，实行多次埋葬。死者的陪葬品中发现食物和家具。（以色列博物馆）

46

要的是，第一次提到这块土地的记录出现在埃及第十二王朝的诅咒书中。这些文字写在泥板上，列出了因不忠于埃及而被诅咒的城邦。迦南文化受到埃及文化的极大影响。人们发现了大量的埃及物品，如镶嵌在印章戒指或黄金珠宝上的石榴石。很明显，在青铜时代中期结束时，迦南文化已经牢牢地重新扎根。这些城市都有很好的防御措施。迦南北部最重要的城市是夏琐。城市的一个新特征是两室城门。宫殿也在这一时期首次出现。然而，在这一时期的后期，城市似乎没有设防。也许埃及统治者认为设防是对其统治的威胁。

巴勒斯坦的青铜时代晚期与埃

上页图　在伯珊发现的玄武岩立碑，可追溯到青铜时代晚期。当时该城市是埃及的一个据点。石碑上方有两只狮子在打斗，下方一只狗在攻击一只狮子。

右图　在拉吉的一座神庙中发现的象牙化妆品瓶，时间约为公元前1350—前1250年。瓶子的上部和下部都是由象牙制成的。（以色列博物馆）

左上图　可追溯到公元前1500—前1200年的石碑，展示了守护生命之树的神灵。这表明了埃及对迦南文化的显著影响。

左下图　从加沙海岸的代尔拜莱赫（Deir el-Balah）出土的人形棺材，可以追溯到公元前14—前13世纪。该棺材带有埃及风格，以泥土为原料，使用了泥条盘筑法，在烧制前将盖子从底座上切割下来。（以色列博物馆）

及的新王国时期相对应。在这个时期,迦南的大部分地区都在埃及的直接控制之下。为扩大埃及对迦南的控制,图特摩斯三世(公元前1504—前1450年)发动了几次战役,其中最重要的一次战役为他赢得了对米吉多的控制。《阿玛纳信件》对这一时期也有相关记载。阿玛纳书信是350多块泥板组成的文字档案,发现于埃及。其中一些石板上刻有迦南王子向埃及法老求救的请求。随着轻型战车和新十字弓的出现,新的战争手段也出现了。在迦南文化的鼎盛时期,特别值得一提的是一整套纯字母文字的出现。然而,同一时期的埃及在法老麦伦普塔赫统治期间进入了衰退期,最终导致其军队从迦南撤走。这一时期的其他标志性事件是海上民族在沿海地区出现,以及以色列人(Israelites,亦称希伯来人、犹太人)在山区出现。

上图 在示罗发现的"手形"的管銎斧(斧子上有安柄的管孔)。由青铜铸成,其铸造年代为公元前1750—前1500年,显示了青铜时代中期铸造技术的巨大进步。

中图 除了像本页中图所示的矛头和有凹口的斧头外,迦南人的武器装备还包括盔甲。盔甲由缝在皮衣上的金属鳞片制成。

下图 来自哈托尔矿场的神庙(Hathor Mining Sanctuary)的埃及面具碎片,可以追溯到法老塞索斯一世(公元前1318—前1304年)统治时期。铜矿位于亚喀巴湾北部的提姆纳谷。

迦南神巴力（Baal）的青铜像。《圣经》中多次提到巴力的崇拜者，警告他们不要崇拜这个风暴和天气之神。考古证据显示人们对巴力的崇拜一直持续到公元前9世纪和前8世纪。这种崇拜一直是以色列人宗教虔诚的障碍。

来自阿卡附近的波斯花园墓穴的埃及铜镜。在这个埋着两男一女的骸骨的墓穴中还发现了圆筒形印章、金珠、金戒指、石砝码和其他小物件。大量的奢侈品表明这里埋葬的可能是路过的富商或者旅人。（以色列博物馆）

这块锤揲而成的金饰牌描摹了一位手持莲花、站在马背上的迦南－埃及女神。该饰牌发现于一个寺庙，寺庙的设计和饰牌的风格都显示出浓厚的埃及风格。拉吉位于从沿海平原到希伯伦山的道路上，是当时迦南的重要城市。研究表明，大约在公元前1130年，埃及失去对迦南南部的控制，这个城市陷入了暴乱。

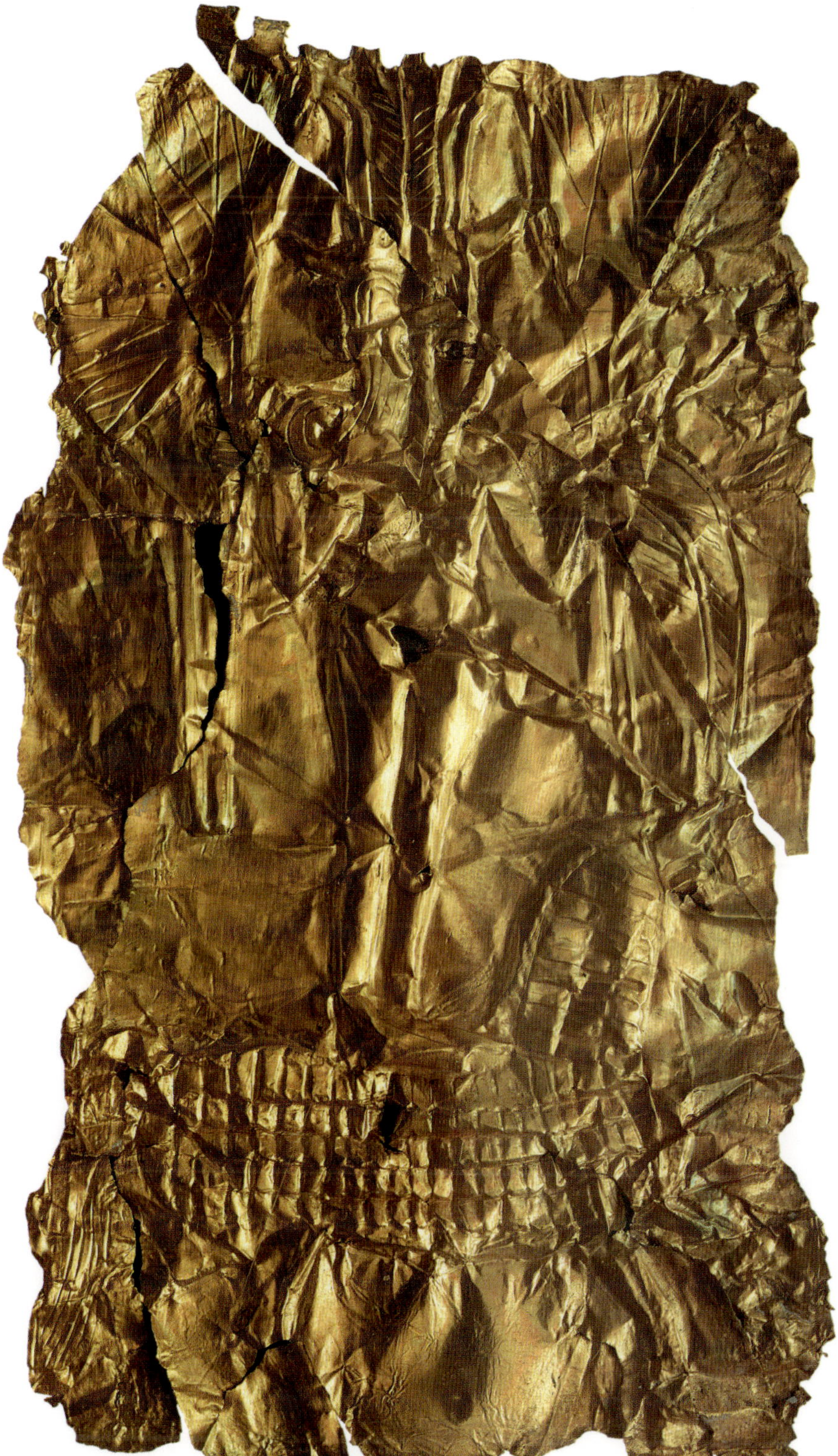

铁器时代：《圣经》中的族长时代

顾名思义，铁器时代以新的冶金技术的发现为标志，从公元前1200年持续到公元前586年第一圣殿被毁，这也是《圣经》中的族长时期。这个时期始于海上民族的入侵，而海上民族也包括沿巴勒斯坦海岸线行进的非利士人。以色列的第一位国王扫罗（Saul）的统治时间约为公元前1029—前1007年。根据《圣经》记载，扫罗击败了亚扪人、摩押人、亚玛力人、阿拉米人和以东人，但被非利士人打败，在基利波山（Mount Gilboa）附近的战斗中丧生。扫罗的继任者大卫曾在孩提时杀死非利士巨人歌利亚。大卫在他统治的40年间成功地统一了以色列的各个部落。他的继任者所罗门进一步巩固了王国，使耶路撒冷的圣殿成为宗教崇拜的中心，并在夏琐、米吉多、基色和伯和仑（Beth-Horon）建立了一些坚固的城堡。所罗门死后，他的王国被一分为二。他的儿子罗波安（Rehoboam）成了犹大王国的国王。尼巴特（Nebat）的儿子耶罗波安（Jeroboam）则统治着以色列王国。公元前923年，埃及国王示撒的入侵进一步削弱了这个分裂的国家。根据阿蒙神庙发现的铭文，示撒征服了耶路撒冷、基遍（Gibeon）和米吉多城。

南部的犹大王国一直在大卫家族的统治之下，而北部的以色列王国却经历了9个不同的王朝。北方王国最强大的统治者之一是暗利（Omri），他建立了撒玛利亚

他纳的一个四层祭台，可追溯到约公元前10世纪。顶层是一匹背驮太阳盘的马或公牛。在第三层有两只山羊在进食植物，两只咆哮的狮子站在两侧。两个天使守护着第二层的开口。底层仍然是两只咆哮的狮子，但它们被一个裸体女人分开。（以色列博物馆）

城，并把它作为王国的首都。直到公元前722年，以色列王国被亚述人征服。亚述国王萨尔贡二世的年谱证实了以色列的十部落被外国殖民者驱赶和流放的故事。尽管亚述人在20年后试图征服耶路撒冷城，但被希西家（Hezekiah）国王击退。然而巴比伦人取得了更大的成功，耶路撒冷城于公元前598年陷落。约雅敬国王被杀，他的儿子和1万名犹太人被流放到巴比伦。巴比伦人扶植西底家（Zedekiah）做国王。然而，屈服于同胞的巨大压力，而且埃及也承诺帮助，西底家决定对扶植他的巴比伦发动反叛。经过两年的围攻，巴比伦人占领了耶路撒冷城。西底家的两个儿子在他面前被杀，他的眼睛被挖出来，最后被掳往巴比伦。耶路撒冷的城墙被夷为平地。

《圣经》中的这些叙述很大程度上可以在考古记录中得到证实。铁器时代的名称来自随冶金技术进步而来的铁器冶炼，由于以色列人的主导地位，它也被称为以色列人时期。然而，其他民族在这一时期也发挥了同样重要的

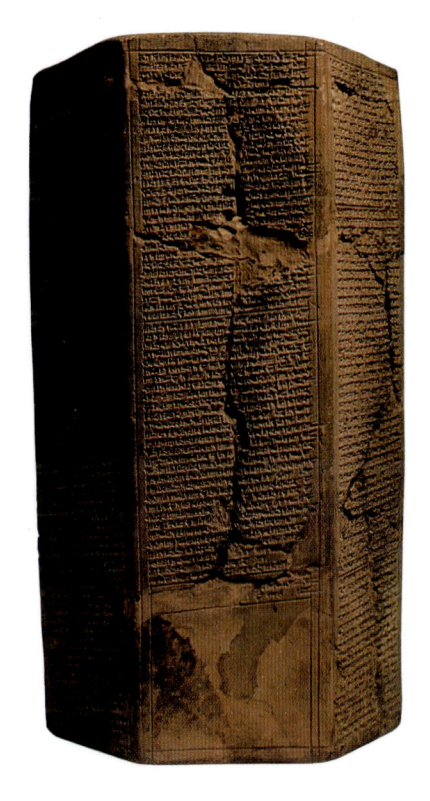

《辛那赫里布棱柱》（包括3块铭文内容几乎相同的棱柱，即藏于大英博物馆的《泰勒棱柱》、藏于芝加哥的《东方研究所棱柱》和图中的《耶路撒冷棱柱》）记载了他发动的第8次战役。作为亚述和巴比伦的国王（前705—前681年在位），他于前701年向叙利亚和巴勒斯坦进军，根据他的描述，他征服了46座城市和许多小城镇，俘虏了200150人，并向希西家勒索了大量的贡品。他对耶路撒冷的围攻失败了，根据《列王纪下》第19章第35节："当夜，耶和华的使者出去，在亚述营中杀了十八万五千人。"图中的棱柱由亚述楔形文字书写，高38厘米。（以色列博物馆）

撒玛利亚北部发现的公牛青铜雕像。它是铁器时代早期的作品，和在夏琐、乌加里特（Ugarit）发现的其他公牛雕像有相似之处。公牛与迦南人的巴力崇拜有关，它对以色列人的宗教信仰也很重要。（以色列博物馆）

在阿什杜德发现的带有音乐家雕像的非利士祭台。台子底座上雕刻着一个站在窗前吹笛子的人和一个拿着铙钹的人。在制造该祭台的铁器时代，阿什杜德是一个有围墙的城市。这里挖掘出的一座城门与在米吉多、基色和夏琐发现的城门相似。这些城门被认为与所罗门王的建筑有关。（以色列博物馆）

作用，特别是南部海岸的海上民族和北部海岸的腓尼基人。在铁器时代之前，由于海上民族的入侵，埃及人的控制明显减弱。受埃及人影响的迦南文化也同样陷入急剧衰退。迦南的许多城镇被摧毁，其中包括夏琐和拉吉。这主要归咎于环境因素，特别是连年干旱使敌对民族在该地区获得了立足之地。非利士人和其他海上民族进入南部沿海平原。以色列人在中部山区建立了据点。迦南人和他们的近亲，即航海的腓尼基人，控制了巴勒斯坦北部和北部沿海平原的大部分地区。约旦河以东，以东人、摩押人和亚扪人的势力不断增强。

以色列人凭借在《圣经》中的核心作用尤其吸引考古学家的注意。然而，这并不是说对以色列人的起源已经达成了任何共识。除了可以追溯到大约公元前1220年的麦伦普塔赫石碑提到法老对以色列民族的胜利外，《圣经》之外的任何资料都没有告诉我们关于以色列人的起源的事实。也没有考古学证据表明以色列人起源于圣地之外。此外，很难将以色列人的遗址与同一时期的其他民族的遗址区分开来，如基遍人、耶布斯人或亚玛力人。然而，这并不妨碍我们得出一些非常普遍的结论，即以色列人形成了主要由农民和牧民组成的定居社会，他们生活在小村庄里，许多习俗与他们的迦南邻居相同或相似。

在王国建立时期，考古记录更加清晰。

除了《圣经》之外，还有其他资料，如埃及、亚述和巴比伦的文献，或写在墙上的铭文或刻在陶器碎片上的铭文。这些铭文提供了关于行政组织的信息。在考古证据中，我们发现了许多设防的城市定居点以及精英阶层使用的奢侈品，有相当多的迹象表明生活水平的提高。在所罗门国王的统治下，耶路撒冷修建了防御工事，如今只有一段城墙被发掘出来。所罗门最好的防御工事可以在夏琐、米吉多和基色找到。在这三个城市以及拉吉和阿什杜德的挖掘过程中，也发现了类似的六室城门。这些遗址也都有所谓的所罗门的马厩。这类建筑的杰作是在米吉多发现的。在夏琐、别是巴和内盖夫的马索斯遗址（Tel Masos）也发现有类似的建筑。虽然《列王纪上》第 1—7 章详细描述了所罗门在耶路撒冷的宏伟宫殿，但同一时期在米吉多修建的其他宫殿没有保存下来。犹大王国和以色列王国成为明显的城邦社会，它们的首都，即犹大的耶路撒冷和以色列的撒玛利亚，都有很大发展。其他主要城市如拉吉的规模只有耶路撒冷的

上图　在伯珊的一座 10 世纪的神庙中发现的装饰着蛇和鸟的祭台。这个祭台用来盛放因吸水而发芽的种子，可能用于丰产仪式。（以色列博物馆）

右下图　可以追溯到铁器时代的兽形雕像。公牛崇拜在近东宗教中很常见，牛犊和公牛在以色列人的宗教中扮演着重要角色。

左下图　这两只来自撒玛利亚城的象牙狮子可以追溯到公元前 10—前 9 世纪。在《圣经》中，阿摩司（Amos）斥责撒玛利亚山中的人躺在象牙的床上。（以色列博物馆）

1/8。这些城市是在铁器时代后期建造的,很明显是为了应对亚述人的入侵。铁器时代的主要攻城武器是撞锤,所以主要城市的城墙被加固以抵御威胁。城市建设的另一个特点是精心设计的供水系统。在耶路撒冷、基色、米吉多、基遍、夏琐和拉吉都发掘出了供水系统。考古记录为字母的发展提供了充分的证据。文字始于公元前16世纪。到前8世纪,识字已经很普遍了,不仅仅局限于少数文书抄写人和贵族。这种识字水平在古代世界的其他地区是看不到的。陶瓷器皿上刻有主人的名字,墓碑上刻有死者的名字,还有吓退盗墓者的咒语,有用来给捆绑文件的绳子盖上黏土印章的印封,这些都是文字普及的证据。

亚述人对考古记录的影响比较有限。

左图 迦密海岸附近出土的拿鼓女人雕像,由陶土制成,可追溯至公元前9世纪或前8世纪。这种拿着乐器的简单雕像在此期间比较常见。(以色列博物馆)

右图 可追溯到以色列时期的阿斯塔特(Astarte)雕像,这些女神起源于迦南-腓尼基文化,与生育和爱情联系在一起。私人住宅的挖掘中常见这类女神雕像。(以色列博物馆)

在公元前 8 世纪的最后 30 多年里，亚述开始有计划地肢解以色列王国。到公元前 701 年，亚述已经征服了以色列和非利士平原，并向犹大王国征收大量的贡品。许多亚述人的浮雕中生动描述了这些征服。辛那赫里布宫殿的墙壁上描绘着对拉吉的征服。在米吉多、基色和多珥都挖掘出了亚述行政建筑的遗址。耶路撒冷的发掘为巴比伦征服提供了形象和丰富的考古证据。

在城市的北部发现以色列塔（Israelite Tower），它的周围有厚厚的灰烬土层，上面有箭头，表明此处发生过激烈的战斗。除了日常生活用品，人们还在大卫城的挖掘中发现了以色列人和巴比伦攻击者的箭头，一切都被掩盖在厚厚的、烧焦的遭到破坏的土层中。

左图　象牙饰牌，描绘了一位站在窗前的女人，可以追溯到公元前 8 世纪。可以根据栏杆判断出这是典型的以色列宫殿。（以色列博物馆）

右图　叙利亚－腓尼基风格的孕妇雕像，可追溯到公元前 6 世纪，发现于亚革悉（Achzib，阿赫济夫）港口。（以色列博物馆）

巴比伦和波斯时期：流放与回归

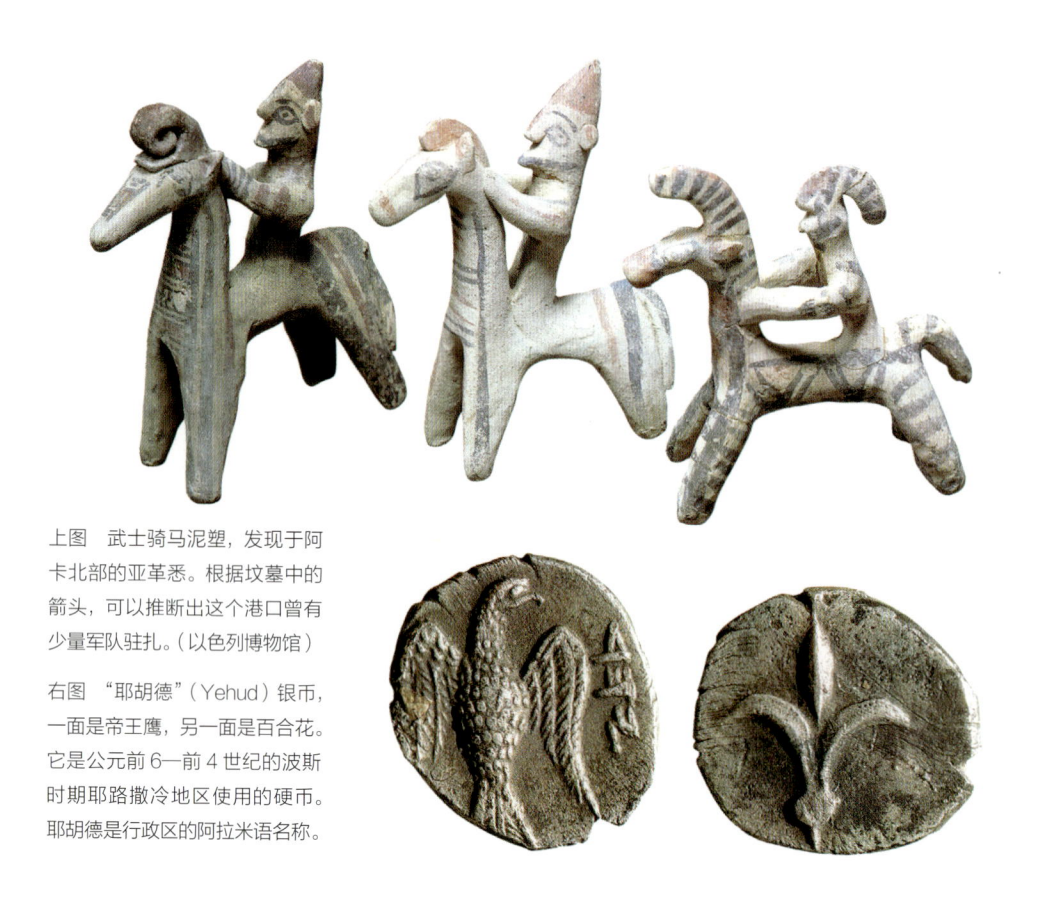

上图 武士骑马泥塑，发现于阿卡北部的亚革悉。根据坟墓中的箭头，可以推断出这个港口曾有少量军队驻扎。（以色列博物馆）

右图 "耶胡德"（Yehud）银币，一面是帝王鹰，另一面是百合花。它是公元前6—前4世纪的波斯时期耶路撒冷地区使用的硬币。耶胡德是行政区的阿拉米语名称。

公元前539年，波斯国王居鲁士完全征服了巴比伦。并且，作为对征服民族的宽容政策的一部分，他在公元前538年发布了历史学家所熟知的《居鲁士宣言》，允许犹太人返回耶路撒冷并重建圣殿。带领人们返回的是设巴萨和所罗巴伯。据估计，巴比伦的大约5万犹太人返回，其中穷人尤其多，而这些返回的犹太人与没有被流放的犹太人相处得不太好，与撒玛利亚人也有冲突。返回的犹太人认为撒玛利亚人不是真正的犹太人。尽管犹太社区气氛紧张，士气低落，经济不景气，但在两位先知哈该和撒迦利亚的领导下，人们在公元前516年开始重建圣殿。后来，在公元前458年，先知以斯拉带着一群流放者返回。他们开始编纂《圣经》。以斯拉引入了新的律法，其中一

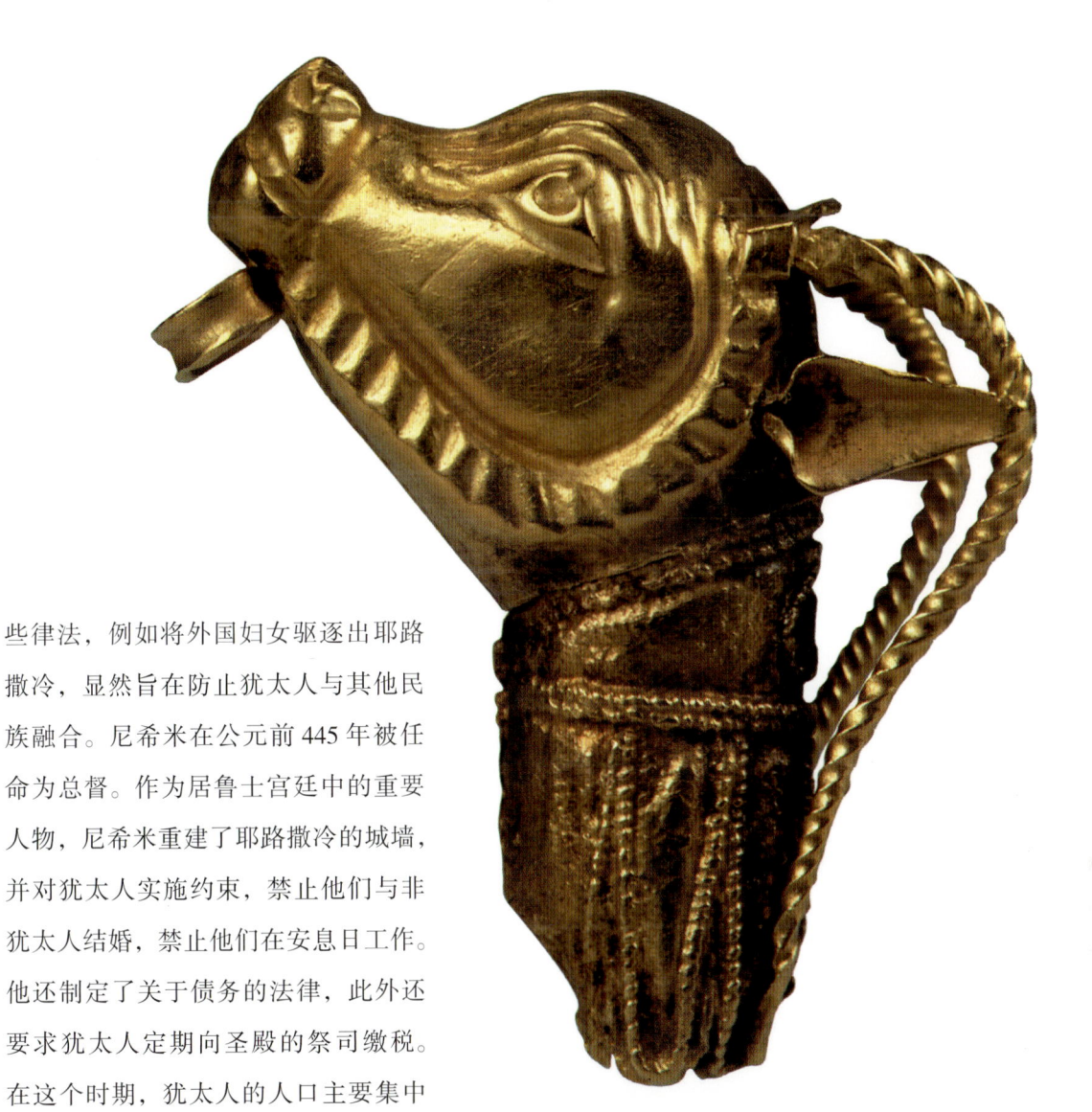

些律法，例如将外国妇女驱逐出耶路撒冷，显然旨在防止犹太人与其他民族融合。尼希米在公元前445年被任命为总督。作为居鲁士宫廷中的重要人物，尼希米重建了耶路撒冷的城墙，并对犹太人实施约束，禁止他们与非犹太人结婚，禁止他们在安息日工作。他还制定了关于债务的法律，此外还要求犹太人定期向圣殿的祭司缴税。在这个时期，犹太人的人口主要集中在耶路撒冷及其周围。对犹太人来说，流亡和回归标志着其宗教和文化发展的一个新阶段。犹太社区在巴比伦发展成一定的规模，在埃及也有较小的社区。这些犹太人在异乡劳动和生活，但把耶路撒冷当作他们的精神家园。这正是犹太人散居世界的开始。

发现于阿什杜德的公羊头形状金耳环很可能是在波斯制作的，它具有明显的阿契美尼德王朝风格，头部的铸造、颈部装饰粒以及金属角都展示了复杂的工艺。（以色列博物馆）

希腊化时期：
哈斯蒙尼王朝的兴衰

印着烛台的铜币，可追溯到哈斯蒙尼王朝最后一位国王马塔蒂亚斯·安提戈努斯（Mattathias Antigonus）时代（公元前40—前37年）。该七枝大烛台是矗立在第二圣殿中的烛台，也是以色列国徽的图案。

公元前332年，亚历山大大帝的军队征服了圣地。前323年亚历山大死后，帝国被他的继承人瓜分，巴勒斯坦成为托勒密统治的领土。犹地亚地区（Judea，或称犹大地区）——犹太人居住的地方——获得自治地位，耶路撒冷圣殿大祭司成为政治领袖和宗教领袖。托勒密王朝和塞琉古王朝之间战事连连，巴勒斯坦在夹缝中生存。公元前198年，塞琉古家族的安条克三世控制了犹大地区。他的继任者安条克四世对传统的犹太领导层没那么宽容，对犹太人民加倍征税，任命希腊正教会牧师而不是正统犹太人在圣殿服务，并掠夺圣殿的财宝。一座名为阿克拉（Acra）的堡垒建成，它俯瞰圣殿山，由安条克治下的驻军负责维持秩序。安条克下令禁止犹太人信奉他们的宗教，这成为压死骆驼的最后一根稻草，引发了马加比家族的叛乱。希腊生活方式对犹太人民和宗教的影响越来越大。希腊文化在整个地中海地区占主导地位，巴勒斯坦的犹太人和非犹太人都一样受到影响。希腊语成为贸易语言，许多人尤其是富人采用了希腊的服饰和习俗。马加比家族在牧师马塔蒂亚斯和他的儿子犹大·马加比领导下在雅法和耶路撒冷之间的莫顶（Modi'in，古称为Modi'im，即莫迪姆）发动起义。马加比家族得到了哈西德教派或"虔诚者"（该派名字在希伯来语中的意思）的帮助。他们与罗马结盟，企图迫使塞琉古军队下台。公元前164年，圣殿已被重新夺回供犹太人崇拜，尽管塞琉古王朝直到公元前141年还在控制着俯瞰圣殿的城堡阿克拉。公元前140年，耶路撒冷举行了盛大的集会，马加比的最后一个兄弟西缅（Simeon）被任命为大祭司。然而，这个王朝本质软弱，并且不断被外来的塞琉古人以及后来的罗马人所操纵。哈斯蒙尼人也深受希腊文化的影响，遭到许多法利赛人[1]、平民领袖的反对。也正是这个时候，犹太人才开始扩张领土。公元前142—前134年间的统治者西缅征服了包括基色和雅法在内的领土，为首都耶路撒冷开辟了通往大海的通道。在约翰·海尔卡努斯（John Hyrcanus）统治期间（公元前134—前104年），哈斯蒙尼人通过让以东的以土买人皈依犹太教，成功控制了内盖夫的大部分地区。他们还设法将领土向北扩展到伯珊。哈斯蒙尼国王亚历山大·雅奈（Alexander Yannai）设法将他的领土向北扩展到巴尼亚斯（Banias），向东扩展到包括外约旦的大部分地区、死海东侧的摩押（Moab）沙漠以及亚实基伦以南的沿海平原。亚历山大·雅奈是一个残忍而严厉的

多珥发掘出土的希腊女神阿弗洛狄忒陶器头像，可追溯到希腊化时期，此时的多珥是一座有着良好规划的港口城市，其腓尼基传统在很大程度上被希腊文化的影响所取代。

---

[1] 法利赛人（Pharisees），犹太教一派，反对希腊文化影响，主张与外教人严格分离。——编者注（后文注释如无特别注明，均为编者所加）

多珥出土的萨堤尔油灯,可追溯到希腊-罗马时代早期。森林之神萨堤尔是半人半羊的怪兽,其特点是前额低,鼻梁和耳朵突出。造型中的萨堤尔穿着狮子毛皮,头上顶着狮子的上牙、鼻子和耳朵。(以色列博物馆)

这两个精美的陶器头像可追溯到希腊化时期，虽然代表着腓尼基文化的影响，但它们融合了希腊特征。像这样的模塑陶土制品在这一整个时期都很常见，在地中海两岸都有发现。

领袖，他的遗孀莎乐美·亚历山德拉（Salome Alexandra）更受法利赛人的欢迎。

公元前67年莎乐美去世，海尔卡努斯二世继位，但他的王位遭到亚历山大·雅奈的另一个儿子阿里斯托布鲁斯（Aristobulus）的争夺。这导致了一场持续到公元前63年的内战。当时，庞培在叙利亚建立了罗马行省，有效地终结了塞琉古王朝的统治。公元前63年，庞培的军队征服了哈斯蒙尼王朝的大部分领土，只有那些犹太人占多数的地区被保留下来。犹大（犹地亚）成为一个犹太人自治国，由哈斯蒙尼王朝的一名成员管理。亚历山大·雅奈的儿子海尔卡努斯二世被授予崇高的地位，同时他还是大祭司和民族领袖。罗马人让安提帕特统治以土买，分封他的儿子法赛尔（Phasael）做耶路撒冷的总督，把加利利分封给另一个儿子希律，并牢牢控制了他们。作为以土买的贵族家庭，他们皈依了犹太教，但他们对罗马的忠诚度高于对犹太人的忠诚。公元前40年，波斯人、帕提亚人入侵犹大地区，海尔卡努斯被废黜。然而，哈斯蒙尼王朝仍然存在，马塔蒂亚斯·安提戈努斯继位。这种状况仅仅持续了3年。

罗马时期：
希律王、总督和犹太起义

在帕提亚入侵期间，安提帕特的儿子大希律王逃往罗马。在那里，他被立为犹太国王，于公元前 37 年返回并击溃帕提亚入侵者。在罗马军队的帮助下，希律成功地占领了以土买、撒玛利亚和加利利。然后他前往耶路撒冷，通过 5 个月的围攻，征服了耶路撒冷。安提戈努斯被处决，哈斯蒙尼王朝终结。从理论上讲，希律可以被视为一个犹太人，但即使竭力遵守犹太人的习俗和饮食法，他也从未被犹大地区的大多数犹太人接受。他们认为希律是罗马的附庸。希律王的统治因其辉煌的建筑成就而广为人知。希律建造了许多宏伟的宫殿与城堡，包括死海的马萨达城堡、耶路撒冷南部的希律堡、耶利哥的冬宫。他在古城撒玛利亚附近的塞巴斯蒂为他忠诚的士兵建立了新的定居点，为纪念他的资助人屋大维（恺撒·奥古斯都）建造了恺撒利亚和塞巴斯托斯港。耶路撒冷城发生了翻天覆地的变化。希律在这里为自己建造了 1 座宫殿、3 座巨大的纪念塔。最重要的是，公元前 19 年，他开始为犹太人建造一座全新的、壮观的圣殿。希律死后，他的 3 个儿子瓜分了他的遗产，亚基劳斯（Archelaus）得到了犹

纪念罗马皇帝提比略的拉丁文铭文，并大约于 26—36 年由罗马犹太行省总督本丢·彼拉多放在恺撒利亚的一座庙宇之上。这有助于证实那位叫这个名字的官员主持了对耶稣的审判。（以色列博物馆）

大地区，希律·安提帕斯（Herod Antipas）得到了加利利，腓力（Philip）获得了王国东北部的所有领土。亚基劳斯统治犹大地区仅短短10年。公元6年，他被流放，国家直接被罗马统治。这个名为犹大（Judaea，又译朱迪亚）的行省由从罗马派来的行政长官统治。起初，他们担任行政长官，后来升为总督。最著名的总督是在《圣经》中因判处耶稣死刑而出名的本丢·彼拉多。犹太人获得了比希律统治时期更大的自治权，他们的最高管理机构和法院是在耶路撒冷的犹太公会。然而，如何更好地适应希腊文化的压倒性影响，如何应对罗马的高税收和压迫政策，犹太人内部在这些关键问题上存

锡索波利斯（Scythopolis，即伯珊或贝特谢安）出土的哈德良皇帝铜像。129—130年夏，哈德良来到犹大地区，开始许多新的建筑计划。他按照罗马式方案重建耶路撒冷和圣殿的计划引发了犹太人反抗罗马的第二次起义。（以色列博物馆）

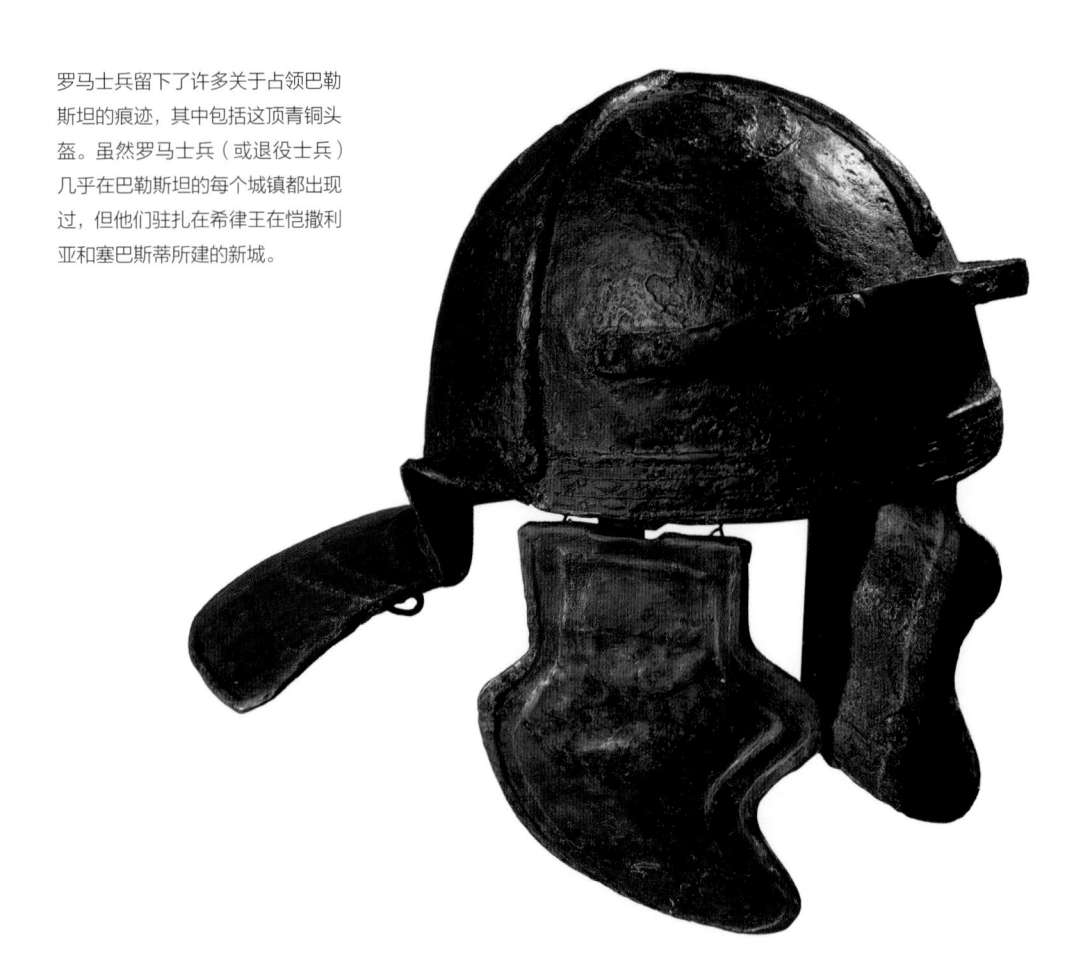

罗马士兵留下了许多关于占领巴勒斯坦的痕迹,其中包括这顶青铜头盔。虽然罗马士兵(或退役士兵)几乎在巴勒斯坦的每个城镇都出现过,但他们驻扎在希律王在恺撒利亚和塞巴斯蒂所建的新城。

在分歧。罗马军队在圣城耶路撒冷的存在尤其令人反感。耶稣就是在这种动荡的背景下出现的。施洗约翰的讲道和施洗并非完全独一无二。犹太人甚至彼此分裂,许多人以各种方式反对罗马。

尽管后来基督教成为一个在国界之外具有吸引力的宗教,但在其开始阶段,它与起源于犹太教的其他教派有着共同的特征。例如,据说过集体生活的弥赛亚教派埃赛尼派(Essene)至少有4000名信徒。37年,罗马皇帝卡里古拉(Caligula)任命希律的孙子亚基帕一世为王,把其叔父腓力和希律·安提帕斯所拥有的领土分封给他。41—44年,亚基帕在犹大的统治给这个地区带来了短暂的平静,这位统治者比当时的其他任何统治者都能更好地包容治下的不同民族、宗教和派别。例如,当卡里古拉命令将他自己的雕像放在耶路撒冷的圣殿里时,亚基帕进行了干预,推迟了这一命令的执行。66—70年的犹太人起义期间,犹大地区的动荡达到了顶峰。罗马人以武力回应,派出驻扎在叙利亚的第十军团。根据犹太裔罗马历史学家弗拉维乌斯·约瑟夫斯的研究,

上图 硬币图案描绘了罗马人以胜利者的姿态站在被征服的犹太人面前的场景。

右图 罗马的总督本丢·彼拉多发行的一枚硬币，上面有一个弯曲的权杖，这是罗马占卜师的职务标志。占卜师是预测未来的人，这种公然的异教象征深深地冒犯了犹太人民，是引发第一次反罗马起义的原因之一。硬币的背面是围绕着发行日期的花环。

下图 第一次起义时的银质谢克尔硬币。一面装饰着三颗石榴，并刻有希伯来语：耶路撒冷是神圣的。另一面刻着圣杯，上面写着：以色列的谢克尔，第二年（67—68年）。

第一次起义开始于恺撒利亚（该罗马行省的首府）的犹太人和希腊人之间的激烈交锋。罗马人失去了对农村和耶路撒冷城大部分地区的控制，该地区处于持续的动荡状态。当时罗马人手中有3个军团，加上辅助部队，兵力达到了6万。

犹太人不仅装备不足，缺乏训练，而且他们之间也不团结。70年春天，罗马将军提图斯和他的军队围攻耶路撒冷。弗拉维乌斯·约瑟夫斯的叙述描绘了犹太守卫者之间的不团结以及犹太平民的苦难遭遇。当圣殿最终被占领时，它和城市的其他地方一样被夷为平地。没有被屠杀的犹太人被送去做奴隶。犹太人被禁止进入该城，但该法令没有被严格执行。耶路撒冷的圣殿被毁，不仅标志着宗教生活的结束，也标志着以耶路撒冷为中心的连续的文化传统就此结束。这给犹太人造成了巨大的创伤，犹太人的圣日就是为了纪念圣殿的毁灭。然而，犹太人的文化和宗教生活并没有结束。拉比学院以拉比为中心，在圣地和散居地成长起来。宗教生活不再以圣殿为中心，而是以犹太会堂为中心。虽然犹太人不能再自由地生活在耶路撒冷，但在圣地的其他地方却出现了几个犹太人中心。117年，哈德良成为皇帝，他所推行的许多变革进一步激怒了犹太人。129年，哈德良访问耶路撒冷，3年后开始实施将耶路撒冷重建为一个异教城市的计划，重新命名为埃利亚·卡皮托利纳。当哈德良将这个国

上图 死海边的隐基底犹太会堂的中央马赛克地板，可以追溯到5世纪。中央是4只鸟，每个角是1对孔雀和1串葡萄。

中图 位于约旦河谷的哈马特加德尔温泉。罗马地理学家斯特拉波（Strabo）在1世纪首次提到该温泉，作为一处休闲场所，它因其治疗效果而闻名。

下图 在亚实基伦的挖掘中发现的石棺，装饰着3个牛头，每个牛头都被1个花环、1朵鲜花和1对蜥蜴隔开。亚实基伦是海上贸易和银行业中心。

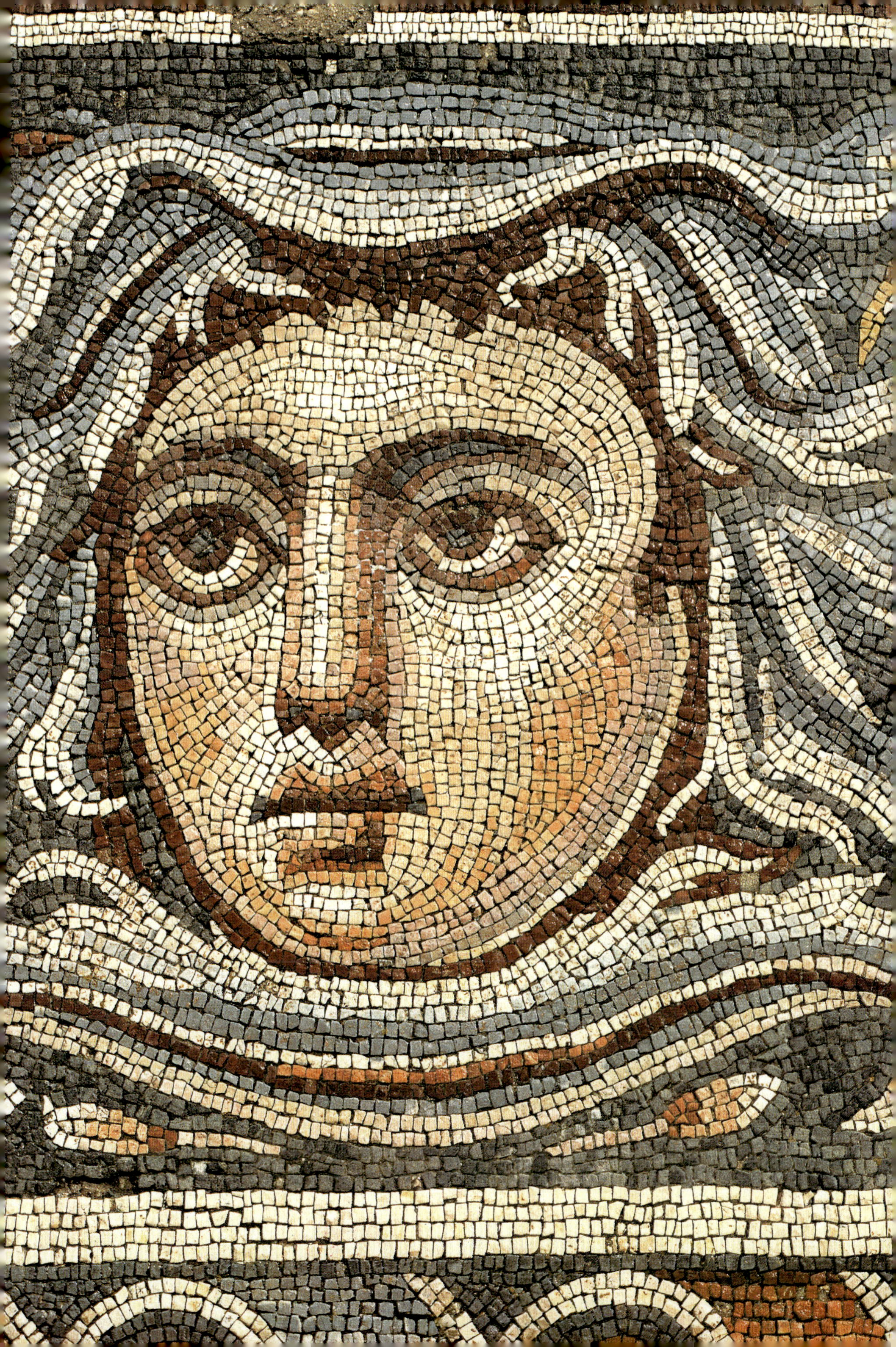

上页图 马赛克地板上的人脸图案，发现于纳布卢斯（示剑）。耶路撒冷被毁后，罗马帝国弗拉维王朝的皇帝于72—73年建立这座新城。

本页图 由于1世纪上半叶发明的新技术，地中海东部，特别是西顿，成为新兴玻璃工业中心。这种奢华的玻璃制品成为整个罗马帝国梦寐以求的物品。在耶路撒冷犹太区的发掘中，发现了一个玻璃作坊的碎玻璃仓库。

下页图 新的玻璃吹制技术被用于生产。铸造过程需要将熔化的玻璃倒入失蜡模具中，步骤类似于金属铸造中使用的方法。新颜色的玻璃制品也开始出现在马赛克作品中。

家的名字从犹大改为巴勒斯坦时,这片土地与犹太人的联系被进一步切割。第二次犹太人起义于132年爆发,首先以犹大地区为中心,远至沿海平原的以马忤斯、莫顶和吕大等城镇。这次起义是由一位弥赛亚领袖西缅·巴尔·科克巴(Simeon Bar Kokhba)领导的,他承诺要拯救犹太民族。

叛乱者铸造的硬币上印有60多年前的圣殿外墙。叛乱持续了三年半,罗马对叛乱进行镇压,成千上万的犹太人遭屠杀,剩余的犹太人大多撤退到加利利或逃到散居地。当哈德良完全按照罗马人的规划完成对城市的重建时,耶路撒冷的特征发生了很大的变化,这也就是今天这个城市的特点。

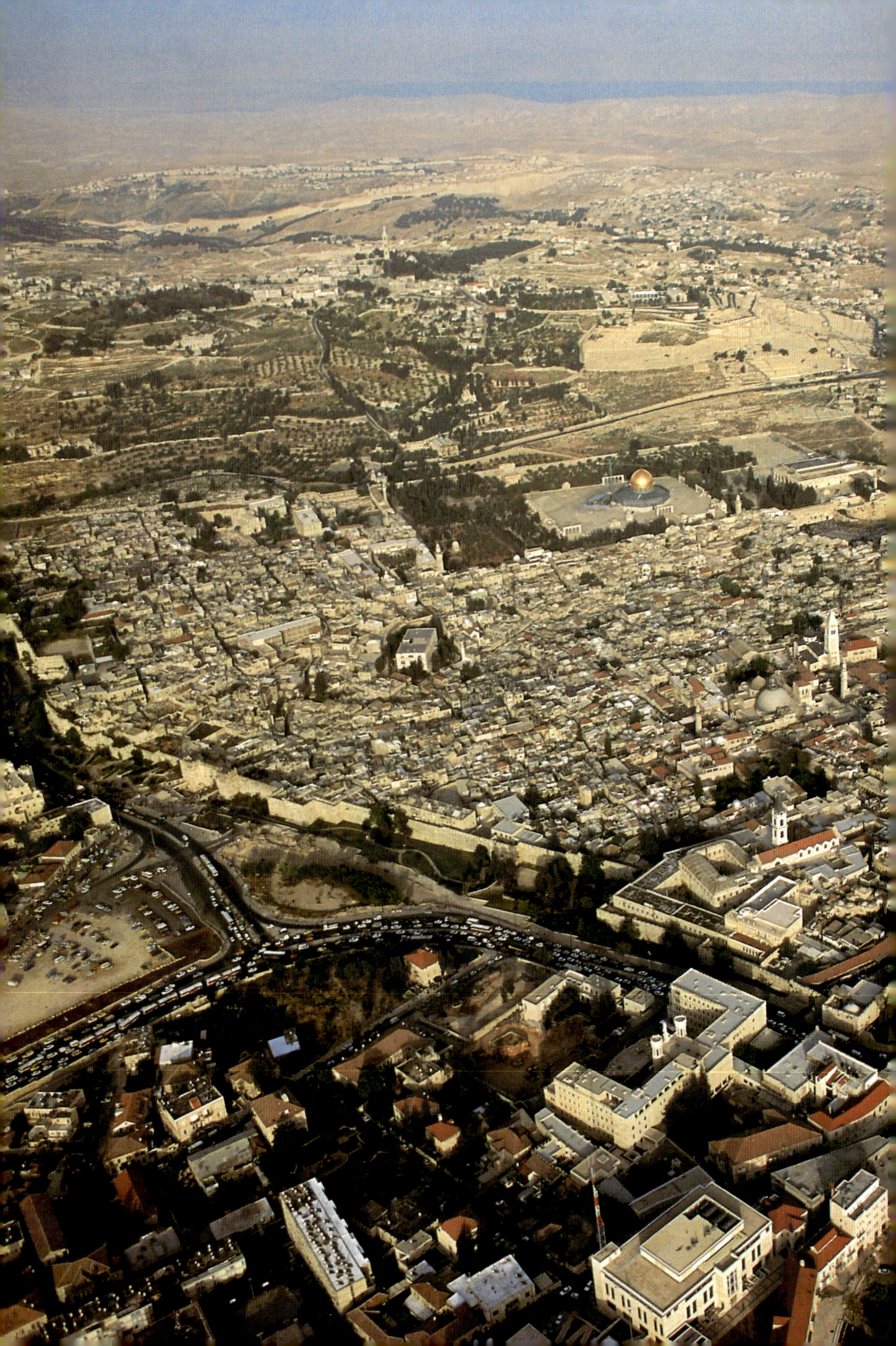

从西北方向远眺耶路撒冷的老城，可以看到远处的大山和死海。该城的边界并不总是相同的，新门和救世主教堂高塔之间的地区现在被称为基督徒区，但在第二圣殿时代，该地区无人居住。

左图　迦密山出土的阿弗洛狄忒陶器雕塑，可以追溯到1世纪。这座希腊爱神的雕像只是希腊文化在巴勒斯坦的普遍影响的一个小例子。虽然犹太人的宗教禁止崇拜类似这尊雕像的异教形象，但是希腊时尚极大影响了包括犹太人在内的上层社会。（以色列博物馆）

右图　珠宝制作艺术在罗马时代已经发展到了非常高的水平。这尊浮雕展示了不知名的罗马绅士的头像和一个神秘的马人形象。

上图　刻着浮雕的宝石别针，金质边框上镶有石榴石、玛瑙和半透明的翡翠。

左下图　金耳环，环状镂空结构中心镶嵌着一颗宝石，下边垂着另外三颗宝石。垂着的饰物除了宝石还有玛瑙，通过一对神兽和圆环相连。

右下图　镶着宝石的戒指，宝石上雕刻着大象的图案。社会的希腊化不仅意味着拥有像进口珠宝这样的奢侈品，还意味着富人有了新的生活标准。例如，在耶路撒冷挖掘出的希律王时期宅邸（Herodian mansions）显示了与帝国任何其他地区相媲美的生活标准。房间里有精致的石膏浮雕、壁画以及马赛克地板等装饰。

拜占庭时期：
基督教传入圣地

拜占庭时期是一个相对和平的时期，这个时期的特点是圣地的基督教人口增加和基督教机构的巩固。君士坦丁皇帝主导了这一变化。他和他的母亲海伦娜对建造教堂以纪念基督教的圣地产生了个人兴趣。326年，海伦娜到圣地朝圣，在耶路撒冷发现了圣十字架的遗迹，在伯利恒找到了耶稣出生的石窟。圣墓教堂于335年建成。圣地成为基督徒朝圣的地方，他们帮助建立了大量的教堂。尽管在叛教者朱利安的短暂统治期间（361—363），有人试图将异教的神殿恢复到以前的辉煌，但基督教还是成为圣地大多数人的宗教。在这一时期，有100多座修道院被建立起来，其中许多建在非常偏远的沙漠地区。最著名的是圣狄奥多西（St. Theodosius）修道院。狄奥多西在伯利恒附近的沙漠中为数百名僧侣建立了一个带有医院、安养院和作坊的修道院。今天在以色列可以发现许多拜占庭式教堂的遗迹。它们的马赛克地板尤其漂亮。在拜占庭时期，以色列至少有43个不同的犹太社区。在罗马帝国时期，犹太教被赋予一定地位，成为合法的宗教，但地位慢慢被削弱。改变信仰并皈依犹太教成为一种犯罪。然而，尽管有许多限制，许多大型的犹太会堂的遗迹表明，在局部地区信仰犹太教是可能的。这一时期犹太人造反的情况很少，唯一的例外是351年对罗马统治者伽卢斯的造反，但很快就被镇

上图　伯珊出土的4世纪青铜烛台。这种质量上乘的烛台很可能是在宗教仪式上使用的。（以色列博物馆）

下图　这面镜子展示当时常见的图案，两扇门被七枝烛台分开。在很多犹太会堂里发现了和这件文物风格相似的物件。双鸟的图案也在很多马赛克地板中反复出现。

内盖夫北部基苏菲姆（Kissufim）教堂的马赛克地板。上半幅图中一只母狮正为幼崽梳理毛发，在下半部分，骑马的猎人用长矛刺向一只豹子。虽然狩猎场景在许多拜占庭教堂的地板上很常见，但遭到一些神职人员的反对，他们认为这是一种偶像崇拜的形式。

压了。358 年，以色列的土地被划分为 3 个行政区，这个行政系统一直持续到 429 年。第一行政区包括犹大、撒玛利亚、沿海平原、以土买和比利亚（Perea），首府在恺撒利亚。第二行政区的首府在锡索波利斯（伯珊），管辖的领土有加利利、戈兰（Golan，和合本《圣经》作哥兰）和德卡波利斯。德卡波利斯包括伯珊和外约旦的另外 9 个城市。第三行政区主要由内盖夫地区构成，其首府在佩特拉。

另一个重要的少数民族撒玛利亚人试图坚持独立，并在波斯人的帮助下发动了两次起义，第一次在 485 年，第二次在 529 年。他们在撒玛利亚短暂地建立了一个国家，但被无情地镇压。查士丁尼统治时期（527—565 年），统治者对圣地进行投资，兴建城墙和教堂，并解决供水问题。新出台的法令进一步剥夺了犹太人的许多权利。614 年，波斯人的入侵标志拜占庭时期在巴勒斯坦的结束。波斯人得到了巴勒斯坦犹太人的帮助，许多犹太人把波斯人看作帮助他们推翻拜占庭人压迫的弥赛亚。波斯人首先在 613 年占领了大马士革，然后在第二年攻下加利利，接着占领了恺撒利亚和耶路撒冷。

来自伯珊的石雕七枝烛台，放在一个有支脚的基座上，旁边还有一根棕榈枝（lulav），一个羊角号（Shofar），一个香橼果（etrog），以及香铲。这些宗教物品在拜占庭时期犹太会堂马赛克地板中比较常见。

圣城的许多教堂被夷为平地，圣十字架被作为战利品送往波斯，犹太人获得了对耶路撒冷城的控制权。但3年后，波斯人显然改变了他们以前的政策，基督徒获得更多特权。627年，在拜占庭皇帝希拉克略一世的威胁下，波斯人被迫撤退。除了遭受许多迫害外，犹太人还被迫离开了该城。629年3月，希拉克略一世进入该城，在重建的圣墓教堂中恢复了圣十字架的位置。

上图 雕刻在拜占庭教堂墙壁上的十字架。底座环绕着葡萄叶，这是常见的基督教图案。

中图 内盖夫中部马姆希特一个墓地发现的金耳环。在拜占庭时期，马姆希特有两座教堂。作为贸易城镇，马姆希特连接着外约旦和内盖夫。

下图 鱼形吊坠是早期基督教艺术中基督的象征。基督教认为耶稣是人类灵魂的打捞者，而他的第一批信众就是渔夫。根据希腊文单词"鱼"（Ιχθυς）的每个字母，可以得"耶稣基督，上帝之子，救世主"的藏头诗。

阿拉伯统治早期：伊斯兰教的传入

左图 耶利哥北部约旦河谷希沙姆宫（Khirbatal el-Mafjar，又译迈夫杰尔宫）发现的女性雕像。该宫殿可以追溯到倭马亚时期，由一个精致的大厅、清真寺和浴室组成。这座尚未完工的宫殿在749年毁于地震。（洛克菲勒考古博物馆）

右上图 来自宫殿的石雕和窗台，现在被收藏在洛克菲勒考古博物馆。有证据表明，它们被涂成了明亮的原色。这与装饰在宫殿和浴室内部的生动的几何图案的马赛克铺面相呼应。（洛克菲勒考古博物馆）

右下图 来自希沙姆宫庭院的石雕。院子通向一个大型装饰水池，游客一进入宫殿就能看到。从设计来看，宫殿的主要目的是为客人提供奢华的娱乐。

阿拉伯人征服巴勒斯坦的战斗是漫长而零散的，在632年穆罕默德去世后才开始。他们从南方和东方开始进攻，到633—634年，拜占庭军队已经失去了对大部分农村的控制，退到了有防御工事的城镇。伯珊是第一个被拜占庭军队放弃的城市。到637或638年，耶路撒冷在被围困两年后投降了。恺撒利亚于640年沦陷，亚实基伦于641年沦陷。阿拉伯人在农村定居，并在沿海城镇建立了殖民地，以确保他们不被拜占庭军队重新征服。虽然阿拉伯语成为主要语言，但各城镇的人口仍然主要是

马赛克图案中有一棵结满果实的树和正在觅食的鹿群，鹿受到了狮子的攻击。这幅马赛克是仿效东方地毯的风格，有边框和流苏。从大厅开始，其他的马赛克都是几何图案，也模仿了东方地毯的风格。

基督徒。唯一以阿拉伯人为主的城镇是由哈里发苏莱曼在715年左右建立的拉姆拉。969年，来自埃及的什叶派穆斯林法蒂玛王朝征服了巴勒斯坦。这一成功是短暂的，971年，几乎整个国家被卡尔马特派占领。尽管3年后卡尔马特派被法蒂玛人击溃，但他们在几个月后又设法返回。由此产生的动乱给了拜占庭可乘之机。他们打着"拜占庭十字军"的旗号，于975年占领了伯珊。拜占庭军队被打败之后，卡尔马特派再次进攻，直到977年才被法蒂玛人彻底打败。然而，法蒂玛人从未完全控制过乡村地区，那里大部分被贝都因人控制着。即使多年的动荡削弱了农业，但该国的经济基础仍然主要是农业；同时整个西地中海地区的贸易也有所下降。总的来说，基督徒、撒玛利亚人和犹太人等少数族群得到了宽容。但总有例外，穆斯林狂热信徒法蒂玛哈里发哈基姆在1009—1013年推行禁令，对非穆斯林的独特服饰进行限制，并命令摧毁基督教堂和犹太会堂。

耶路撒冷的圣墓教堂被完全拆除。11世纪中叶，法蒂玛王朝势力单薄，来自土耳其的塞尔柱人趁火打劫。1071年，塞尔柱人成功地占领了耶路撒冷以及其他地区。然而，法蒂玛王朝保住了对沿海城镇的控制，并在1098年夺回了耶路撒冷。但胜利没有维持很久，十字军在第二年攻下该城。

十字军时期：圣地重归基督教怀抱

为了响应教皇乌尔班二世在 1095 年发出"拯救圣地"的呼吁，1099 年 5 月，首批十字军骑士抵达巴勒斯坦海岸，很快占领了被守军放弃的拉姆拉。同年 6 月 7 日，耶路撒冷城被围困。一个多月后，十字军成功地攻破该城，耶路撒冷 2 万—3 万的穆斯林和犹太居民几乎全部被屠杀，少数幸存者被卖为奴隶。伯利恒的基督教居民投降十字军。纳布卢斯（Nablus）、耶利哥、太巴列和伯珊等城市在几乎没有流血的情况下投降了。到 1153 年，沿海的众多城市都被征服了。意大利商业城市热那亚、比萨和威尼斯的帮助功不可没。他们也得到大回报，被授予土地、司法自主权和某些商业垄断权。耶路撒冷的第一位国王鲍德温一世，除了控制从大马士革和开罗到麦加、麦地那的朝

上图　拿撒勒报喜教堂中的五个柱头之一。它们描绘了使徒生活中的各种场景及其他宗教主题，由来自法国南部的艺术家制作，但从未被使用过。

左下图　耶路撒冷圣墓教堂入口东侧门楣是罗马风格的大理石雕刻，描绘了陷入重重囹圄的罪人。（洛克菲勒考古博物馆）

右下图　刻在圣墓教堂墙壁上的十字架，可能是十字军东征期间某位朝圣者礼拜的标记。这座十字军教堂虽然经过多次重建，但仍然保存到了今天。

代表三位一体的雕塑碎片，1867年出土于拿撒勒报喜教堂遗址。它的创作风格与五个柱头相同，在1187年哈丁战役后被十字军藏了起来。

圣路线外,还获得了从叙利亚到埃及的路权。在其鼎盛时期,耶路撒冷王国(十字军对他们在圣地建立的国家的称谓)的边界北至贝鲁特(Beirut),南抵南部海岸的亚实基伦,东到约旦河东边摩押国的埃拉特。为了维护这些边界,王国建造了一系列的堡垒。然而,这个王国是短命的。埃及和叙利亚的苏丹萨拉丁逆转了十字军的胜利,在1187年7月的哈丁战役中,痛击十字军联合部队。耶路撒冷于1187年10

左上图　迦密海岸十字军城堡阿特利特的遗迹。1218年第五次十字军东征期间,圣殿骑士团在这个小岬角上建立了一个堡垒,并一直驻守到1291年征服阿卡之后。

左中图　戈兰高地的尼姆鲁德堡垒具有重要的战略价值,它守卫着通往大马士革的要道,并俯瞰着巴尼亚斯和胡拉谷地(Hula Valley)。但关于这座堡垒的信息非常有限,只知道它的修建时间早于十字军东征。

左下图　客西马尼教堂的蛋彩壁画碎片上的天使头像。(方济各会圣经研究会博物馆 [Museum of the Studium Biblicum Franciscanum])

右下图　十字军于1099年抵达恺撒利亚。在城堡的废墟里,在城墙的拱门中,在门楼的哥特式拱顶中,人们都能看到他们留下的印记。

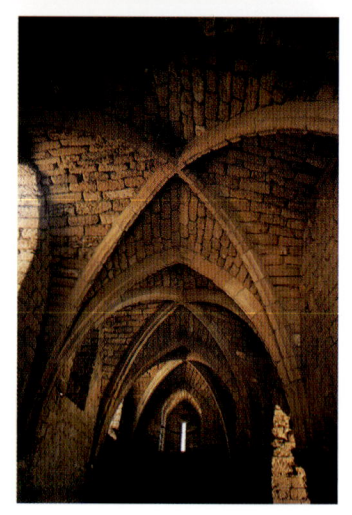

月陷落，到该年年底，几乎所有十字军在内陆的城镇和堡垒都向萨拉丁投降，十字军撤退到推罗港。耶路撒冷的陷落引发另一次十字军东征，狮心王查理在1191年7月成功地打破了对阿卡的围困，为十字军夺回了港口。根据1192年9月达成的和平约定，十字军获得了推罗和雅法之间沿海的领土，还获得了去耶路撒冷朝圣的权利。

1193年萨拉丁去世后，他的帝国分崩离析。虽然随后的十字军东征确实成功地夺取了沿海地区的一些领土，但直到1228年耶路撒冷仍在穆斯林手中。随后，德国皇帝腓特烈二世成功地与埃及苏丹进行了谈判，让许多城市重归十字军，包括拿撒勒、伯利恒和耶路撒冷。然而，圣殿山仍然在穆斯林手中。当腓特烈离开圣地返回德国时，十字军开始内战。在接下来的20年里，埃及成功地收复了大部分失地。1244年，耶路撒冷第二次失守。埃及统治者拜巴尔领导的最后一次战役于1265年开始。1291年5月，阿卡被攻陷。最后一个港口阿特利特于1291年8月沦陷。在圣地待了两个世纪后，最后一批欧洲人被迫返回家园。

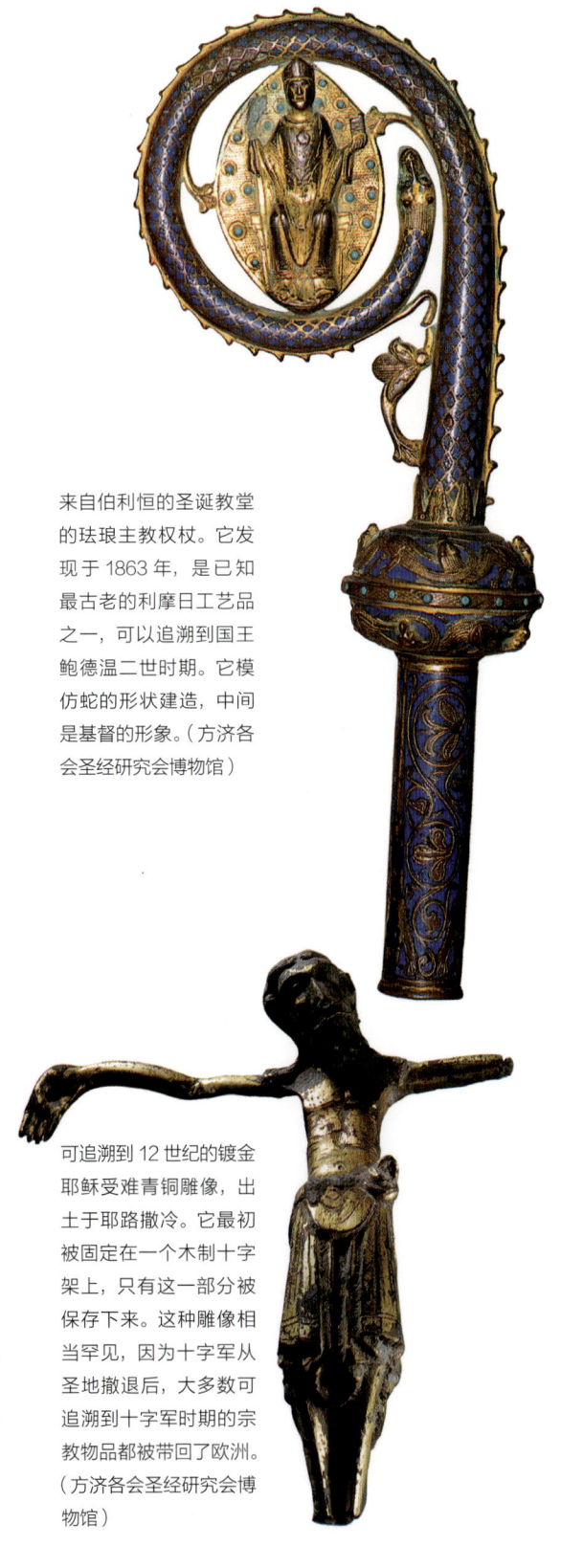

来自伯利恒的圣诞教堂的珐琅主教权杖。它发现于1863年，是已知最古老的利摩日工艺品之一，可以追溯到国王鲍德温二世时期。它模仿蛇的形状建造，中间是基督的形象。（方济各会圣经研究会博物馆）

可追溯到12世纪的镀金耶稣受难青铜雕像，出土于耶路撒冷。它最初被固定在一个木制十字架上，只有这一部分被保存下来。这种雕像相当罕见，因为十字军从圣地撤退后，大多数可追溯到十字军时期的宗教物品都被带回了欧洲。（方济各会圣经研究会博物馆）

马穆鲁克时期：圣地被归还

来自埃及的马穆鲁克王朝在统治初期曾下令在耶路撒冷修建一些建筑，但总的来说，巴勒斯坦对马穆鲁克统治者并不重要。这片土地的经济状况与几个世纪以来的情况基本相同，主要出口产品包括水果、橄榄油和肥皂。为了防止十字军卷土重来，包括阿卡和雅法的许多沿海城市都被摧毁。耶路撒冷的大部分地区处于废墟之中，人口估计只有4000户。人口中心已经转移到拉姆拉、纳布卢斯和加沙。在这一时期，巴勒斯

上图　吕大附近的"金达斯"（Gindas）桥是由马穆鲁克苏丹拜巴尔在1273年建造的。两侧的浮雕狮子是拜巴尔的象征，中间是纪念铭文。

下左图　作为圣殿山的建筑瑰宝之一，卡伊特贝（Qa'itbay）喷泉建于1482年，建筑风格受到开罗墓葬纪念碑的影响。1883年的修缮中增加了新的元素。

下中图　先知登霄圆顶建于1200年，是为了纪念先知登霄前祈祷的地方。

下右图　建于马穆鲁克时期的法赫里耶宣礼塔（Fakhriyya Minaret）是环绕耶路撒冷圣殿山的4个方形宣礼塔之一。宣礼塔最上边是祈祷时穆安津（宣礼员）所站立的回廊。上面是铜制的圆顶和伊斯兰新月形状的顶饰。回廊下方支撑着的钟乳石状结构被称为蜂窝拱或钟乳拱(Muqarnas)。

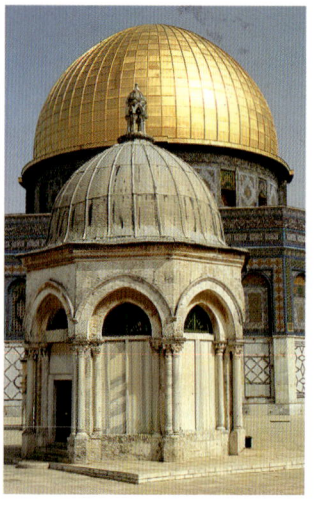

左上图 精美的马穆鲁克战斧，刻有马穆鲁克苏丹的个人纹章。斧头做工精致，月牙形斧刃的下边缘与斧柄相连，以防止斧头受到撞击时断裂或扭曲。

右上图 动物图案装饰的油灯，可以追溯到阿拉伯早期。顶部通过压入模具成型，画面内容是一只狗在追赶一只小动物。

下图 马穆鲁克时期的青铜烛台，可能曾用于阿克萨清真寺。圆形主体中的拱门让人想起圆顶清真寺的拱门。

坦的伊斯兰特征得到确立。在这一时期结束时，至少有50所宗教学校成立。基督教和犹太教被允许共存，但教众的宗教活动必须保持低调，同时法律禁止扩大任何现存的基督教堂或犹太会堂。格鲁吉亚和埃塞俄比亚教会得到了一些特权。其他基督教团体必须支付大笔费用来确保他们在圣地活动的权利。马穆鲁克时期留下的最深刻印记是耶路撒冷宏伟的伊斯兰建筑，而拉姆拉也有马穆鲁克时期的建筑痕迹。

奥斯曼帝国早期：土耳其的统治

上图 圣斯蒂芬门（St. Stephen's Gate）两边的一对狮子。狮子是马穆鲁克苏丹拜巴尔的象征，苏莱曼在重建城墙时重新使用。

中图 旧城墙装饰着几何图案的圆形浮雕。其他图案包括玫瑰花瓣，或者是玫瑰花镶嵌在几何图形中。

下图 耶路撒冷城的城墙是在 1537 年根据苏莱曼大帝的命令建造的。最令人印象深刻的是位于城市北侧的大马士革门（Damascus Gate）。

1516 年，马穆鲁克人在叙利亚北部被打败后不久，巴勒斯坦被奥斯曼帝国控制。土耳其统治的前半个世纪被称为黄金时期，在此期间，巴勒斯坦的土地被划分为 4 个行政区域，分别是耶路撒冷、加沙、纳布卢斯和萨法德。巴勒斯坦的大部分地区是大马士革省的一部分。萨法德成为犹太人的一个主要中心，到 16 世纪中叶，据说住在那里和周围村庄的犹太人有 1 万多人。一边是奥斯曼政府逐渐失去对农村的直接控制而导致的混乱，一边是苛捐杂税的压迫，巴勒斯坦人民此时的主要问题是安全感下降。基督徒和犹太人这些少数族群人口尤其容易受到伤害。基督教徒对耶路撒冷和伯利恒的圣地的争议成为国际关系事务的一部分。各个欧洲国家试图与奥斯曼政府签订条约获取收益。到 18 世纪中叶，扎希尔·欧麦尔于 1775 年被自己的军队杀害之前，已经控制了该国的大部分地区。1775 年，该国的北部地区被交给艾哈迈德·贾扎尔帕夏（Ahmad Pasha al-Jazzar，分别为本名、头衔和诨名）控制。因为贾扎尔习惯于割掉那些令他不满的人的鼻子或耳朵，他被称为"屠夫"（*al-Jazzar*）。1799 年，在英国舰队的帮助下，贾扎尔阻止了拿破仑的北进步伐，击退了对阿卡的围攻，拿破仑被迫带军队撤退埃及。

阿卡大清真寺（Great Mosque of Acre）的大理石内饰。该清真寺由贾扎尔帕夏于1781年建造，展示了非常精美的几何图案。

现代以色列的诞生

对外国旅行者来说，长期以来圣地都是一个危险的国度。然而，在埃及的穆罕默德·阿里统治时期（1832—1840年），耶路撒冷变得容易接受外国人，几个西方国家在那里开设了领事馆。许多传教士，包括新教徒、罗马天主教徒和东正教徒在内，开始在该城传教，耶路撒冷成为数百名信徒的朝圣中心。众多的旅行报告引起了欧洲和美国旅行者对圣地的关注。巴勒斯坦探查基金组织（Palestine Exploration Fund）的挖掘工作标志着圣地现代考古学的开始，他们的发现激发了人们的兴趣。他们还根据当时最先进的技术绘制了第一批地图。

我们可以在欧洲的民族主义运动和耶路撒冷的犹太人社区中找到现代以色列的根源。第一届犹太复国主义大会在西奥多·赫兹尔的领导下于1897年在巴塞尔举行。正是在这里，代表犹太民族各个流派达成了共识。1901年，犹太民族基金成立，目的是为了在巴勒斯坦购买土地。

和毫无经验的第一批移民相比，在20世纪初来到这片土地的第二批移民相信通过用自

上图　1909年，在雅法北部的沙地上举行了特拉维夫新城的奠基仪式。特拉维夫是近代以来第一个犹太人城市，今天它是一个大都市的中心。

下图　佩塔提克瓦（Petah Tikvah）是1878年犹太人建立的第一个定居点。由于土耳其当局的敌意、阿拉伯邻居的袭击以及附近沼泽疟疾肆虐，第一次尝试几乎失败。

左图　1917年12月11日，艾伦比将军通过雅法门进入耶路撒冷，结束了奥斯曼帝国400多年的统治。他选择步行进入圣城，而不是骑在马上。

中图　名为"出埃及记"的哈加纳（Haganah，犹太复国主义组织）船只是最著名的非法移民船，它试图将逃离纳粹大屠杀的犹太人偷运到巴勒斯坦。1947年抵达海法后，它被英国人送回欧洲，引起了国际社会的强烈不满。

右图　1948年5月14日的《以色列国宣言》。站在中间的大卫·本－古里安后来成为这个新国家的第一任总理。

己的双手在这片土地上努力工作，他们可以建立一个新社会。这个新社会建立在社会主义理想的基础上。一些新型组织，如基布兹公社，是以色列独有的。在后来成为新国家第一任总理的大卫·本－古里安（David Ben-Gurion）等人的领导下，这个新社会并不仅仅建基于劳动之上，也建基于一种新希伯来文化的创立。埃利泽·本－耶胡达（Eliezer Ben-Yehuda）的倡导让希伯来语成为这片新土地的语言，这也是许多不同国家的移民融入一个统一社会的唯一途径。1917年11月2日的《贝尔福宣言》是英国政府对"在巴勒斯坦为犹太人民建立民族家园"的支持。一个月后，当英国将军艾伦比率领英国军队挺进耶路撒冷时，他发现这个新社会的基础已经非常稳固。新城市特拉维夫已经在雅法北部的沙地上拔地而起，现代的海法港正在建设之中，许多新的农业定居点也已经开始运转。在英国委任统治时期，一批现代犹太国家机构已经建立：总工会、银行系统、现代世俗教育系统、耶路撒冷希伯来大学和农业合作联盟等各种系统都已经存在。1948年5月15日，英国委任统治一结束，犹太政府就宣布以色列国成立，这一事件引发了阿拉伯世界的激烈反应。独立战争只是众多冲突中的第一个。现在随着和平进程的展开，伤痕才开始愈合。

独立战争期间耶路撒冷的年轻战士。在宣布建国时，有51500人在武装部队中服役。

今日以色列

上图 度假城市埃拉特很受游客欢迎，他们来这里享受海滩。埃拉特湾的热带鱼也是吸引游客的一大特色。它有自己的机场，有通往欧洲的直达航班。

下图 北部海法湾的俯视图。20世纪初，海法超过阿卡，成为巴勒斯坦最重要的港口。海法现在仍然是一个重要的工业中心。

虽然历史悠久，但以色列仍然是一个年轻的国家。这个国家的建立正体现了散布在世界各地的犹太人对民族相聚的重视。来自埃塞俄比亚和苏联的犹太人移民表明，不同的人群是如何把以色列作为他们的民族家园的。以色列非常重视对新移民的吸收和希伯来语的教学。这个国家的人口为945万（以色列中央统计局CBS公布的2021年底数据），其中约73.9%是犹太人。在非犹太裔的以色列公民中，穆斯林约占69.2%，基督徒约占7.4%，德鲁兹派穆斯林约占6%。大多数人居住在城市。在社会和教育服务方面，以色列与西欧国家不相上下。大多数儿童在三四岁时就开始在幼儿园接受教育，许多人进入了8所大学之一。以色列的医疗服务是全世界最好的那一批。公民在议会民主中享有投票权，120名成员组成的以色列议会构成了以色列的立法机构。此外，无论背景或政治或宗教信仰如何，人们把国家当作共同的事业。这种凝聚力在很大程度上得益于青年

男女完成高中学业后的义务兵役或国民服役制度。大多数男性每年都要按月在预备役中服役。

以色列的现代经济不仅基于农业灌溉系统和计算机相关产品等新技术，而且还基于古老的犹太行业。拉马特甘的钻石交易所是世界上最大的。旅游业也日益蓬勃，无论是圣城耶路撒冷还是度假地埃拉特，都变成了人们的必去之地。以色列是一个外向型的国家。它现在正在为争取永久的和平而与所有邻国进行不断努力。

上图　从特拉维夫南望雅法岬角、商业和住宅中心以及海滨的大型酒店。

下图　在耶路撒冷新城眺望斯科普斯山和希伯来大学。该大学创建于 1925 年，1967 年战后被重建。

古代地图绘制与印刷品

《圣经》与圣地地图的绘制	96	波特兰海图	104
源于 3 世纪的地图	96	第一批印刷地图和地理集	107
马德巴马赛克地图	98	新发现和新地图	114
伊斯兰地理学家制作的地图	102	古旧地图和印刷品中的耶路撒冷	116
中世纪的宗教地图	103	苏格兰画家大卫·罗伯茨	120

《圣经》与圣地地图的绘制

源于3世纪的地图

以色列土地的制图不仅仅是为某个区域绘制地图，也是对《圣经》中各个地块的定位。《旧约》和《新约》的故事都植根于圣地的土壤，这个"从但直到别是巴"（古以色列国最北和最南城）的区域只有80千米宽、241千米长（《士师记》第20章第1节，《撒母耳记上》第3章第2节，《撒母耳记下》第3章第10节）。《圣经》本身就是口头地图，最好的例子是《约书亚记》第13—19章，其中规定了以色列12个部落的边界。绘制圣地地图有几个重要原因：首先，人们对这块对世界三大宗教都非常重要的土地非常感兴趣。耶路撒冷被许多人认为是世界乃至宇宙的中心，也是通往天堂的必经之路，所以它构成了许多古代地图的中心。后来，《圣经》的印刷不仅创造了对插图的需求，还创造了许多相关需求，如字典、百科全书，以及《圣经》地图册。

古典时代的地图原件没有保存下来，但以摹本的形式流传到今天。例如，托勒密地图原作者是2世纪的来自亚历山大的地理学家克劳迪乌斯·托勒密，是其地理学研究的成果之一。虽然找不到这幅地图的原件，但我们确实有16和17世纪制作的一些摹本。托勒密的地图以正北为基准，并根据经度和纬度在网格上按比例绘制。另一个例子是3世纪的圣杰罗姆（Saint Jerome）用于《圣经》注解的概念性地图。在这些概念性地图中，耶路撒冷占据了世界的中心，比周围的国家大得多。杰罗姆受到他的同代人尤西比乌斯的极大影响。名为《波伊廷格地图》（Peutinger Table）的罗马军事路线图是在5世纪中期编制的，现存的最早摹本可以追溯到13世纪，如今存放在维也纳的奥地利国家图书馆。它按照里程标划分，显示了从世界各地到罗马众多城市的主要路线。

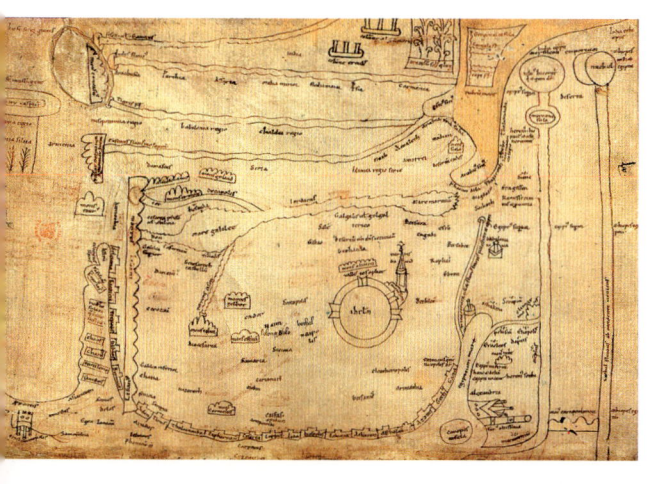

这张12世纪中期的羊皮纸手稿是现存最古老的圣地地图，由圣杰罗姆于385年左右绘制。图中的一对同心圆代表耶路撒冷，下方左右两边分别是君士坦丁堡和亚历山大。

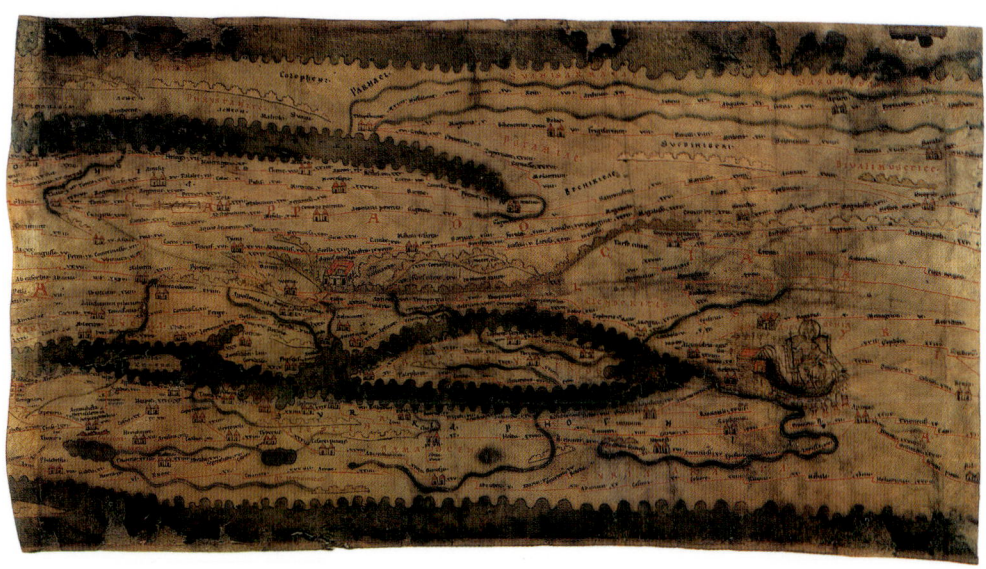

上图　克劳迪乌斯·托勒密的作品对欧洲制图师的影响一直持续到 17 世纪。图中展示的是由唐努斯·尼古拉·日耳曼努斯（Donnus Nicholaus Germanus）于 1474 年临摹在羊皮纸上的《亚洲地图第四幅》（Tabula Asiae IV），用于 1482 年在乌尔姆出版的第一部印刷版《托勒密地图集》。

下图　《路线地图》（Tabula Itineraria），因其发现者之一是德国人文主义者康拉德·波伊廷格又被称为《波伊廷格地图》。它是公元前 5 世纪中期绘制的罗马帝国道路地图的中世纪摹本。在这幅地图中，巴勒斯坦出现在左下角，在罗得岛下面。

马德巴马赛克地图

马德巴马赛克地图于 1896 年发现于约旦安曼以南 30.6 千米的古城马德巴（Madaba）的一座拜占庭教堂。马赛克地图的部分内容在它被发现之前因重建教堂被毁，现存的部分（4.9×10.7 米）显示了从地中海到圣地以及从伯珊的撒冷（Salem）到尼罗河口的沿途风貌。

原地图的尺寸可能接近 7×22 米，由 200 多万个彩色的方块组成。大部分地图内容都附

1. 3 条鱼在约旦河中游泳，其中一条在遇到死海的咸水后掉头而去。
2. 一只狮子在追赶一只小羚羊。
3. 两艘渡船穿越约旦河。
4. 约旦河上南部渡口的瞭望塔。
5. 死海，但并没有显示延伸到死海中心的利桑半岛。
6. 两艘在死海上航行的船。船上的人被偶像破坏者（即拒绝人物肖像的人）抹去了特征。北侧的船扬起了帆，装载的物品可能是产自死海中的盐。
7. 第二艘船装载的货物可能是小麦或其他谷物。
8. 伯大巴喇（Bethabara）是施洗约翰寻求庇护的地方。

9. 查拉赫莫巴（Charachmoba），即如今的卡拉克（Karak），图中描绘了一座拜占庭大都市。
10. 阿拉伯谷地，或死海以南的沙漠。
11. 图中的耶利哥是一个有围墙的城市，有 4 个塔楼，两个城门，城中 3 个教堂。周边棕榈树环立，表明它是一个绿洲。
12. 尼阿波利斯（Neapolis），即现代的纳布卢斯，图中是一个大型的设防城市。马赛克这部分被严重损坏，但仍然可以看到东西向的列柱大道（Cardo Maximus）、教堂以及主要建筑。
13. 撒玛利亚人的圣山基利心和以巴路（Ebal）在马德巴地图上被标了两次。在撒玛利亚人声称拥有这些山之后，犹太人坚持他们在另外不同的位置。画家显然是为了适应这两种声音。

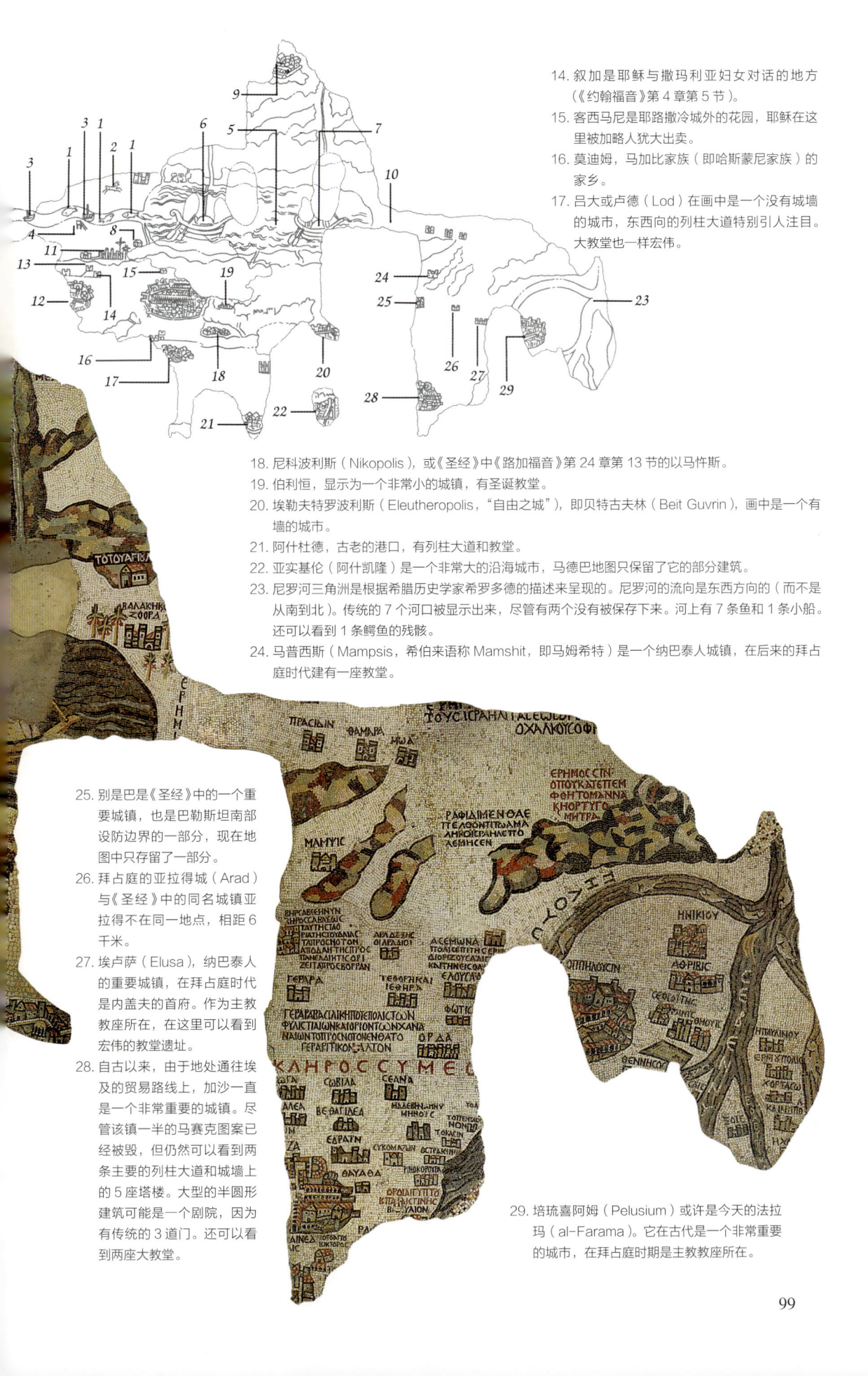

14. 叙加是耶稣与撒玛利亚妇女对话的地方（《约翰福音》第 4 章第 5 节）。
15. 客西马尼是耶路撒冷城外的花园，耶稣在这里被加略人犹大出卖。
16. 莫迪姆，马加比家族（即哈斯蒙尼家族）的家乡。
17. 吕大或卢德（Lod）在画中是一个没有城墙的城市，东西向的列柱大道特别引人注目。大教堂也一样宏伟。
18. 尼科波利斯（Nikopolis），或《圣经》中《路加福音》第 24 章第 13 节的以马忤斯。
19. 伯利恒，显示为一个非常小的城镇，有圣诞教堂。
20. 埃勒夫特罗波利斯（Eleutheropolis，"自由之城"），即贝特古夫林（Beit Guvrin），画中是一个有墙的城市。
21. 阿什杜德，古老的港口，有列柱大道和教堂。
22. 亚实基伦（阿什凯隆）是一个非常大的沿海城市，马德巴地图只保留了它的部分建筑。
23. 尼罗河三角洲是根据希腊历史学家希罗多德的描述来呈现的。尼罗河的流向是东西方向的（而不是从南到北）。传统的 7 个河口被显示出来，尽管有两个没有被保存下来。河上有 7 条鱼和 1 条小船。还可以看到 1 条鳄鱼的残骸。
24. 马普西斯（Mampsis，希伯来语称 Mamshit，即马姆希特）是一个纳巴泰人城镇，在后来的拜占庭时代建有一座教堂。
25. 别是巴是《圣经》中的一个重要城镇，也是巴勒斯坦南部设防边界的一部分，现在地图中只存留了一部分。
26. 拜占庭的亚拉得城（Arad）与《圣经》中的同名城镇亚拉得不在同一地点，相距 6 千米。
27. 埃卢萨（Elusa），纳巴泰人的重要城镇，在拜占庭时代是内盖夫的首府。作为主教教座所在，在这里可以看到宏伟的教堂遗址。
28. 自古以来，由于地处通往埃及的贸易路线上，加沙一直是一个非常重要的城镇。尽管该镇一半的马赛克图案已经被毁，但仍然可以看到两条主要的列柱大道和城墙上的 5 座塔楼。大型的半圆形建筑可能是一个剧院，因为有传统的 3 道门。还可以看到两座大教堂。
29. 培琉喜阿姆（Pelusium）或许是今天的法拉玛（al-Farama）。它在古代是一个非常重要的城市，在拜占庭时期是主教教座所在。

99

有希腊文标注,有的还附有《圣经》文本。这幅图画地图以地中海为底,拜占庭时期巴勒斯坦的主要特征很容易辨认。例如,地图描绘了约旦河上两处渡口的位置。死海上有两艘船,船上的人被反对偶像崇拜的人故意破坏了,这些人反对在教堂中使用人像。约旦河里有鱼在游动,其中一条鱼在尝到死海的苦水后回头,脸上露出了苦涩的表情。该地图还包括《圣经》中的重要地标,标记了以色列12个部落的区域。虽然最大的城市

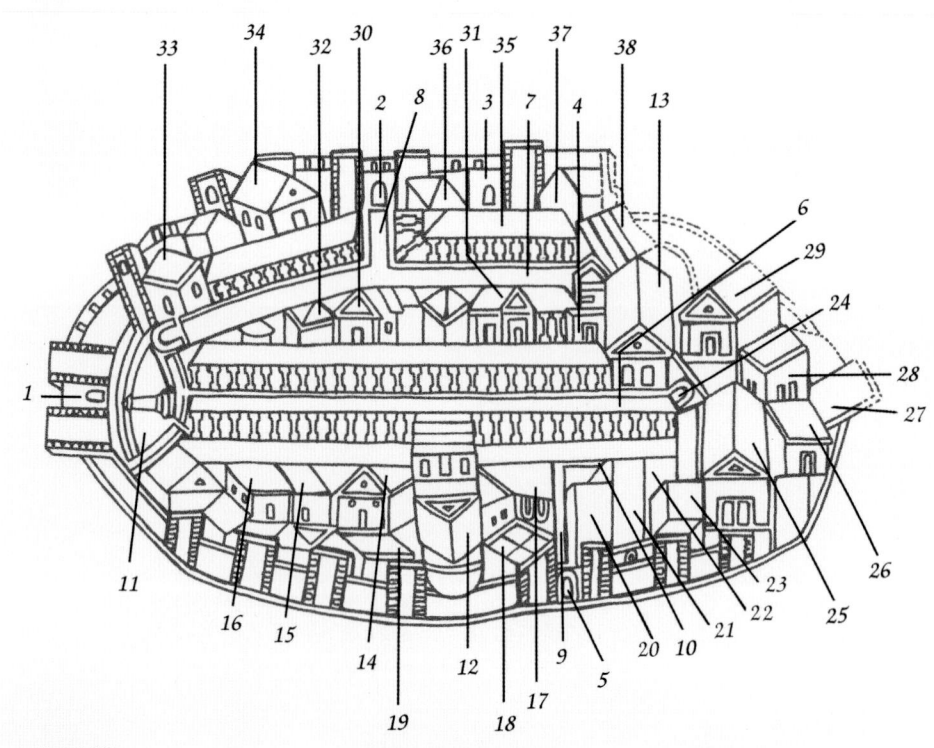

1. 大马士革门
2. 圣斯蒂芬门
3. 金门
4. 新门,也许是粪厂门(Dung Gate)
5. 雅法门
6. 列柱大道
7. 提拉帕谷(Tyropoeon Valley)的道路
8. 通往圣斯蒂芬门的街道
9. 东西大街,从雅法门开始,很可能是如今的大卫街
10. 通往锡安山的街道
11. 位于大马士革门前的广场,圆柱上可能有雕像或十字架。
12. 圣墓教堂
13. 新教堂(Nea Church)
14. 牧首宫(Palace of the Patriarch)
15. 牧首的神职人员之家(Clergy House of the Patriarch)
16. 医院
17. 集会广场
18. 圣墓教堂的洗礼堂
19. 斯普代伊(Spudaei)修道院
20. 大卫塔
21/22/23. 修道院
24. 通往锡安山的门
25. 锡安山上的教堂
26. 锡安山圣器室
27. 锡安山神职人员之家
28. 西罗亚池附近的浴场
29. 西罗亚池附近的教堂
30. 圣索菲亚教堂(不确定)
31. 圣科斯马斯和圣达米安努斯修道院(Monastery of St.Cosmas and St.Damianus)
32. 公共浴室
33. 尤多西娅(Eudocia)皇后的宫殿
34. 羊池教堂
35. 圣殿区域(仅以黑线方块表示)
36. 安东尼亚堡垒的废墟
37. 圣詹姆斯教堂
38. 一些学者认为这是西墙或哭墙,但它更可能是圣殿南墙前的楼梯的废墟。

耶路撒冷很容易辨认，但也可以找到其他 150 个《圣经》地点。主要地标被标示在道路网络上，这种做法可能来自《波伊廷格地图》，而一些较小的细节可能是从尤西比乌斯（Eusebius）的《地名词典》（*Onomastikon*）中复制的。大量的细节使历史学家能够将地图的制作时间判定在 560—565 年间。该地图中保存下来的最大部分之一是关于耶路撒冷的。该地图朝向东方（上朝东），耶路撒冷呈椭圆形（尽管该城市实际上是方形的）。耶路撒冷地图的东南角已经被毁，所以没有关于圣殿山以南地区的信息。两条主要街道非常明显，因为它们被柱廊环绕。柱廊的起点就在大马士革门内的一个大广场上。第一根柱子尤为高大。在罗马时代，这根柱子上会放着罗马皇帝的雕像。据说在拜占庭时期这根柱子上还挂着一个十字架。教堂也非常明显，因为它们都被赋予了红色的屋顶，而其他建筑则是黄色的屋顶。三座最大的教堂尤其引人注目。圣墓教堂被"倒置"在地图的中心位置。我们可以看到它的主要建筑特点：基督墓上方的圆顶、长方形的巴西利卡（basilica，长方形廊柱厅）式教堂，以及通往列柱大道的台阶。由查士丁尼皇帝建造的新教堂在图画的右边部分非常显眼。锡安山教堂在画中也一样引人注目。

伊斯兰地理学家制作的地图

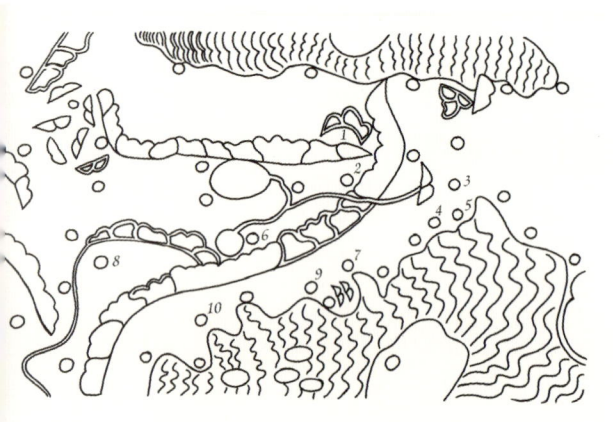

10世纪在阿拉伯文化的黄金时代,伊斯兰地理学家所绘制的地图是为穆斯林朝圣者以及商人服务的。最好的例子是波斯地理学家伊斯泰赫里(Istakhri)的作品。他在952年编制的地图集包含21幅地图。巴勒斯坦地图的方向是向南的。尽管该地图基于托勒密原则,但它基本上是概念性的。在12世纪,摩尔人学者伊德里西被西西里岛的诺曼人国王罗杰二世雇佣,制作了一本包含70幅地图的地图集。圣地地图的方向也是向南的,它在很大程度上是凭印象绘制的。

1. 佩特拉
2. 耶路撒冷
3. 加沙
4. 雅法
5. 亚实基伦
6. 太巴列
7. 阿卡
8. 大马士革
9. 推罗
10. 贝鲁特

在伊德里西的地图上,城市用黄色的圆圈表示,主要海域为蓝色,而太巴列湖、约旦河和死海为绿色。这幅黑白示意图标出了主要地点的位置。

伊斯兰世界的制图家阿布·阿布达拉·穆罕默德·本-伊德里西对后世制图工作产生了相当大的影响。这幅16世纪的波斯版地图是他在1154年绘制的巴勒斯坦地图的摹本。根据伊斯兰教的习俗,该地图的基准方向是朝南的。虽然内容非常详细,但它夸张的画风使其解释起来并不容易。

中世纪的宗教地图

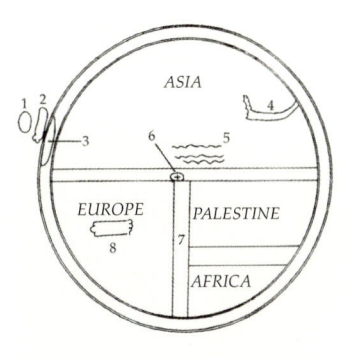

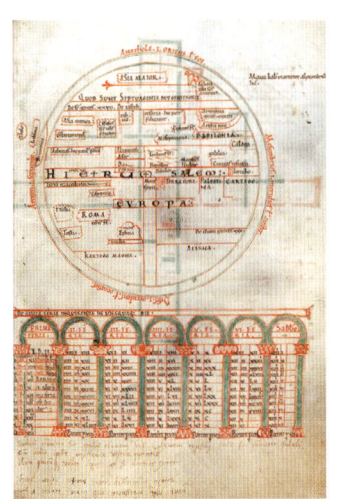

1. 冰岛
2. 爱尔兰
3. 大不列颠
4. 挪亚方舟
5. 约旦河
6. 耶路撒冷
7. 地中海
8. 罗马

到了中世纪，欧洲制图学发展中断。精确地图被放弃，体现宗教世界观的世界地图流行开来。这些宗教地图向我们展示了绘制这些地图的中世纪僧侣是如何看待圣地的。在形式上，这些地图被称为 T-O 地图，被画成一个圆形，中间有一条从左到右的线。地图的上半部分是亚洲（闪）。下半圆从中间到底边被一分为二。欧洲（雅弗）位于左下角的 1/4，非洲（含[1]）位于右下角的 1/4。下半圆中间的线代表地中海。这些地图上朝东，耶路撒冷位于世界的中心，或称 "肚脐"。画中还描绘了中世纪基督教的圣地：圣山、西奈山、约旦河和各各他山。天堂位于地图的最顶端。已知的宗教地图有 600 多幅。第一幅可能是塞维利亚的伊西多尔（Isidore of Seville）的作品，是他于 800 年出版的 "基督教百科全书" 的组成部分。最著名的是现存于赫里福德大教堂的赫里福德地图，由制图师哈尔丁汉的理查德（Richard of Haldingham）于 1285 年左右绘制。一般来说，这些地图被用作宗教手稿的插图。较大的地图，则可作为圣坛的背景。与宗教地图类似的是耶路撒冷的圆形地图。这些地图可能都是来自同一个源头，即一幅十字军时期的地图。然而，大多数耶路撒冷的圆形地图可以追溯到 14 世纪，可能是供前往圣地的朝圣者使用。除了显示通常的《圣经》遗址外，这些地图还为朝圣者提供了有用的信息，如货币兑换的地方。

上图　该地图被称为拜占庭－牛津大学 T-O 地图，是大约 1110 年在英国绘制在羊皮纸上的拜占庭原始地图的摹本。耶路撒冷位于中心位置，它将亚洲、欧洲和非洲分开，右侧是耶利哥。旁边的示意图为地图做了标注。

下图　这幅以耶路撒冷为世界中心的地图被收录在大约 1250 年成书的《圣咏集》（Book of Psalms）拉丁文手稿中。亚洲占据了上半部分，而欧洲和非洲则分别位于右下方和左下方，圣城由双圈表示。

---

[1] 在《圣经》中，闪、含、雅弗是挪亚的三个儿子。大洪水过后，他们在全世界开枝散叶，繁衍开来。

波特兰海图

波特兰海图是在中世纪晚期制作的、供航海家使用的地图。这些地图本质上是航海图,与今天使用科学方法绘制的地图相似。最著名的是彼得罗·维斯康特(Pietro Vesconte)在14世纪上半叶绘制的地图。它属于威尼斯人马里诺·萨努托(Marino Sanuto)作品的一部分。马里诺·萨努托是一位有意再一次推动前往圣地的十字军东征的富商。这些地图是按比例绘制的,上朝北方。由于是供航海家使用的,所以提供了所有主要的港口和河流的标注。虽然各国的内部特征对航海家来说并不重要,但圣地是一个例外,那里的主要宗教场所在各种地图上都有体现。在这类地图绘制者中值得注意的是犹太制图师亚伯拉罕和他的儿子犹大、克里斯克(Cresques)。他们活跃在另一个地图制作中心马约卡岛。他们被认为是著名的《加泰罗尼亚地图集》(Catalan Atlas,1375年)的制图师。地图集可以看出伊德里西和阿拉伯地理学家的影响。其他信息则来自最近前往远东的旅行者(如马可·波罗)的叙述。

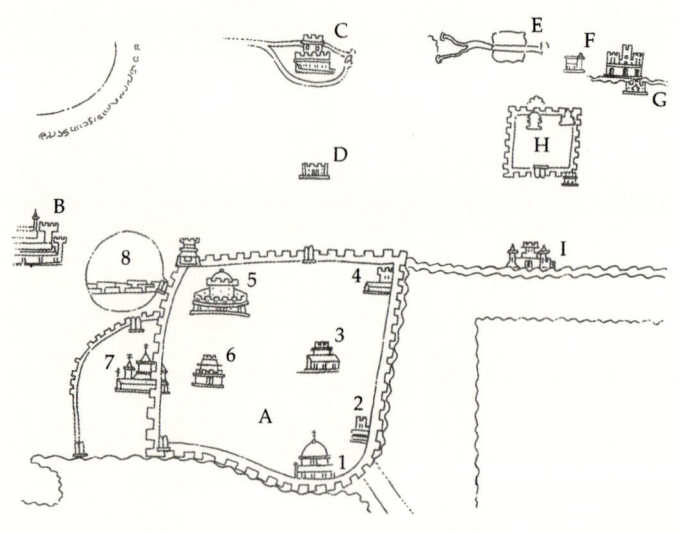

示意图显示了马修·帕里斯(Matthew Paris)在地图上标记的主要城市和建筑。

1. 圣殿骑士之家
2. 警察之家
3. 热那亚商队塔楼
4. 条顿骑士医院
5. 阿卡王城堡
6. 比萨商队塔楼
7. 医务人员之家
8. 公墓

A 阿卡
B 安条克
C 大马士革
D 萨法德
E 死海
F 伯利恒
G 开罗
H 耶路撒冷
I 雅法

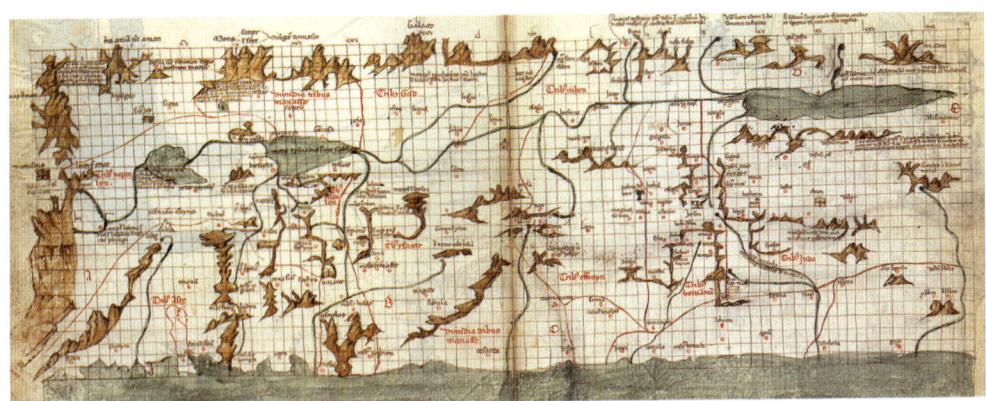

上图　马修·帕里斯不仅是圣奥尔本斯的主要编年史学家（在 12 和 13 世纪，圣奥尔本斯是英国的主要文化中心），他还对地图学感兴趣。这两页羊皮纸手稿可追溯到 1252 年，展示了巴勒斯坦和该地区的主要城市。为了能够显示出城市最重要的建筑，阿卡被放大了许多。

下图　马里诺·萨努托和维斯康特的《十字架忠实信徒的秘密之书》（Liber Secretorum Fidelibus de Crucis）大约于 1320 年在威尼斯出版，彻底改变了中世纪的制图业。这幅巴勒斯坦地图在接下来的 3 个世纪中成为地图绘制的模板。

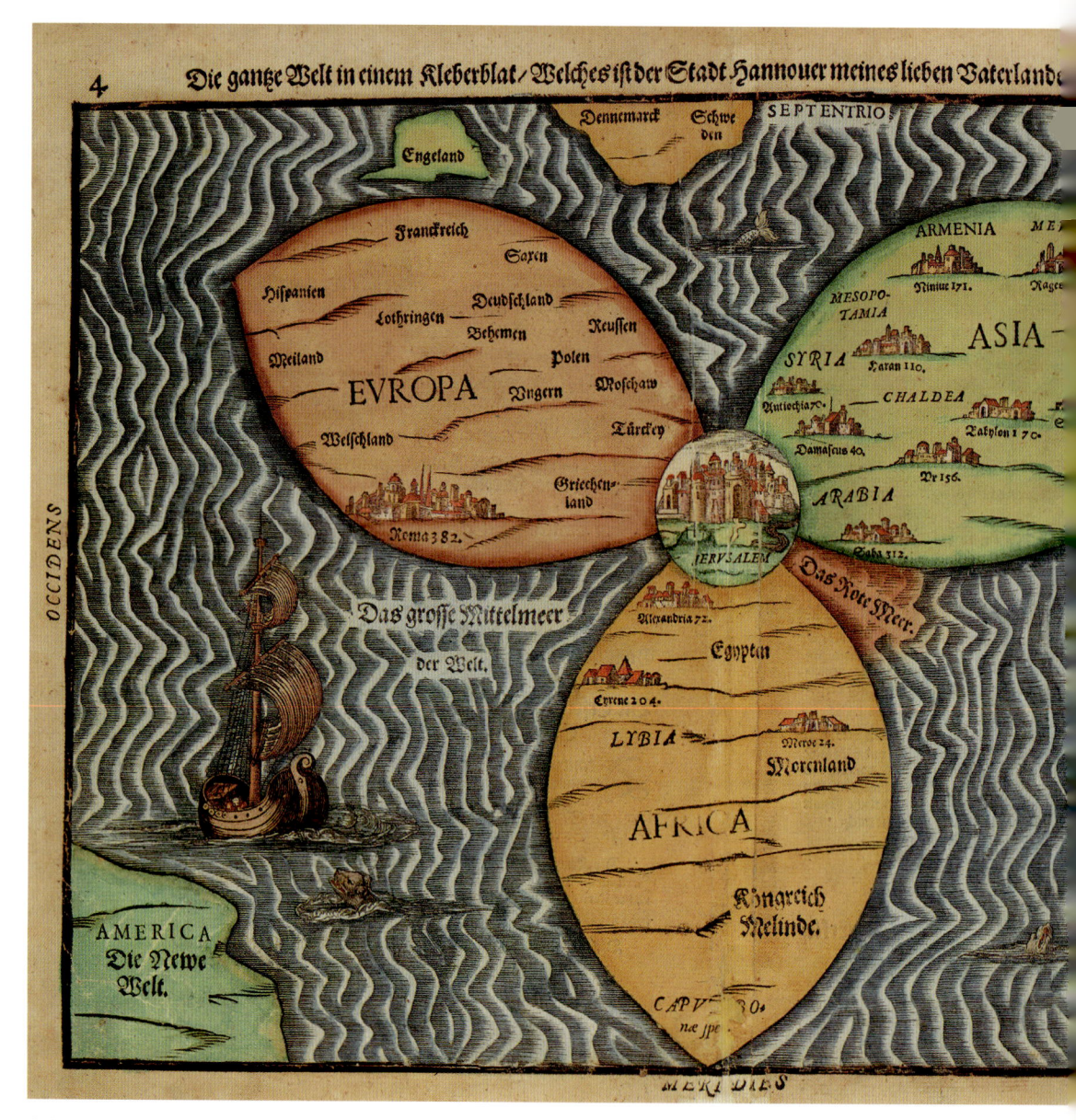

在海因里希·宾廷（Heinrich Bünting）绘制的这幅著名地图中，世界呈一个三叶草的形状，其中耶路撒冷位于中心位置。虽然地图是在 1581 年印刷的，但它仍然依赖于十字军东征时代的地理观念。在顶部，丹麦被描绘成紧邻大不列颠的一个岛屿；左下方是新世界。这幅地图的红海的颜色有些想当然了。

第一批印刷地图和地图集

印刷术的发明，特别是 15 世纪末《圣经》的出版，为与《圣经》相关的地理书籍和地图带来了新的需求。事实上，第一幅印刷地图是 1475 年在德国吕贝克制作的圣地地图。虽然在形式上更多的是图画，但它是基于现已失传的多明我会修士锡安山的布尔查德的地图绘制的。同样令人印象深刻的是由伯恩哈德·冯·布雷滕巴赫（Bernhard von Breitenbach）创作，乌德勒支艺术家艾哈德·鲁威奇（Erhard Reuwich）绘制的巴勒斯坦全景地图。两人在 1483 年春天到圣地朝圣，他们的游记《圣地之旅》（Peregrinatio in Terram Sanctam）展示了 1517 年耶路撒冷被土耳其人摧毁之前的景象。杰拉德·墨卡托绘制的第一张地图是 1537 年的巴勒斯坦地图。墨卡托作为今天仍在使用的地图投影法墨卡托投影的发明者而被人们记住。

这是卢卡斯·布兰迪斯（Lucas Brandis）的作品，是第一幅印刷版巴勒斯坦地图。它于 1475 年在吕贝克出版，是根据锡安山的布尔查德提供的信息制作的。布尔查德是一位 13 世纪的多明我会修士，他的圣地朝圣的故事和图画在文艺复兴早期就在欧洲广为流传。耶路撒冷被置于中心位置，阿卡城在左边。

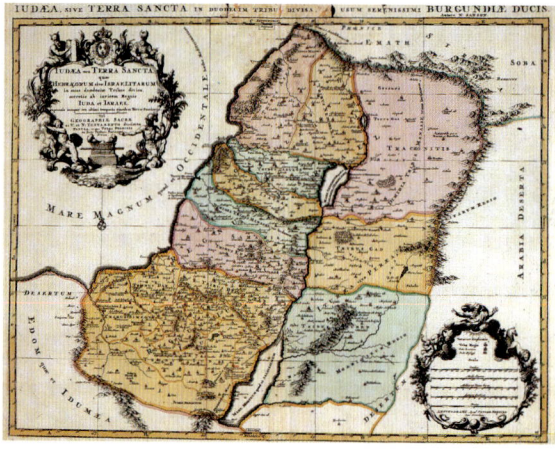

上图 这幅 1611 年在伦敦印制的圣地地图是约翰·斯皮德（John Speed）的最佳作品之一。它显示了出埃及的路线和每个营地，以及以色列的 12 个部落和《圣经》中的一些场景。左上方是耶路撒冷的详细地图，周边是圣殿中使用的乐器。

下图 尼古拉斯·桑松·阿贝维尔（Nicholas Sanson d'Abbeville）在其 1662 年的《神圣地理》（Sacra Geographia）中收录的以色列地图对后世产生了长远影响。一位制图师以及他的儿子通过修改献词和卷轴装饰出版了该地图的多个版本。

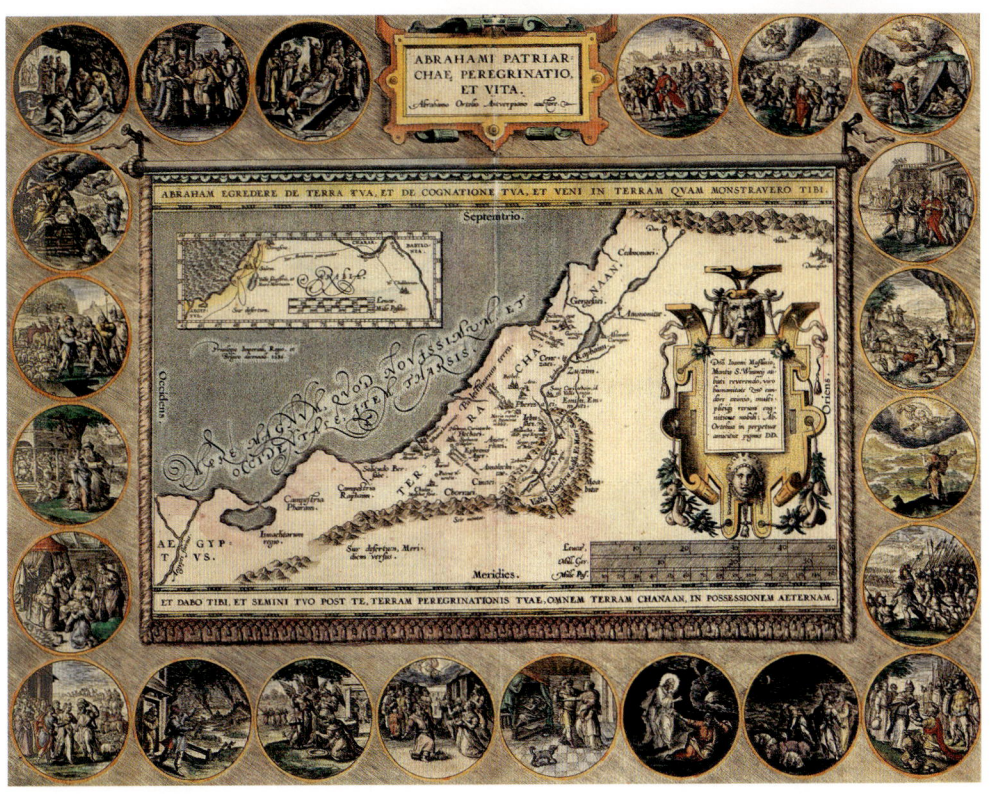

这幅地图于 1586 年印刷，被认为是亚伯拉罕·奥特柳斯的杰作之一。它描绘了古代以色列各部落之间对迦南的划分，周围有 22 幅描绘亚伯拉罕生活的彩图。插在左边的小地图显示了族长们从幼发拉底河谷到应许之地的朝圣路线。上图中的两幅图片展示了亚伯拉罕离开乌尔和以撒的献祭。

亚伯拉罕·奥特柳斯（Abraham Ortelius）是第一个大规模出版现代地图集的人，这些地图有许多版本，也译成多种语言。他的第一本地图集《寰宇大观》(*Theatrum Orbis Terrarum*) 收集了 53 幅地图，其中有两幅圣地地图，一幅由制图师蒂尔曼·斯特拉（Tilleman Stella）绘制，另一幅源于彼得·莱克斯汀（Peter Laicksteen）和克里斯蒂安·斯格洛坦（Christian Sgrooten）的地图。他的地图因其艺术品质而备受瞩目。这一点在他的迦南地图中尤为明显，该地图的边框由 22 幅关于先祖亚伯拉罕生活的圆形

在这幅由威廉·布劳（Willem Blaeu）于1629年在阿姆斯特丹印制的地图中，应许之地在西边，因为出埃及后，以色列人从毗斯迦山的山顶上看到朝西的山。旁边是手持法版的摩西以及亚伦的画像。

插图构成。这一时期最著名的英国制图师约翰·斯皮德也选择绘制圣地作为他1595年的第一幅地图。他最出名的是1611年出版的不列颠群岛地图集，其中包括另一幅巴勒斯坦地图。他的圣地地图在许多英国《圣经》中被重新出版。另一位英国地图绘制者托马斯·富勒（Thomas Fuller）于1650年出版了圣地地图集《巴勒斯坦毗斯迦地点》（*Pisgah Site of Palestine*）。

第一张使用希伯来语的印刷版圣地地图是两个犹太人的作品。该地图于1621年首次出版，并于1633年再版，其目的是为前往耶路撒冷朝圣的犹太人和犹太旅行者提供服务，帮他们找到《圣经》中的所有重要地点。1695年，阿姆斯特丹的亚伯拉罕·巴·亚科夫（Abraham bar Yaaqov）提供了一份图文并茂的地图，和逾越节要诵读的《哈加达》配套。最著名的圣经词典和百科全书都配有插图，也使用了许多地图。1714年，荷兰东方学家阿德里安·雷兰德（Adrian Reland）出版了最早的圣经地理学书

上图 这是亚伯拉罕·奥特柳斯为他的地图集《寰宇大观》（于 1570 年在安特卫普出版）所绘制的众多圣地地图中的第一幅。该图对以色列人在出埃及时从埃及到应许之地的路线给予了相当大的重视。

下图 尼古拉斯·维舍尔（Nicholas Visscher）于 1659 年在阿姆斯特丹出版的地图集中收录了这幅精美的圣地地图。底部是摩西在西奈山脚下的营地，会幕（出埃及后营地中流动的拜神之所）在营地中央，周围是以色列的 12 个部落；亚伦的像在右边，摩西在左边。

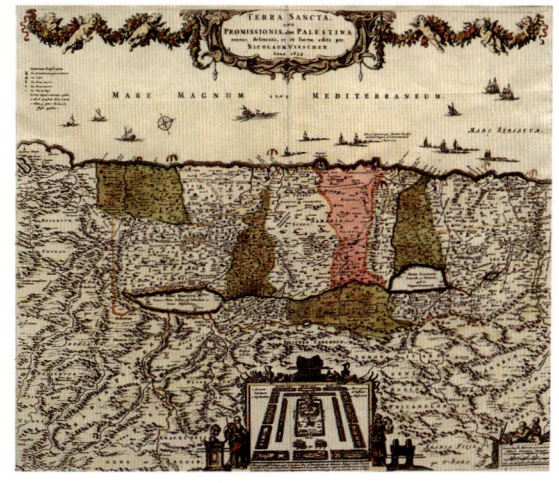

籍，两卷本的《旧地图中的巴勒斯坦》（*Palaestina ex Monumentis Veteribus*），这在当时是一部非常流行的作品，甚至在 19 世纪还被反复出版。奥古斯丁·安托万·卡尔梅（Augustine Antoine Calmet）于 1711 年在法国出版了第一部《圣经》百科全书，这部图文并茂的 5 卷本作品也包括圣地地图。

亚伯拉罕·巴·亚科夫为哈加达绘制的地图，于 1695—1696 年在阿姆斯特丹印刷出版，是最早完全用希伯来语编纂的版本之一，清晰地标出了出埃及的路线和以色列各部落之间的分界线。下方沿着海岸线的地方是运载黎巴嫩雪松（用于所罗门建造圣殿）的船只，右边的一个小插图描绘了约拿和鲸鱼的故事。图中包含一份出埃及的营地的名单。右边坐在鳄鱼身上的女人象征着非洲，而左边的 4 头奶牛和农场门廊下的蜂箱代表着应许之地的肥沃，鹰则代表神力。

זאת לדעת לכל בר דעת דרך המסעות ארבעים שנה במדבר 'והרוחב והאורך של אָרץ הקדושה מנהר. מצרים עד עיר דמ

לוח המסעות במדבר אשר על פי ה' יסעו ועל פי ה' יחנו

א' רעמסס	טו' רתמה
ב' סכת	טז' רמן פרץ
ג' אתם	יז' לבנה
ד' פיהחירת	יח' רסה
ה' מרה	יט' קהלתה
ו' אילם	כ' הרספר
ז' ים סוף	כא' חרדה
ח' מרברסין	כב' מקהלת
ט' רפקה	כג' תחת
יו' אלוש	כד' תרח
יא' רפירם	כה' מתקה
יב' מרברסיני	כו' חשמנה
יג' קברת התאוה	כז' מסרות
יד' חצרות	

לד' חרהגרגר	
ל' יטבתה	
לא' עברנה	
לב' מרברעציין	
לג' הרההר	
לד' צלמנה	
לה' פונן	
לו' אבת	
לז' דיבןגר	
לח' עלמן דבלי"	
למ' הרי עברים	
מ' ערבה מואב	
מא' בני יעקן	

אברהם בר יעקב

新发现和新地图

雅克丁地图的绘制是为了服务 18 世纪末拿破仑在埃及和巴勒斯坦的战争。该地图以主要制图师皮埃尔·雅克丁（Pierre Jacotin）的名字命名，于 1818 年出版。虽然这些地图是为军事目的而匆忙绘制的，但它们仍然提供了 19 世纪上半叶巴勒斯坦居住区的宝贵信息。而英国建筑师弗雷德里克·卡瑟伍德（Frederick Catherwood）的工作为了解耶路撒冷打开了新的窗口。卡瑟伍德最初受雇于穆罕默德·阿里，负责维修开罗的清真寺。当他 1833 年来到耶路撒冷时，他利用关系获得了进入阿克萨清真寺和圆顶寺的机会，以奉帕夏之命进行维修为借口，装扮成埃及官员，成功地对圣殿山进行了调查。卡瑟伍德的耶路撒冷地图在接下来的 20 多年里成为许多其他地图的基础。圣地的第一位科学探险家爱德华·罗宾逊（Edward Robinson）也在其 1841 年出版的开创性著作中提供了地图。这些地图是由德国地理学家和制图师海因里希·基佩特（Heinrich Kiepert）绘制的。罗宾逊与精通阿拉伯语的传教士伊莱·史密斯（Eil Smith）一起游历了这个国家，他们将核实《圣经》中提到的地方视为其主要目标之一。刚被任命为纽约协和神学院圣经文学教授的罗宾逊在地理和经文历史方面见多识广，而伊莱·史密斯则在调查中准确提供了这些地方的原有阿拉伯语名称。他们没有走其他探险家走过的主道，而是调查了这个国家所有未知的角落。罗宾逊有许多新的发现，其中包括圣殿山西侧的拱门，今天仍被称为罗宾逊拱门。死海作为地球的最低点，一直令人神往。在 1847—1848 年的冬天，美国海军的威廉·F. 林奇（William F. Lynch）中尉乘坐两

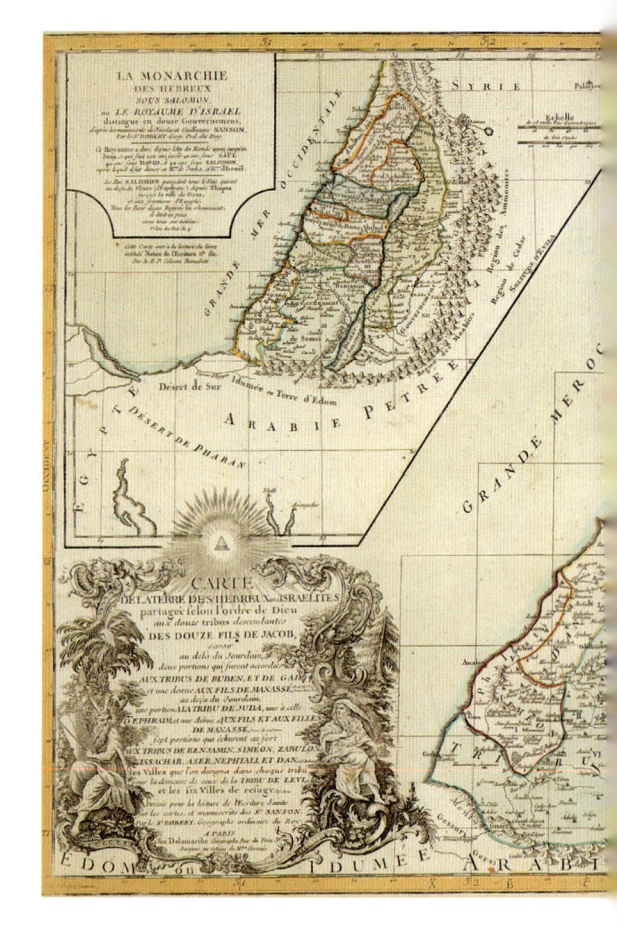

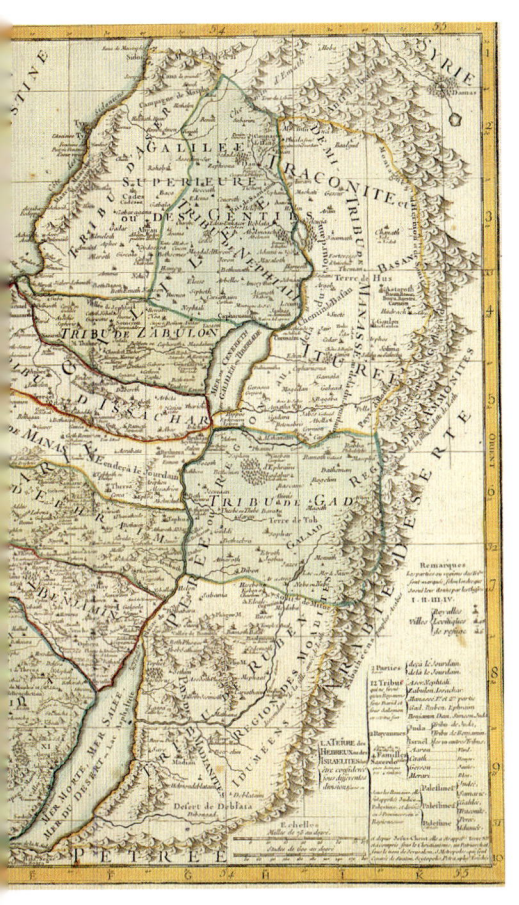

艘小船对死海进行了考察。每艘船都挂着美国国旗，由骆驼用小车从阿卡拉到了加利利海。8 天后，探险队到达了死海，并在接下来的 3 个星期里对该地区进行了勘察，包括马萨达和卡拉克的遗迹（现在位于约旦）。1865 年成立的巴勒斯坦探查基金把科学探查圣地作为其主要任务之一，最早完成的项目之一是对西奈半岛的勘察。1865 年，查尔斯·威尔逊出版了《耶路撒冷地形测量图》（*Ordinance Survey of Jerusalem*），随后又用当时最先进的技术对整个国家进行了勘察。

跨页图　虽然这幅地图由吉列·罗伯特（Gilles Robert）于 1745 年绘制，但仍可清晰地看出它是以尼古拉斯·桑松·阿贝维尔的地图为蓝本的。它在原图的基础上进行了大量改动，除了地理方面的修正外，它还忠于《圣经》和史书中的信息。地图上方配有小插图，与以色列 12 个部落和首领的名字一一对应。

右上图　荷兰人阿德里安·雷兰德在第一批现代制图师中的地位是值得肯定的。在他 1714 年在乌德勒支印刷的地图中，没有沿用许多前辈编造的地名，3 个主要水域的比例也很正确。

右下图　皮埃尔·雅克丁是埃及战役中拿破仑军队的军官，他负责对巴勒斯坦进行精确的三角测量，绘制了该地区的 6 张地图。这些地图于 1818 年在巴黎出版。

古旧地图和印刷品中的耶路撒冷

左图 在这份 12 世纪中叶的手绘图中，基督教骑兵在耶路撒冷城墙下赶走撒拉逊人。在中世纪，圣城被视为世界的中心，它的被征服对中世纪的制图学产生了巨大的影响。

下页图 这份精美的手绘图是锡安山的布尔查德原图的摹本，于 1455 年为了勃艮第的菲利普而绘制。在圣城中，中间的欧麦尔清真寺（圆顶清真寺）、右边的阿克萨清真寺和左边的圣墓占据了醒目位置。

在古地图中，耶路撒冷有时候单独出现，有时候作为圣地大地图的一部分出现。它往往被画得不成比例，比地图上的其他城市规模更大。已知最古老的耶路撒冷地图来自 6 世纪的马德巴马赛克地图。十字军东征所产生的圆形地图在形式上与宗教地图相似，都是圣城的一种示意性指南。城市被划分为 4 个区，每个区都有重要的基督教遗址。在圈外，也就是在城外，是朝圣者感兴趣的主要地点，如伯利恒城。随着朝圣者带回更多细节供地图绘制者使用，这些圆形地图逐渐发生了变化。16 世纪的克里斯蒂安·冯·阿德里乔姆（Christian von Adrichom）对耶路撒冷的描绘成为随后两个世纪中许多人对该城市地图绘制的基础。他绘制的这幅地图是作为圣经历史的一部分而印制的。该地图描绘了耶稣时代耶路撒冷的风貌。阿德里乔姆给出了苦路的 14 个地点，标出了基督被钉死在十字架上的最后行程。主要城市建筑具有欧洲特色，房屋四面环绕着整齐的绿色田野。虽然这幅地图肯定不是真实的，但建筑物的位置确实与当时的游记相符。许多人绘制的耶路撒冷城

这幅画包含在哈特曼·斯切德尔（Hartmann Schedel）1493年在纽伦堡出版的《年鉴》（*Liber chronicarum*）中，几乎可以肯定这是第一幅关于耶路撒冷的印刷图。所罗门圣殿被置于中心位置，城墙的门上都标有拉丁文名字。

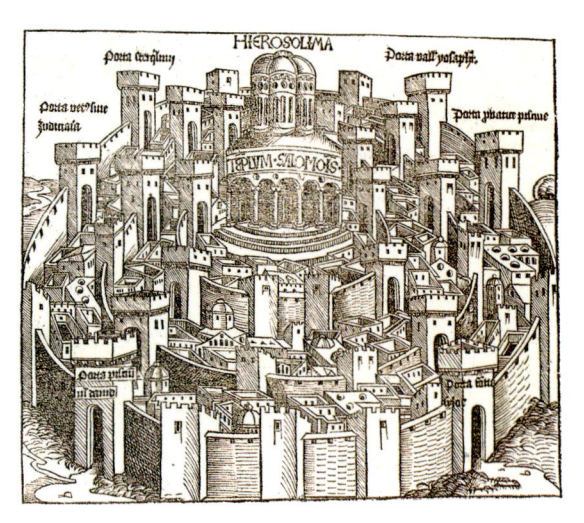

地图的另一个共同关注点是确定北墙或耶稣时代的"第二道"墙的位置。所有前往耶路撒冷的旅行者都注意到，圣墓教堂位于城市深处。然而，根据福音书中关于耶稣受难的描述，它位于城墙之外。此外，根据犹太人的埋葬习俗，亚利马太的约瑟的坟墓也必须位于城外。因此，许多地图绘制者密切关注文字资料，如犹太裔罗马历史学家弗拉维乌斯·约瑟夫斯的著作，试图画出《新约》中的城墙。这些图画和地图中，耶稣受难的地点被置于城墙之外。许多此类地图被用来作为《圣经》和《圣经》百科全书的插图。只有在19世纪初，人们才开始绘制第一批精确的耶路撒冷城地图。由于穆斯林当局和普通民众不允许西方测量人员绘制地图，任何地图都必须偷偷摸摸地进行测量和绘制。1841年，英国皇家工程兵团的一支队伍被允许在没有任何干扰的情况下对该城市进行测量。只有在19世纪，耶路撒冷的真实面目才第一次出现在绘画和印刷品中。早期的圣城图像反映了艺术家的风格和时间。例如，佩鲁吉诺（Perugino）于1480—1482年创作的《交付天国钥匙》（*The Delivery of the Keys*），现存于罗马的西斯廷教堂，画中展现的耶路撒冷建筑是文艺复兴风格，和其他大多数耶路撒冷的图片一样突出表现了圆顶清真寺。19世纪耶路撒冷最著名的艺术家也强调城市的天际线，圆顶清真寺、阿克萨清真寺的圆顶、圣墓教堂的圆顶和大卫塔都很突出。

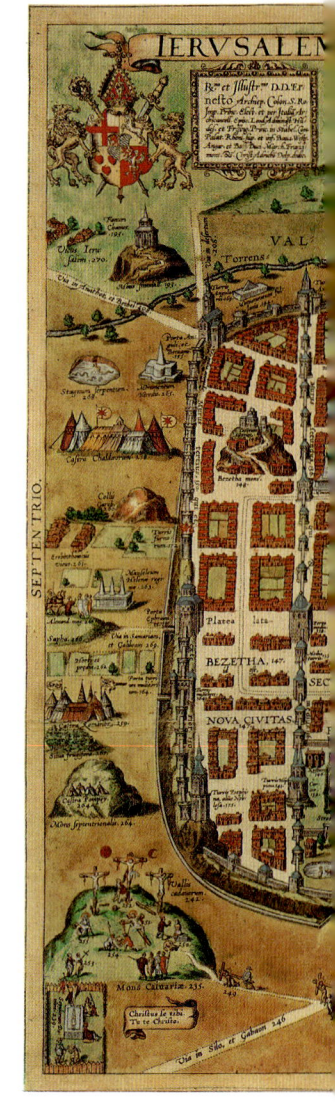

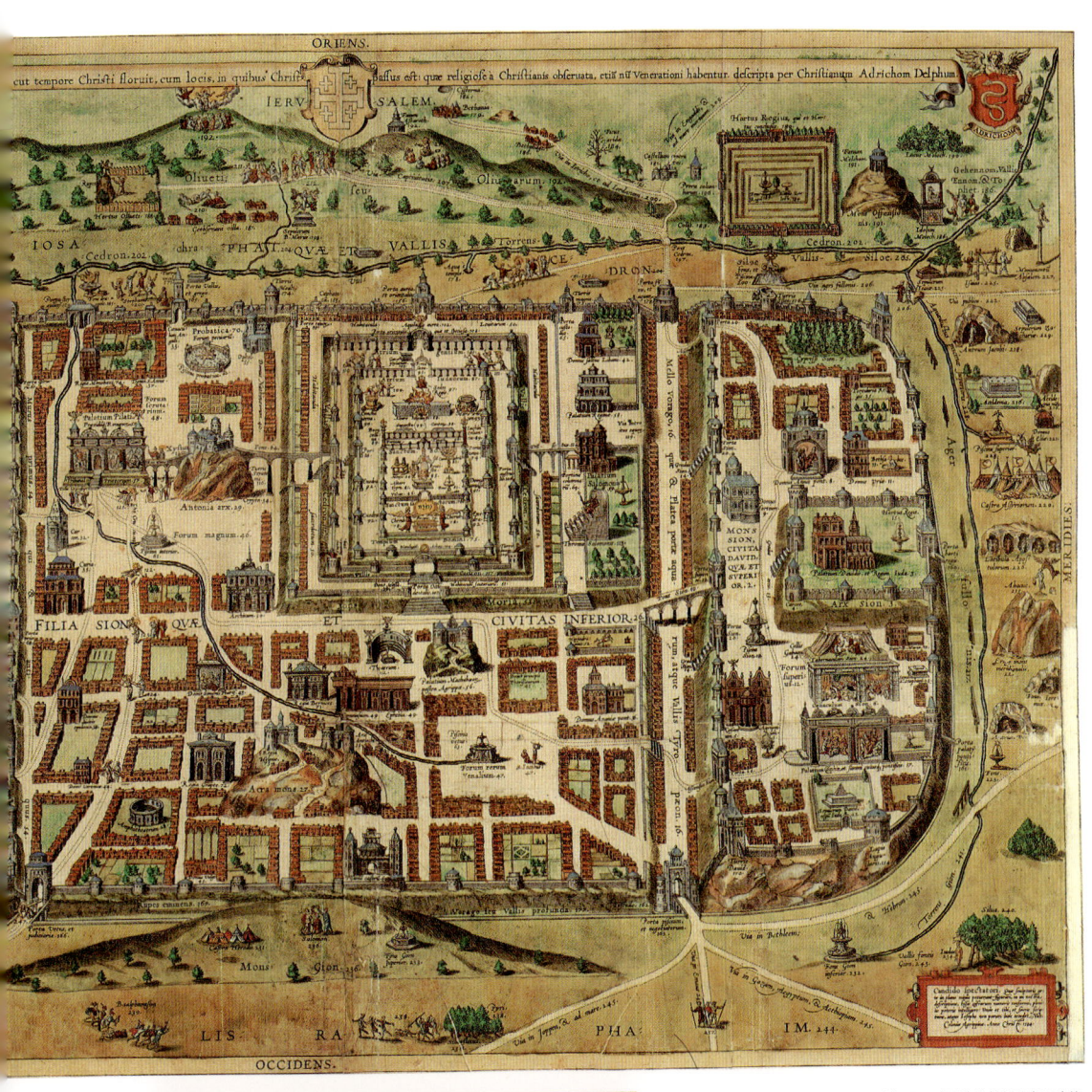

上图 克里斯蒂安·冯·阿德里乔姆绘制的耶稣时代的耶路撒冷图是16世纪最有影响力的作品。虽然想象力丰富，但其对源自《圣经》的历史细节也表现出极大的关注。这幅地图完成于1584年，是献给科隆大主教的。

下图 弗朗茨·霍根伯格（Franz Hogenberg）的耶路撒冷图于1575年在科隆印刷。图纸是站在城市东侧的视角，城内最前边是以圆顶清真寺为主的圣殿区。沿着城墙从下往上逆时针转可以看到金门、狮子门、大马士革门、雅法门（皮萨门）和锡安门（也称为犹大门）。附近还标有大卫墓和最后的晚餐厅（Coenaculum）。

119

苏格兰画家
大卫·罗伯茨

19世纪的苏格兰画家大卫·罗伯茨（David Roberts）为我们提供了耶路撒冷和圣地的经典图片。他敏锐地抓住了耶路撒冷特有的光线和石头光泽的特征。罗伯茨于1796年出生在爱丁堡附近，是一个鞋匠的儿子。他在早期做过房屋油漆工和装饰工，后来又在剧院担任布景画师。罗伯茨因其建筑画以及关于英格兰、苏格兰、法国、西班牙和意大利的风景画而享有盛名，并于1841年被选为皇家学院的成员。著名圣经学者和探险家爱德华·罗宾逊称赞大卫·罗伯茨是第一个展现圣地真实面貌的艺术家。然而，罗伯茨自己也承认，他在再现犹大山脉的岩石构造方面遇到了困难。1838年和1839年游历埃及、巴勒斯坦和叙利亚后，罗伯茨在1842—1849年期间在伦敦出版了三卷本的画集。罗伯茨在剧院的长期工作让他不仅能描摹佩特拉古城这样的建筑奇观，还能用充满戏剧性的笔触描绘圣墓教堂内部的盛况和辉煌。他的画作也通过戏剧性的笔触突出了巴勒斯坦人民的形象。

大卫·罗伯茨于1839年3月29日到达耶路撒冷。这位艺术家的第一幅作品（后来由路易斯·哈格[Louis Haghe]制作成石版画）的主题是位于雅法门附近的一座堡垒。该堡垒气势宏伟，最初由罗马人修建，后来经过多次重建。

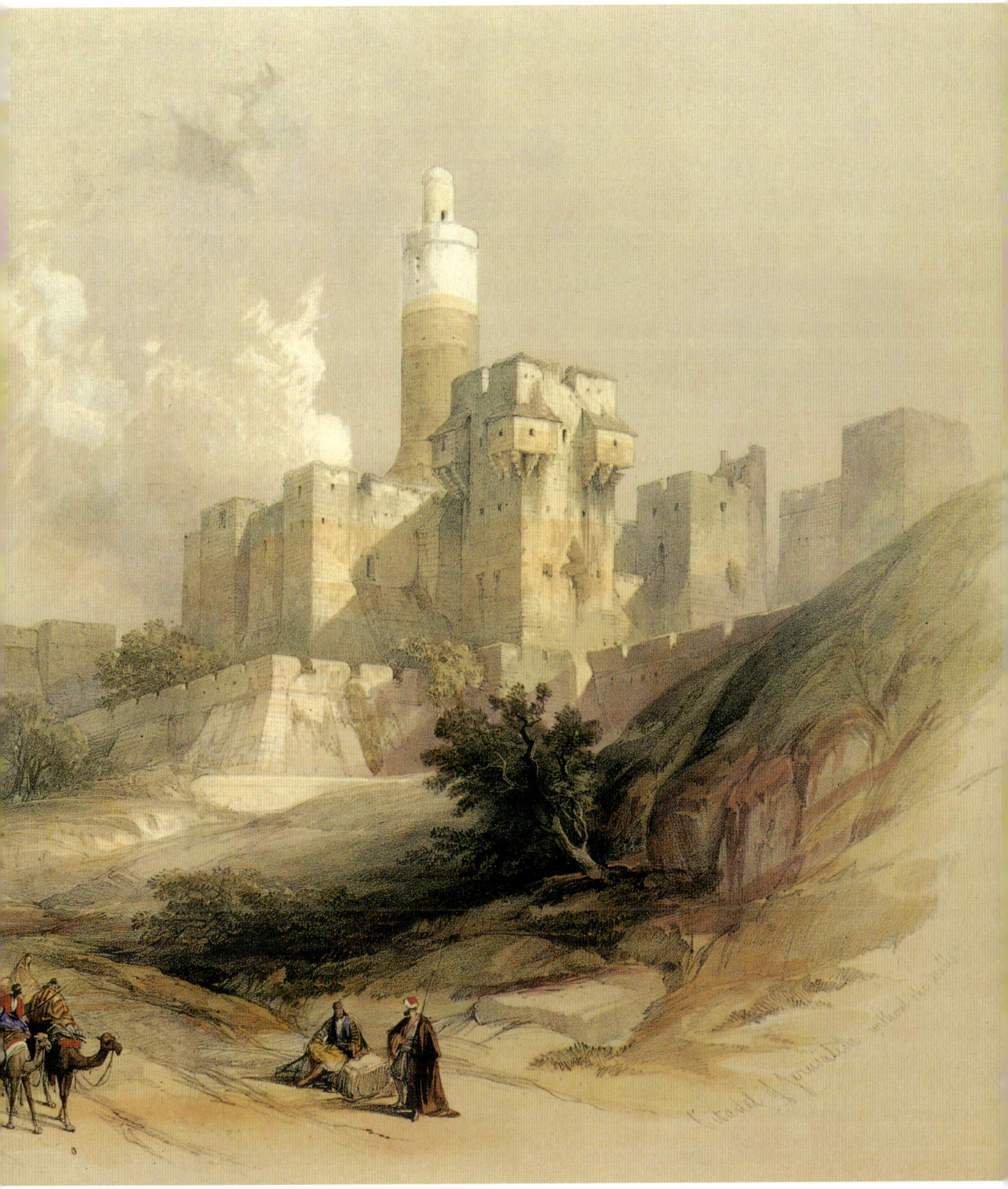

左上图　罗伯茨在汲沦谷花了些时间观摩岩石上的纪念碑。押沙龙墓的上方是一个造型奇特的小圆顶（cupola），可以追溯到第二圣殿时期。

左下图　大马士革门的写实图，完成于 1839 年 4 月 14 日。在这一天，罗伯茨动身前往北方。他在巴尔贝克（Baalbec）稍作停留，大概在一个月后到达贝鲁特。

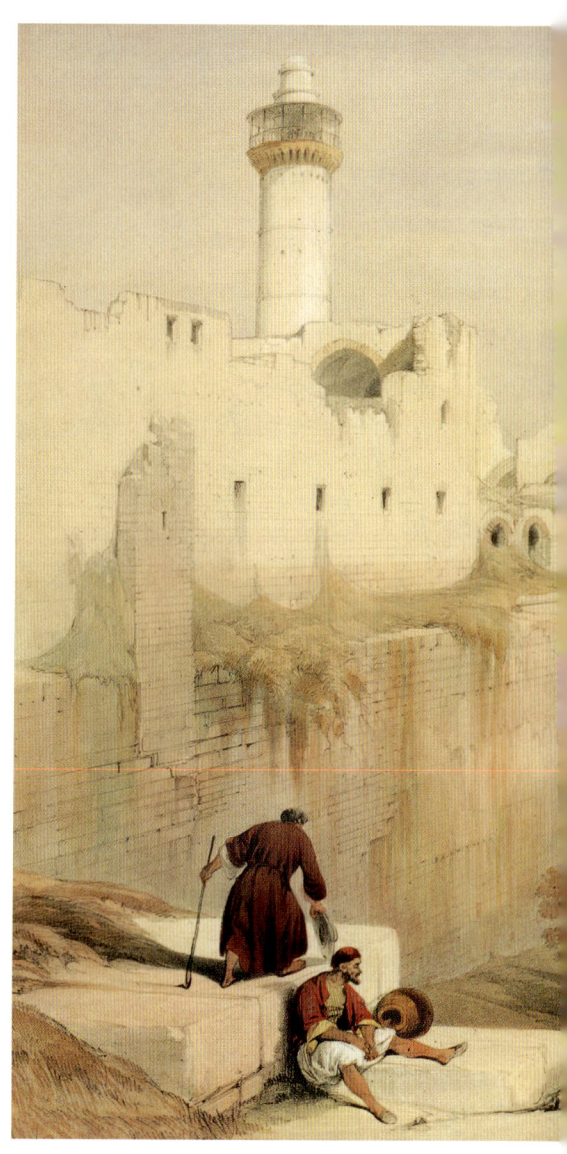

跨页图　这幅以毕士大池为主题的画是罗伯茨为圣地所作的 25 幅画中最壮观、最著名的一幅。整部作品包括 123 幅石版画，由弗朗西斯·格雷厄姆·穆恩 (Francis Graham Moon) 于 1842—1849 年间在伦敦出版。

122

下图 大马士革门附近的国王陵墓是罗伯茨这幅画作的灵感来源。这个版本色彩华丽，是遵照维多利亚女王的要求而制作的。

鸟瞰以色列

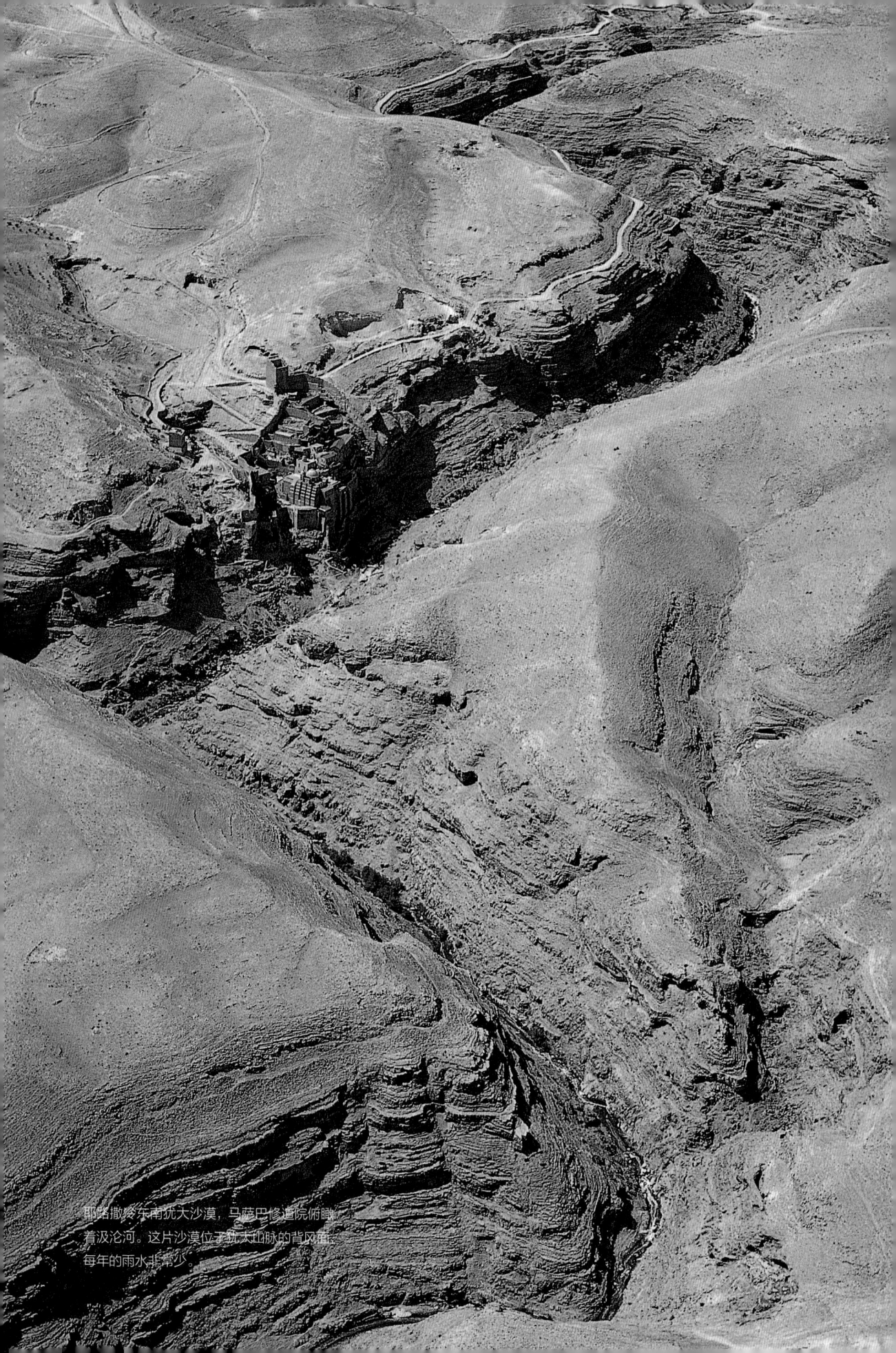

耶路撒冷东南犹大沙漠,马萨巴修道院俯瞰着汲沦河。这片沙漠位于犹大山脉的背风面,每年的雨水非常少。

鸟瞰以色列

以色列狭长的国土形状可以追溯到过去的地质时期形成的裂谷。位于中心的山脉海拔914米以上，而死海则低于海平面388米，是地球的最低点。以色列位于亚热带地区，冬季有雨季，夏季有旱季。当沿海地区下雨时，山区可能在下雪，而在数千米外的死海，天气可能很好，温度也很适宜。这个国家狭长的轮廓让它在地中海的潮湿气候和东部的干燥沙漠之间形成了一个边界地带。虽然沿海平原的风是从海上吹来的，但在沙拉风或喀新风[1]期间，这一过程发生逆转，非常炎热、多尘、干燥的风从沙漠中吹来。贯穿整个国家的山脉和高原在大海和沙漠之间起到了隔离作用。山脉阻挡了地中海的温暖湿润的风的通过，使背风的东边成为半干旱的沙漠地带。冬季的少数日子，降雨相当密集。在高原，约旦大裂谷和内盖夫的沙漠中，降雨可能相当突然和强烈，沙漠中深邃的干谷突然被迸发的水流充满。

上图　死海的北端是一片平坦的平原，在以前的地质年代是在水下的。由于死海没有出口，水的含盐量可高达33%。

下图　在犹大沙漠中干涸的河道沿着地质断层产生的山谷蜿蜒行进。春天和秋天暴雨突发的时候，这些干涸的河道很快会被洪水灌满。

1　喀新风（hamsin/khamsin），阿拉伯语原意为"50"，因其一般间歇性地持续50天，是春季影响埃及、以色列和约旦地区的含沙、干热的南风或东南风。相比埃及，它在以色列和约旦的形式太不相同，且春秋都会发生。在以色列，该现象对应的希伯来语称谓是沙拉风（sharav/sharaf）。

隐基底附近犹大沙漠与死海相遇的地方，几条河流从峡谷流出，入海口呈扇形。在这里可以看到对岸的约旦。

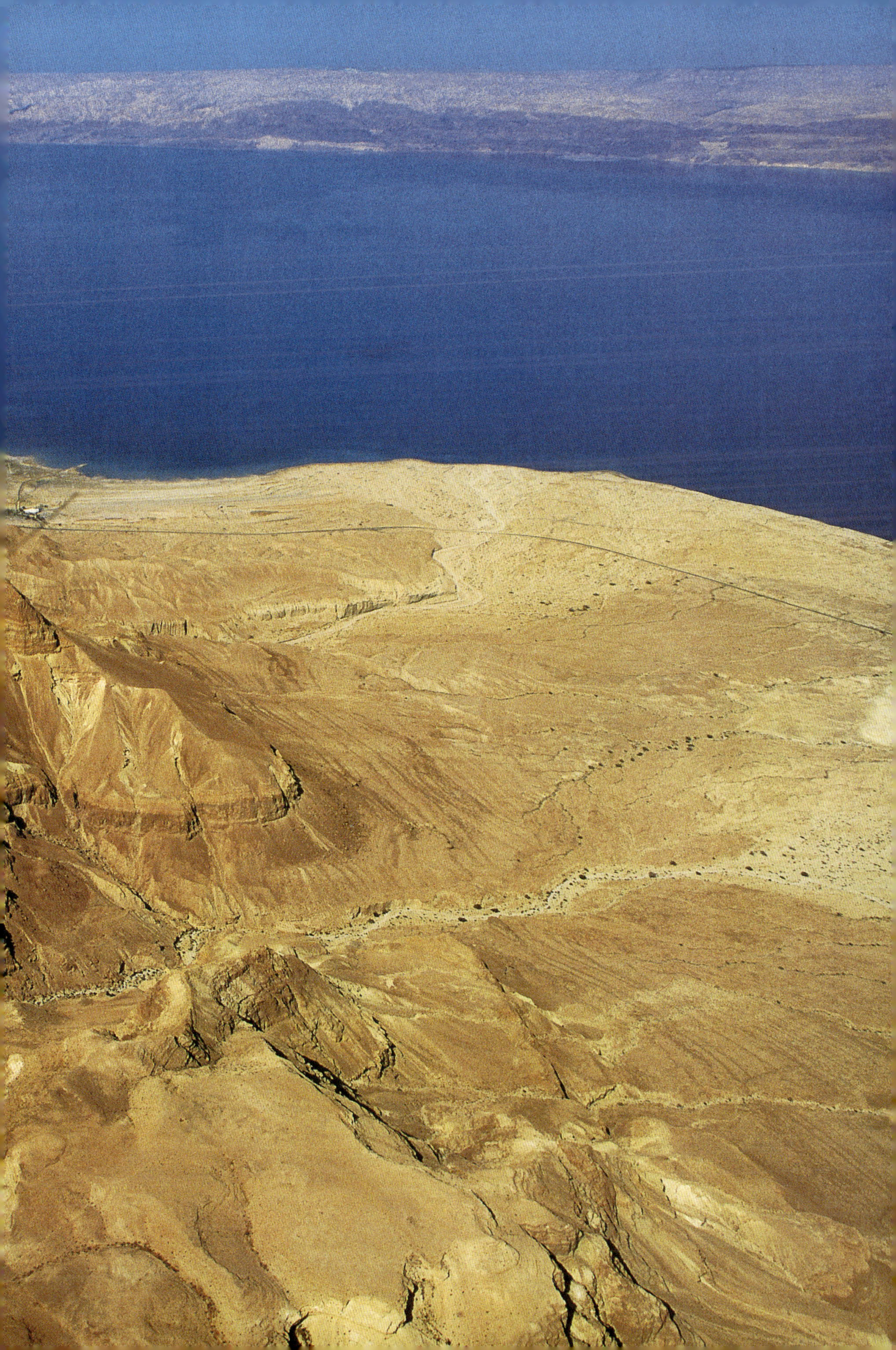

今天以色列的许多地貌都是人为的，与史前时期的自然状态有很大的不同。《圣经》提到了4片森林：内盖夫或南部的森林，以法莲或撒玛利亚高原的森林，迦密的森林，以及黎巴嫩的森林。当年这些森林被砍伐后，人们并没有重新栽种树木。重新造林的工作是在20世纪20年代犹太民族基金的支持下系统开始的。另外，沿海平原的大部分地区，耶斯列和哈罗德（Harod，《圣经》中译为哈律）的中央谷地，以及胡拉盆地都是疟疾肆虐的沼泽地，直到20世纪初才被第一批定居者排干。

撒玛利亚和犹大的梯田高地可以追溯到圣经时代。在那里，整座山被一排排阶梯状的低矮石墙包围着。梯田的废弃让石墙呈现出自然地质构造的外观。以色列最宽的地方只有177千米，但在这块相对狭窄的地带内包含了各种各样的地貌，可以分为3个主要区域：沿海平原、中央山脉和约旦裂谷。以色列的西部边界是由地中海形塑的。除了北部的海法湾外，海岸线上几乎没有天然的港口。除了这条平滑的海岸线外，没有近海岛屿。在许多地方，高耸的悬崖或山脊从狭长的海滩上拔地而起。在其他沿海的地方都是大片移动的沙漠。虽然以色列在古代有重要的港口——阿卡、多珥、雅法和亚实基伦，但是这些港口都是在不同背景下人工建造的。只有在

撒玛利亚和犹大地区的梯田山坡显示了几个世纪以来在半干旱气候下发展起来的技术密集型农业，在那里每一滴水都需要收集，每一块土地都必须得到利用。如果梯田没有得到维护，它们很快就会被废弃，岩石围挡会被突如其来的雨水冲毁。梯田也为养羊提供了植被。古罗马历史学家弗拉维乌斯·约瑟夫斯这样描述犹大和撒玛利亚的土地："这两个地区都由山丘和平原组成，为农业提供了肥沃的土壤，树木茂盛，水果丰富……"密集的人口最能证明这两个国家优越的自然条件和繁荣状况。

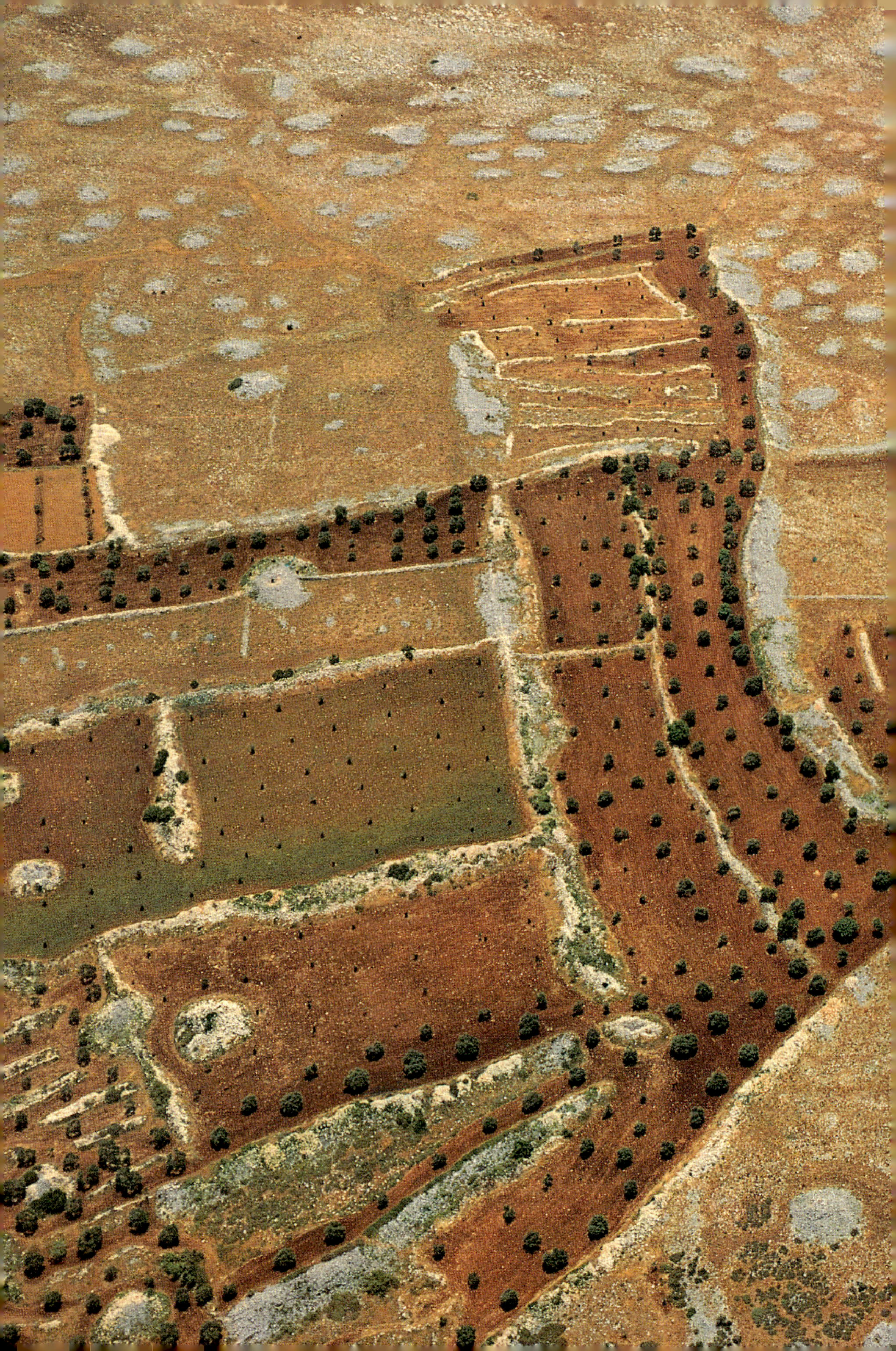

这张图能更清楚地看到撒玛利亚传统种植方法种植的果树、橄榄树和葡萄树。石质土中的石头被清理出来堆在一起，以便为耕种提供更多空间。

以色列北部海岸是硬砂岩地形，石灰石和沙子混合在一起形成低矮隆起。在海浪的侵蚀作用下，又出现了很多小海湾和暗礁，即使小船在这里航行也十分危险。

北部的黎巴嫩，我们才能找到在以色列历史上发挥了巨大作用的主要港口推罗。海边有砂岩（kurkar）山脉与海岸线平行，所以由于沙丘和砂岩山的存在，古代巴勒斯坦大多数大城市都是在内陆发展起来的。因此，古代的沿海大道跟海岸线也稍微有一段距离。即使现代的特拉维夫市，最初也是远离大海而建。海岸线的南部几乎是一条直线，由来自尼罗河三角洲的洋流带来的石英沙组成宽阔的沙滩。海岸线的北段，大约从特拉维夫-雅法开始，有一些凹进去的小型港口。只有在海法有一个大的天然海湾。由于气候温和，雨量充足，沿海平原一直人口众多。罗什哈尼卡拉（Rosh HaNikra）的海岬上耸立着一座白色悬崖，被称为"推罗之梯"（Ladder of Tyre），它划定了北部边界。它南边是西布伦平原（Zebulun Plain）。迦密海岸平原是向南延伸的狭长地带，东边与迦密山脉接壤。从奇科隆雅科夫（Zikhron Ya'akov）往南一直到亚尔孔河（Yarkon River）形成了以色列最肥沃的地区之一——沙龙平原（Sharon Plain）。这里年降雨量达到609.6毫米。过去这里大部分被森林覆盖。今天，它以农业著称，尽管在许多地方，特拉维夫周边不断扩大的住宅区正在争夺耕地空间。

该地区的大部分被红沙覆盖，适合种植柑橘类水果。宽阔的犹大平原从特拉维夫-雅法的大都市地区向南延伸到加沙地带，它与大海相接的地方有一条宽阔的沙丘带。这个地区也被称为非利士海岸，在圣经时代，主要港口在亚实基伦，那里是沙丘的天然断裂带。

中央山脉是指从北部与黎巴嫩交界处到南部的埃拉特的山脉。在许多地

上图　特拉维夫以南的海岸线相对平直，周围是宽广的沙滩和广袤的沙丘。在古代，这种地形给出海造成障碍，大多数居住区和沿海道路都倾向于往内陆发展。

下图　特拉维夫以北的海岸大多是陡峭的悬崖，海滩通常非常狭窄。悬崖的顶部有一些沙丘。只有筑有人工防波堤的地方才可以游泳。

跨页图　德加尼亚（Degania）和约旦河从加利利海南端流出的地点。德加尼亚建立于 1909 年，是第一个犹太人定居点。

左图　约旦河沿着大裂谷形成洼地，蜿蜒穿过植被繁茂的洪泛区。

方，这些山脉只能被称为山丘，但与周围的平原和山谷相比，它们的陡峭程度使它们看起来更高。因为有河流峡谷穿过山区，山脉并不连续。在古代，山区的许多地方都有大片森林。在许多被砍伐的山丘上，有修筑梯田的证据。

上加利利的山脉是北部黎巴嫩山脉的延续。下加利利高地以拿撒勒镇为中心。其中最突出的地形是他泊山（塔博尔山），圆形的山峰从下面的耶斯列谷拔地而起。中央山脉被海法平原、耶斯列谷和哈罗德谷这几处谷地以西北—东南方向横切。哈罗德谷以哈罗德河为中心，是贝特谢安山谷的延伸，流入约旦大裂谷，海拔变化不大。对于《圣经》的读者来说，耶斯列谷更多被称为哈米吉多顿[1]平原。在古代，沿海大道穿过该平原时分成两条，一条向北延伸，另一条则向东北延伸到广阔的沙漠地区。因此，耶斯列谷一直具有相当的战略价值。耶斯列谷的高点是东南方向的基利波山，以及古代堡垒城市米吉多。撒玛利亚高地有两座值得注意的山，即以巴路山和基利心山。示剑位于撒玛利亚高地的一个大平谷中。撒玛利亚高原曾经森林茂盛。迦密山脉是撒玛利亚高地的北部延伸。迦密山脉的最北端几乎直接插入地中海，现代城市海法就位于这里。撒玛利亚高原的南部是犹大山脉，中间的山脊上坐落着耶路撒冷、伯利恒和希伯伦。东面是犹大沙漠。因为来自地中海的湿润气流被较高的犹大山脉阻挡，这片地区非常干燥。犹大沙漠的海拔逐渐下降，但和死海湖岸相交

---

[1] 哈米吉多顿（Armageddon），意为"米吉多山"，《旧约》中提到的古战场，也是《启示录》中末世时众王与魔鬼决战之地。后喻指"生死决战之地"。

下图 约旦河谷为农田提供了良好的灌溉条件，其高温适合种植热带作物，如椰枣和香蕉。

左上、左中、左下图 从空中看，各种不同种类的农田形成了一个五彩斑斓的调色盘。

右图 从他泊山及其山顶上的主显圣容教堂（Basilica of the Transfiguration）可以看到耶斯列谷的全景。从很远的地方就可以看到教堂。

139

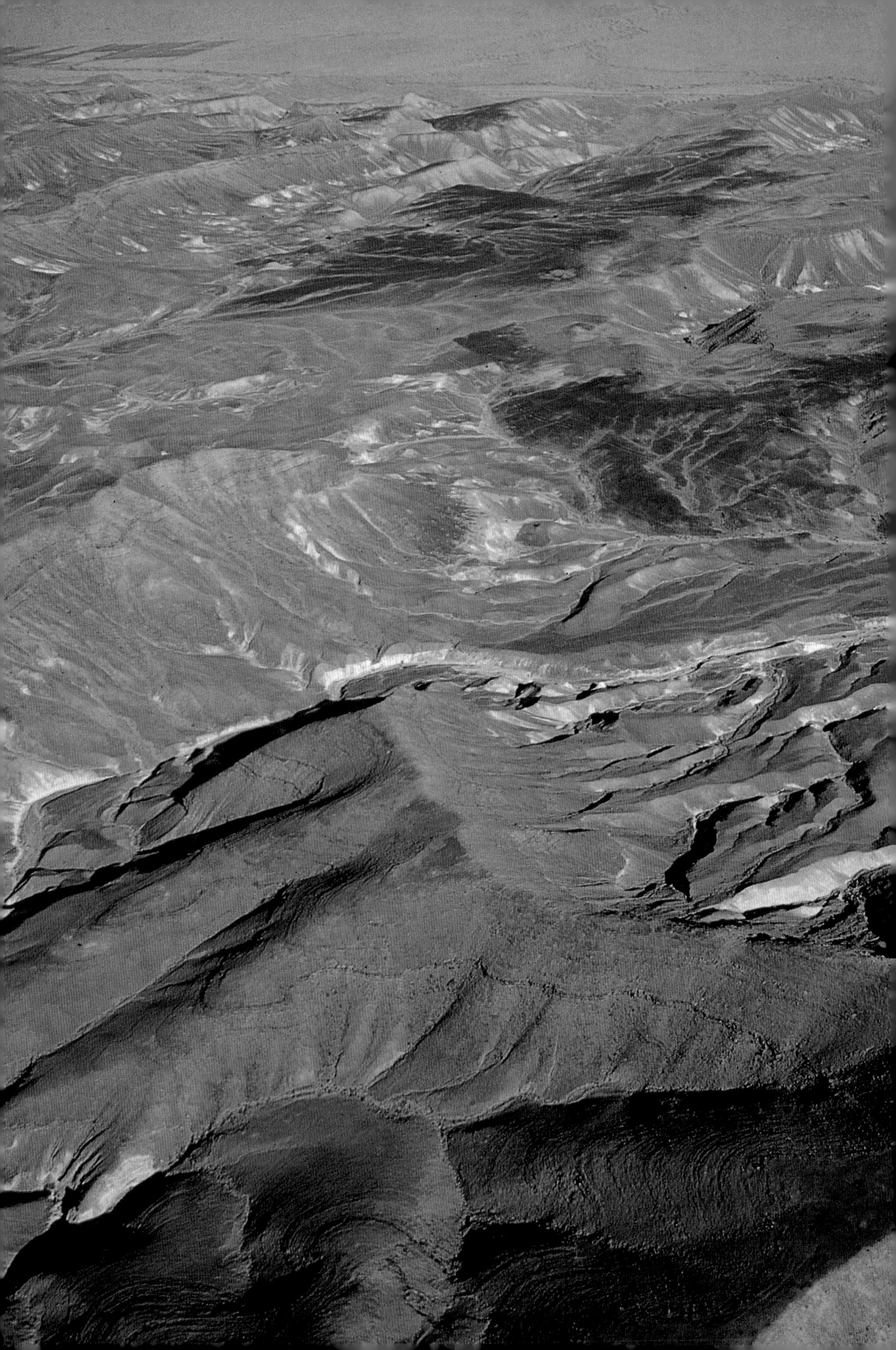

内盖夫沙漠壮观的自然高地间杂着被山洪冲成的浅谷。

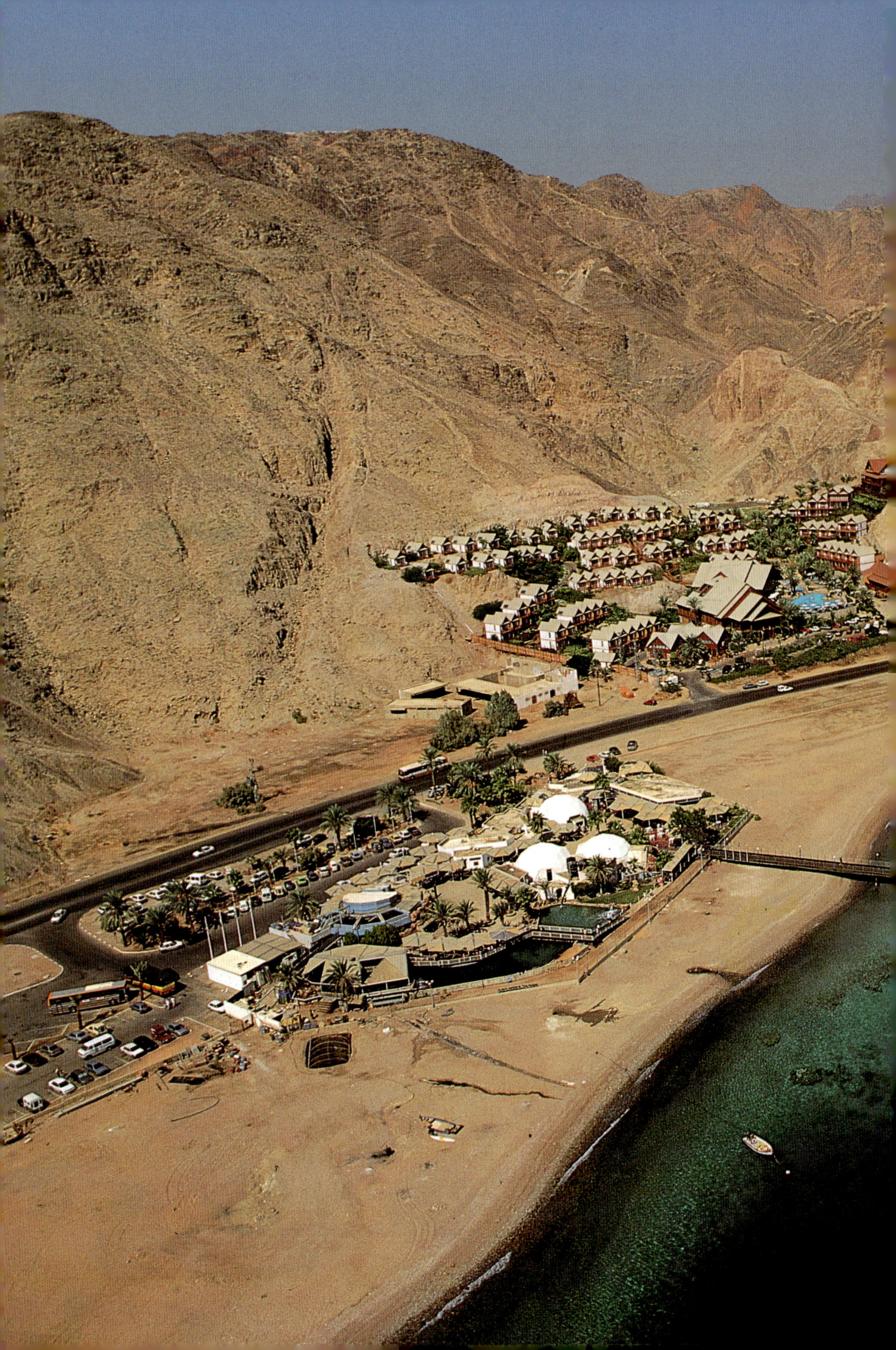

埃拉特的水下观察站可以让游客惬意地观赏各种各样的热带鱼

之后急剧下降。这种地形是由地壳断层造成的。许多山丘和山脉都是平顶的。在犹大山脉下段的西侧是示非拉（Shephelah），这里低矮的山丘带成为山脉和沿海平原之间的分界线。在圣经时代，这里有大量居民，是犹太人和非利士人之间的缓冲区。南面是内盖夫沙漠，沙漠覆盖着一层厚厚的黄土（loess），这是一种风沉积的黄褐色细土。通过适宜的灌溉技术，如圣经时代纳巴泰人使用的技术，这种土壤可以变得非常肥沃。这里的重要城市是别是巴，虽然内盖夫占了现代以色列国土面积的很大一部分，但相对来说仍然少有人居住。

约旦裂谷是东非大裂谷的一段，它始于土耳其，穿过黎巴嫩的贝卡谷地（Bekah Valley），穿过以色列的约旦河谷，继续向南穿过非洲东部。在以色列，它从胡拉谷地开始，沿着约旦河的河床向南流向加利利海，再沿着约旦河流域向南，流向死海、阿拉伯谷地（Aravah/Arabah）和埃拉特湾。红海是这个地质构造的进一步延伸。大约70%的以色列雨水流入裂谷。它是地球陆地上最深的洼地。死海湖面低于海平面430.5米（2019年数据），其流入河流即从加利利海而来的约旦河，而加利利海本身也比海平面低210米左右（数据有波动）。这个流域系统完全是内部的：它不会汇入海洋或其他大型水体。造成裂缝的断层线仍然活跃。沿着这条线已经发生了几次灾难性的地震。裂缝的另一个证据是从地下深处冒出地面的大量温泉。覆盖其周围大部分土地的玄武岩也是过去火山活动的结果。巨大的熔岩流淹没了现在的胡拉谷地的下段，将它与加利利海隔开。在中更新世的地质时期，一个巨大的湖泊从加利利海向南延伸到阿拉伯谷地。这个湖被称为拉松湖（Lashon），比现在的死海海拔高213米，以前的湖岸线可以在今天环绕死海盆地的阶地中看到。约旦裂谷的气候是独特的。它的降雨量很少，因为任何来自地中海的水分都被山谷西侧的高大山体阻挡住了。加利利海的年平均降雨量约为30厘米，死海的年平均降雨量不到10厘米，而埃拉特的年平均降雨量只有2.5厘米。由于海拔低、降雨量少，裂谷的温度是以色列最高的。尽管裂谷构成了一个大的集水区，但在自然条件下，流入的水量与自然蒸发的水量相当，或者说相抵消。近年来，进入该流域的水量受到大量农业用水和以色列城市用水的限制，这导致死海的水位变得更低。水的分配已经成为该地区的一个主要政治问题。

金色的耶路撒冷

耶路撒冷的城墙、城门与城堡	146	犹太人的耶路撒冷	168
大卫城	152	基督徒的耶路撒冷	180
圣殿山	156	十字军时代的圣墓	186
锡安山	165	穆斯林的耶路撒冷	192
橄榄山	167	圆顶清真寺	198

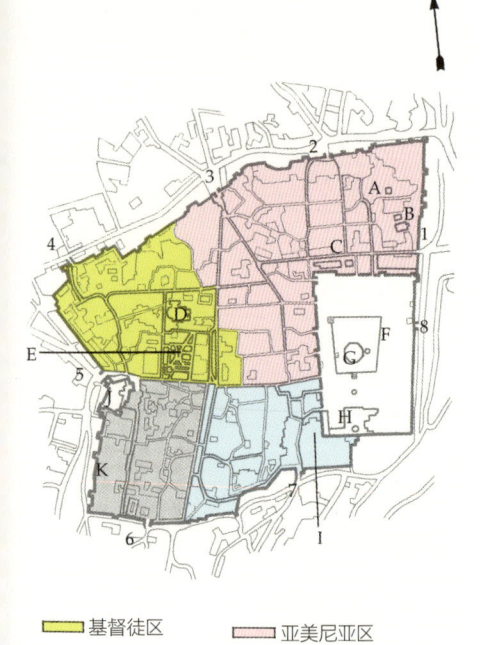

耶路撒冷的城墙、城门与城堡

基督徒区
穆斯林区
亚美尼亚区
犹太人区

1. 狮子门
2. 希律门
3. 大马士革门
4. 新门
5. 雅法门
6. 锡安门
7. 粪厂门
8. 金门（被封）

A 毕士大池
B 圣安妮教堂
C 安东尼亚堡垒平台
D 圣墓
E 穆里斯坦区（医院区）
F 圣殿山
G 圆顶清真寺
H 阿克萨清真寺
I 哭墙
J 大卫塔
K 亚美尼亚花园

耶路撒冷位于犹大山脉的高处。它在犹太教、基督教和伊斯兰教等一神教中占有重要地位的原因，不能归结为它位于一条重要的贸易路线上，也不能归结为它的战略位置，甚至不能归结为它是一个繁荣的文明中心。唯一的解释在于这座城市自带的神圣性，它的神圣

左图　圣斯蒂芬门，又名狮子门，建于1538年，两侧的狮子图案是苏丹拜巴尔的象征，苏莱曼在建造大门时重新使用了这一图案。

中图　圣殿山东墙的金门可能可以追溯到4世纪。从十字军时期开始，它就被封堵上了。根据伊斯兰教和犹太教的教义，在审判日救世主弥赛亚将通过这门进入耶路撒冷。

右图　最初由苏莱曼在1538年建造的雅法门，现在被用作行人入口。1898年，为了方便德皇威廉二世的马车通过，在城墙上开了一个大缺口。

始建于哈斯蒙尼时期的耶路撒冷城堡，也因为建筑上的尖塔被称为大卫塔。今天的耶路撒冷历史博物馆就位于城堡内。

甚至早于《圣经》中关于3000年前创造大卫城和第一圣殿的记载。耶路撒冷古城掩埋在今天城市的地下。自19世纪60年代以来，人们组织了超过100次的考古试图发现其秘密。考古遗迹以及文献资料中可以拼凑出人类最初在此定居的证据。耶路撒冷位于犹大山脉的中心，一直占据着防御性的位置。该城建在两个主要的山脊上，东面有一个陡峭的斜坡通向汲沦谷（Kidron Valley），西南面与欣嫩子谷（Valley of Hinnom）接壤，山脊中间的山谷是提拉帕谷。该城北边的防御最为薄弱，山脊与周围的山丘融为一体，没有天然的边界。这座城市的核心仍然是哈德良在2世纪建造的4个区，以南北向的列柱大道和东西向的东西大街为界线。

今天耶路撒冷老城的现存城墙可以追溯到奥斯曼帝国苏丹苏莱曼大帝的时代。他于1537年开始修建新城墙，历时3年，使用了以前的墙块甚至部分墙体。耶路撒冷的城墙开有7个门洞。最令人印象深刻的是大马士革门，其历史可以追溯到40—41年，当时希律·亚基帕建造了第3道墙，即北墙。2世纪，哈德良在墙上加建了大马士革门——他想为这个罗马帝国的新城埃利亚·卡皮

左上图　从老城通往锡安山的锡安门，1948年的战争给它留下累累伤痕。该门由苏莱曼于1540年建造，也被称为先知大卫之门。

左下图　希律门，因为装饰的圆形浮雕也被称为花门。人们曾一度认为它直接通向希律王的建筑。

右图　垃圾车出入的粪厂门。因为穆格拉比区在门内，所以粪厂门也被称为穆格拉比门。1948年，该入口被扩大，以方便机动车出入。

大马士革门位于哈德良为埃利亚·卡皮托利纳所建大门的遗址之上，左边可以看到之前的一个门洞，向右转可以看到列柱大道。

老城的3个集市位于大卫街的东端。几百年来，这里都是熙熙攘攘的集市。这3条平行的街道可以追溯到十字军时期。它们建在列柱大道与东西大街交叉口的北面。在一些商店的石壁上可以看到字母 SA，表明这里曾是圣安妮教堂的房产。穆里斯坦区（Muristan，来自波斯语，意为"医院"，曾为圣约翰医院的所在地）的新集市位于圣墓教堂的南部，建于1901年，主要为游客服务。

150

托利纳建一道纪念性的入口。这个最初的入口的一部分已经被挖掘出来,就在如今的大马士革门下边。为了方便基督徒出入基督教区,19世纪末建造了"新门"。雅法门因其通往雅法的道路而得名,曾经是一个L形的大门,1898年为迎接德皇威廉二世的到来而被扩建。锡安门正对着锡安山,现在在城墙外,在阿拉伯语中它被称为Bab Nabi Daud,即"先知大卫(达五德)之门"。沿着城墙往南走会经过粪厂门,之所以被称为粪厂门是因为垃圾从这里被运出城。粪厂门在阿拉伯语中又被称为Bab el-Magharbeh,因为门内就是穆格拉比(Mughrabi)区。在圣殿山的北面是圣斯蒂芬门。据说圣斯蒂芬是在这个地方被石头砸死的。它也被称为狮子门,因为门口两边的石头上雕刻着两对狮子。希律门的得名是因为在中世纪人们认为它靠近希律·安提帕斯判处基督的宫殿。自从大希律王时代以来,耶路撒冷城的大卫塔一直是特殊的防御区。到了约翰·海尔卡努斯时期,耶路撒冷城向西扩展到这里。在这里,希律王建造了3座宏伟的塔楼——希皮库斯塔(Hippicus)、法赛尔塔(Phasael)和玛利亚姆塔(Mariamne),以及一座宏伟的宫殿。虽然宫殿在第一次起义中被摧毁,但塔楼的废墟被保留下来,南边成为罗马第十军团的营地。在拜占庭时代,圣城的朝圣者认为这些防御工事就是大卫宫。大卫塔成了耶路撒冷和回归锡安[1]的象征。如今这里是耶路撒冷历史博物馆。

---

1 原指锡安山,后来泛指耶路撒冷。在犹太人的放逐和流散历史中,锡安成为故土家园的代名词,回归锡安,回归"圣洁的、被上帝选中土地"也成为犹太人的渴望。因此,犹太复国主义名为锡安主义(Zionism)。

大卫城

A 大卫城遗址
B 西罗亚池
C 汲沦谷
D 提拉帕谷
E 圣殿山

作为一个设防城市，耶路撒冷始于今西罗亚村附近的圣殿山南山脊。城市起源于这里是因为它需要基训（Gihon）泉的水。最早的人类居住证据可以追溯到铜石时期。公元前14世纪，《阿玛纳信件》就提到了这个城市。有6封信件提到"耶路撒冷之地"的统治者亚拉得西巴（Arad-hi-pa）宣誓效忠。山脊一侧的平台可能是青铜时代迦南人城堡的地基。根据《圣经》的证据，耶布斯人在该城定居了大约200年。大卫从耶布斯人手中夺取了耶路撒冷城，并将其作为他新王国的所在地（《撒母耳记下》第5章）。石头平台上铺满了石头，这个平台也是《旧约》中所说的"米罗"。今天，它是考古发掘中最突出的特征。大卫建造了城墙："大卫又从米罗起，四围建筑城墙"（《历代志上》第11章第8节）。推罗王希兰为大卫提供了香柏木、木匠和石匠来建造他的房子（《撒母耳记下》第5章第11节）。在大卫城的东北角有一块通过填埋石头而抬高了的区域，这为《圣经》的记载提供了考古学证据。约柜被带到了耶路撒冷（《撒母耳记下》第6章），从而确立耶路撒冷为以色列的首都。大卫买下了耶布斯人亚劳拿（Araunah）的禾场，并"在那里为耶和华筑了一座坛，献燔祭和平安祭"（《撒母耳记下》第24章第25节）。圣殿的建造是在大卫死后才开始的，持续了7年。这座城市变得富裕起来，不仅因为它位于几条贸易路线的十字路口，而且还因为从以色列12个地区征收的税收。在所罗门去世（约公元前930年）后的王国分裂时期，耶路撒冷继续作为犹大王国的首都。考古学家挖出了几座可以追溯到公元前7世纪的房屋，其中一座被称为"亚希尔（Ahiel）之家"，显示了典型的单体石柱结构。在另一座被称为"巴雷（Bullae）之家"的房子里，发现了许多盖有印章的泥印，表明该房子可能是财产或税收登记处。一层厚厚的灰烬层

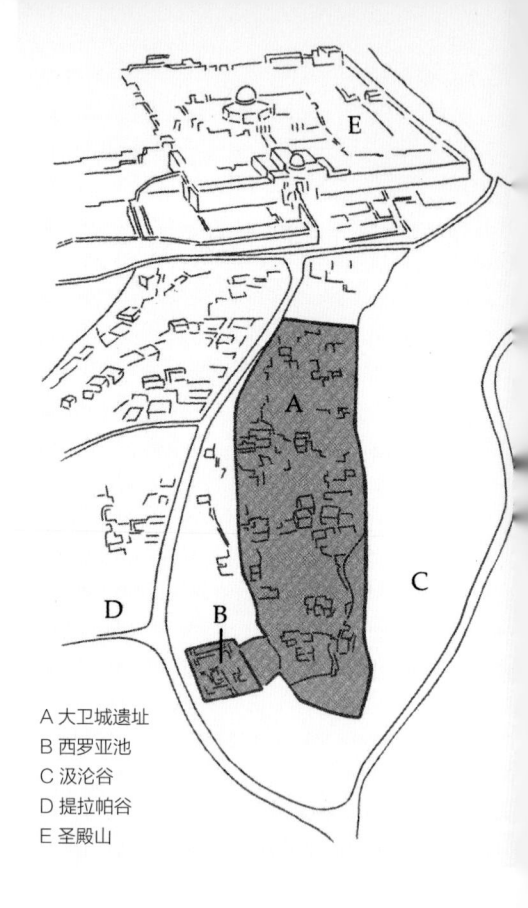

上图 大卫城，现在包括西罗亚村，沿着圣殿山的山脊向南延伸。

下图 西罗亚村南边的西罗亚池。一条533米长的水渠将水从基训泉输送到西罗亚池。

生动地展示了公元前586年巴比伦对耶路撒冷的破坏。在被称为沃伦竖井的地方，仍然可以看到该城市的部分供水系统。1867年，考古学家查尔斯·沃伦发现了这个竖井，它通过岩石上的天然裂缝和人造水渠连接着基训泉，这样被围困的时候也能以这种方式取水。考古发现了一条可以追溯到公元前10—前9世纪的地道，它可以把水引到城市南部山谷的水库中。地道墙壁上的孔隙可以打开，提供灌溉用水。公元前701年，希西家建造了另一条水渠，位于旧大卫城下，连通基训泉和西罗亚池，全长533米。如今已经找不到证据来证明水池的存在，拜占庭教堂废墟上如今坐落着一座清真寺。

大卫城

耶路撒冷的第一座城市大卫城建立在陡坡环绕着的一块狭窄地块上，位于圣殿山的南面。城墙最初是耶布斯人修建的，后来所罗门又加以扩建。这座城市的供水系统以城外的基训泉为源头。城墙的地下，沃伦竖井引出了一条水渠，与基训泉连通。后来又修建了西罗亚水渠，向城南的水渠供水。希西家统治的时候又修建了另外一条水渠引水入城。

1. 第一圣殿又称所罗门圣殿，可分为前厅（Ulam）、圣所（Hekal）和至圣所（Debir）。圣殿前边矗立的两根圆柱分别叫作亚琴（Jachin）和伯阿斯（Boaz）。
2. 所罗门的宫殿和行政建筑。
3. 名为"米罗"（Millo），呈阶梯结构，支撑着环绕行政建筑的城堡。
4. 考古学家在挖掘大卫城的时候发现了东门存在的证据。
5. 通往沃伦竖井的隧道入口。城墙之外的地下，从竖井引出的一条水渠与基训泉连通。
6. 基训泉。早期的城市供水完全依赖这口泉。
7. 西罗亚水渠将基训泉引到城南的地下水池。
8. 西罗亚水渠壁上的开口，打开之后可以灌溉汲沦谷的农田。

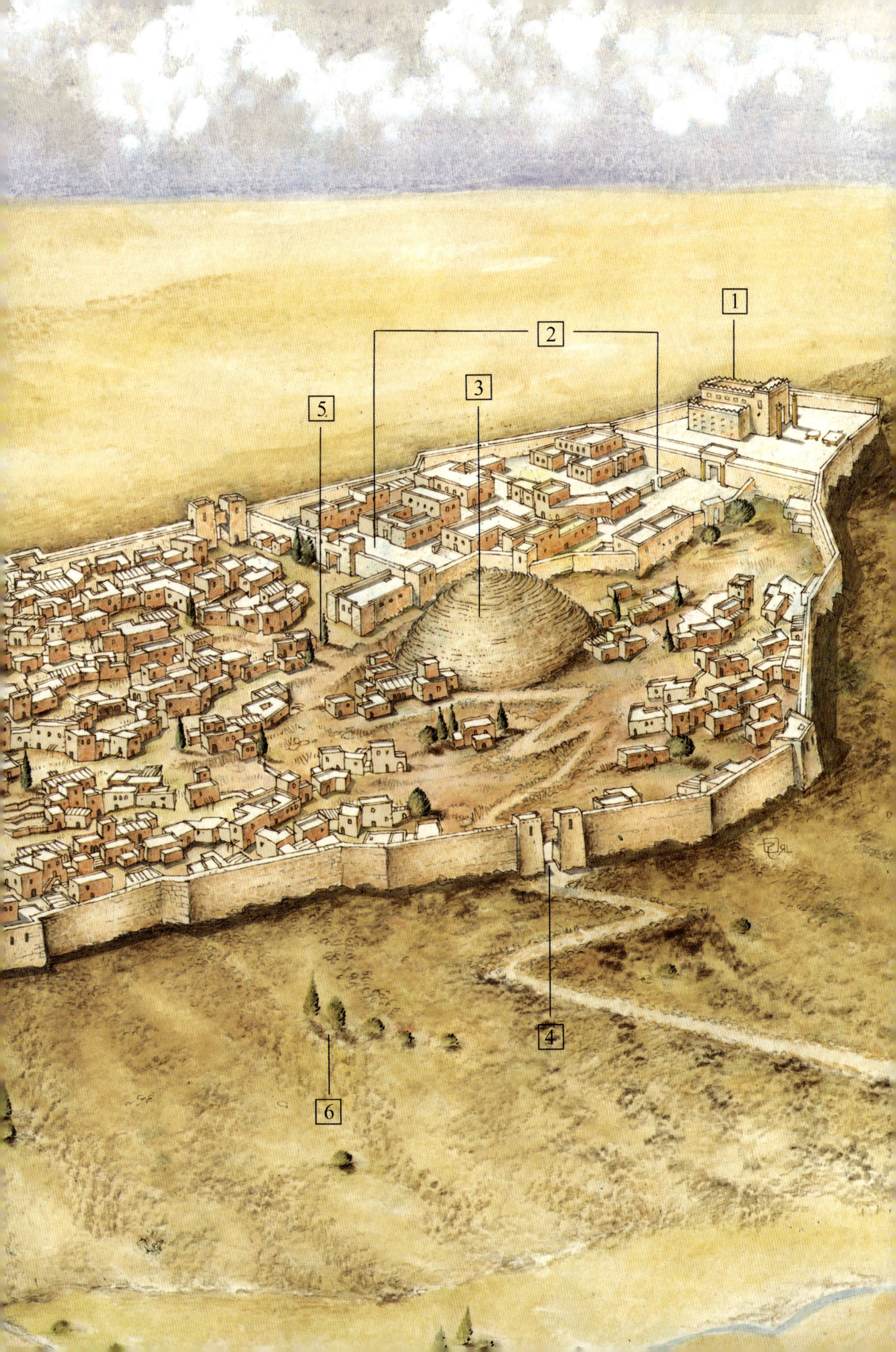
1
2
3
5
4
6

圣殿山

在大卫王之前，耶路撒冷就已经成为一座圣城。许多神圣的形象都与这座城市有关。"锡安"一词逐渐成为"耶路撒冷"的同义词。在所有三个一神教中，耶路撒冷都被视为世界的中心。在犹太教中，耶路撒冷的形象往往与圣殿联系在一起。为了纪念公元70年圣殿被毁后的外墙，60年后第二次犹太起义中巴尔·科克巴在他铸造的硬币上使用了圣殿外墙的图案。在耶路撒冷，伊斯兰教最常见的标志是圆顶清真寺。这一形象也被十字军采用，成为耶路撒冷最常见的象征。由于它在城市天际线如此引人注目，几乎所有的城市全景图都以它那雄浑的金色圆顶为中心。圣殿山，或者阿拉伯文的"尊贵圣地"（Haram al-Sharif），再或希伯来文的"圣殿山"（Har ha-Bayit），是老城的焦点。根据《圣经》记载，所罗门曾在这里建造一座容纳约柜的圣殿。虽然第一圣殿没有发现实物遗迹，但有文献证据，而且它和其他以色列人居住点（如夏琐）发现的圣殿相似。埃及法老示撒夺去耶和华殿的宝物（《列王纪上》第14章第25—26节），公元前586年，圣殿被巴比伦人完全摧毁，约柜也在这个时候消失了。从流放地返回后，所罗巴伯按照以前的设计重建了圣殿。

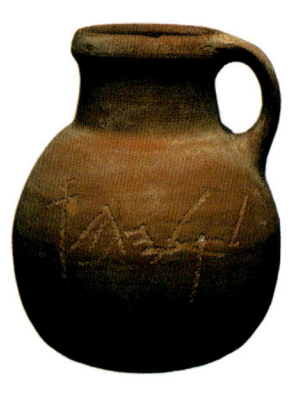

上图　象牙石榴花瓶是所罗门王圣殿已知的唯一保存下来的物品。（以色列博物馆）

左下图　第二次犹太起义期间铸造的一枚银币，描绘的可能是耶路撒冷圣殿的外墙。

右下图　刻有主人名字的陶罐，上面刻着，"（属于）以利亚胡"。

在圣殿山西南角外的挖掘工作中，发现了罗宾逊拱门的遗迹。

上图 圣殿山东南角的考古挖掘遗址。图片中央阿克萨清真寺的下面是重建的通往第二圣殿双门的台阶。

下图 二次埋葬成为第二圣殿后期犹太人的一个流行习俗。

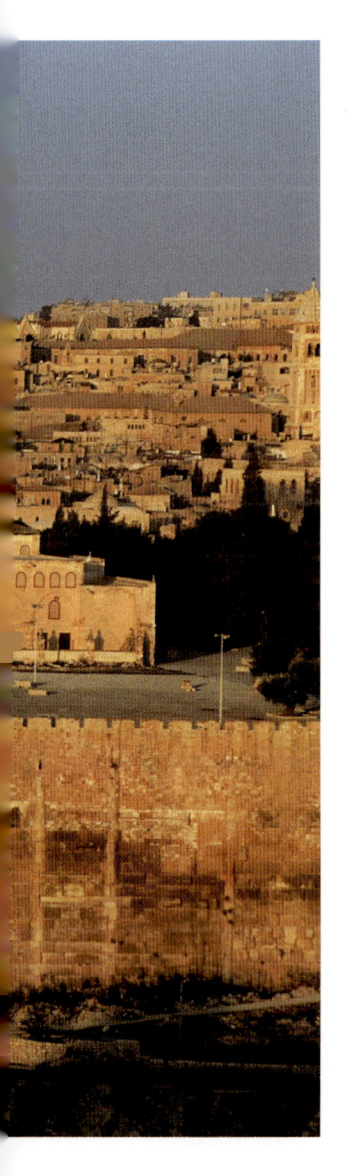

然而，只有在希律王统治时期，圣殿才达到宏伟的规模。希律王扩建了圣殿的平台，使它和现在的面积几乎相当。第二圣殿是每年数十万犹太人朝圣的聚集地，其中许多人来自遥远的犹太散居地。正是在这个圣殿里，耶稣与祭司争论，推翻了兑换银钱的桌子。公元70年，圣殿被罗马人摧毁，约瑟夫斯生动描述了圣殿被袭击的细节。此后的一个多世纪，这里都是一片废墟，直到哈德良统治时期，可能在废墟上建了一座朱庇特神庙。圣殿山重新获得重要性要等到638年阿拉伯人征服圣地之后。691年或692年圆顶清真寺竣工，几年后旁边的楼阁完成。阿克萨清真寺分几个阶段建造，起初是一座可容纳3000名信徒的大型木制建筑，后来改造成一座由15个祈祷通道组成巨大的石制建筑。南面几座恢宏的宫殿可以通过希律王时期建造的大门与圣殿山相连。这些宫殿在1033年毁于地震，从未重建。1967年，人们在圣殿山南部和西南部挖掘出了证据。1099年，十字军攻占耶路撒冷，圆顶清真寺虽然没有被摧毁，但变成了基督教堂。阿克萨清真寺最初是十字军耶路撒冷国王的宫殿，后来成为圣殿骑士团的总部。如今这里仍然保留着十字军时期的一些建筑。传统上认为

圣殿山南部出土的建筑遗迹。这些破碎的建筑是在圣殿山被毁后被扔掉的。

穆罕默德在登霄祈祷时的登霄圆顶就是在十字军时期重建的。马穆鲁克时期修建了圣殿山北面和西面的建筑群，这些建筑今天仍然存在。特别值得一提的是阿什拉菲宗教学校（al-Madrasa al-Ashrafiyya），它是由苏丹卡伊特贝（1468—1496年在位）在1479—1482年重建的，宏伟的外墙上装饰着精致的拱门。以苏丹的名字命名的还有卡伊特贝喷泉。奥斯曼帝国对圣殿山的建筑进行了进一步修缮。1856年《俄土条约》签订之前，非穆斯林是不允许进入圣殿山的，一些西方人只好伪装暗中前往。

第二圣殿时期的耶路撒冷

犹太人被流放后，耶路撒冷城的重建是一个缓慢的过程。只有到了希律王统治时期，这座城市才开始呈现出宏伟的规模。正如画像所示，希律王为自己建造了一座坚固的宫殿，有三座宏伟的塔楼：法赛尔塔、希皮库斯塔和玛利亚姆塔。希律王在圣殿山的西北角重建了一座堡垒，将其命名为安东尼亚，以纪念他的资助人马克·安东尼。圣殿山被大大地扩大了，并在南面建造了王室柱廊（Royal Stoa）。最重要的是，希律王重建了圣殿，其规模几乎翻了一番，并增加了豪华的新装饰。

1. 俯瞰圣殿山的安东尼亚堡垒。公元70年，当罗马人攻破这座城市时，它是被攻破的最后一道防线。
2. 圣殿山的四面都有回廊环绕。
3. 希律王在公元前20—前18年开始大规模重建第二圣殿。
4. 162根巨柱排成4列构成了王室柱廊，该场地一般用于教学和出售宗教物品。
5. 宽阔的台阶从俄斐尔（Ophel）地区通向圣殿山的大门。
6. 大卫城是耶路撒冷最古老的部分，可以追溯到前以色列时代耶布斯人的城市。
7. 西罗亚池的水来自一条水渠，该水渠从基训泉开始，从地下穿过大卫城而来。
8. 现在被称为"希律王时期宅邸"的地方（1967年发掘）在当时是豪华住宅区，也许是圣殿中祭司的家。
9. 希律王宫，有法赛尔、希皮库斯和玛利亚姆3座塔楼，后来成为罗马总督的宫殿。
10. 罗宾逊拱门，以1835年发现者的名字命名，支撑着一条从下城区通往圣殿山的台阶。
11. 威尔逊拱门，以英国挖掘者查尔斯·威尔逊的名字命名，是从神庙平台开始，最终穿过提拉帕谷的堤道的一部分。

162

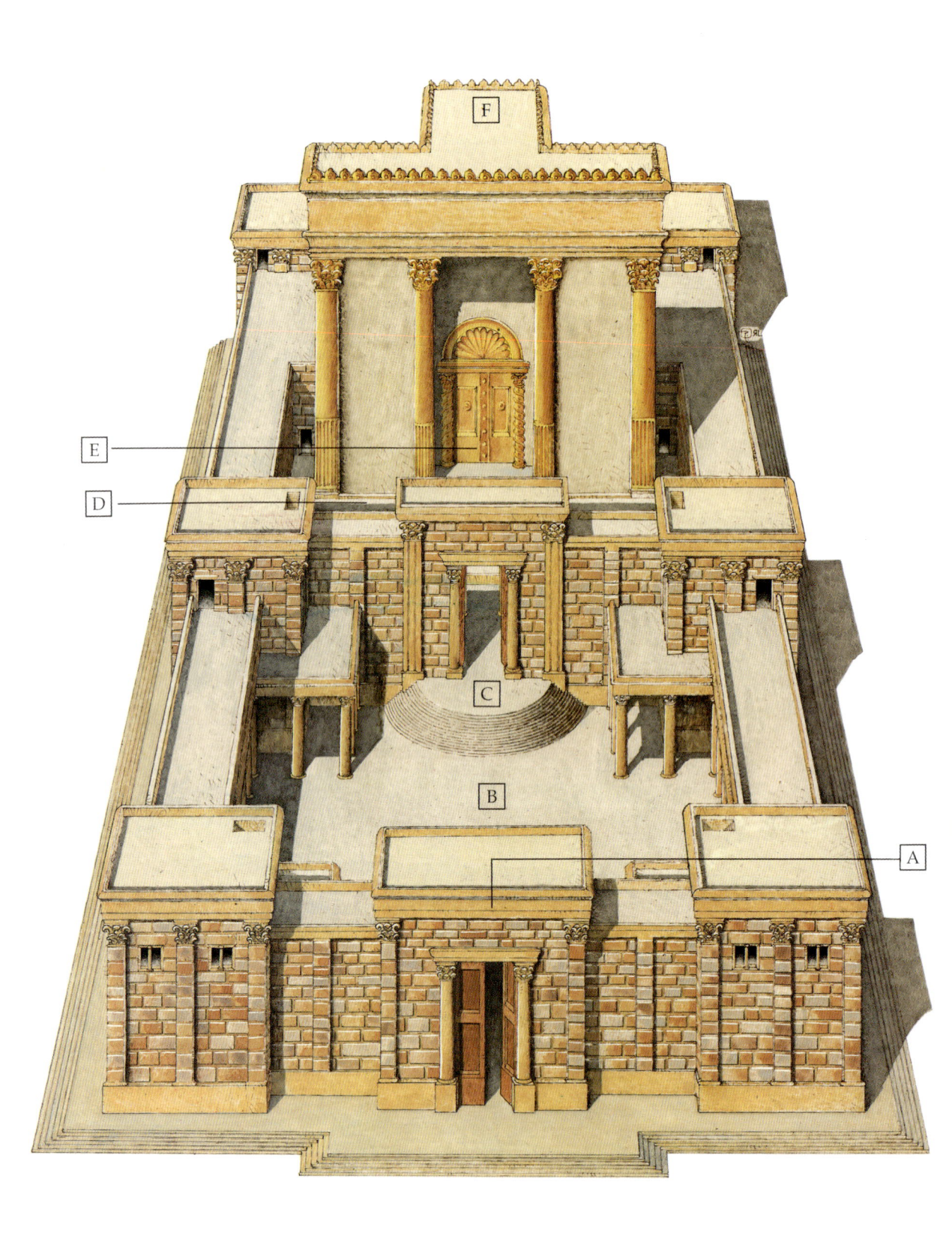

第二圣殿

在犹太人从巴比伦流亡归来后所建圣殿的基础上，希律王重建了圣殿。建筑材料都是提前准备好的。一千名祭司接受训练，在圣殿最神圣的地方施工，以避免异教徒污染。他们的工作都遵循着犹太律法，例如，不使用铁器将石头削成方形。我们对这座神庙结构的了解大多来自约瑟夫斯·弗拉维乌斯的作品。

A 美门 (Beautiful Gate) 在神殿的外层围墙上。所有非犹太人都禁止进入。

B 女性只能待在女性庭院。

C 尼迦挪门 (Nicanor's Gate) 通往内部庭院，此门为黄铜材质，装饰精美华丽。

D 以色列庭院 (Court of Israel) 是留给男人的。庭院中心为祭司准备的平台上有一个祭坛。

E 一扇大门通向圣所。圣所的正面立着四根柱子，饰有科林斯柱头。

F 圣所只允许祭司进入，圣所里面有一个金色的烛台，一张放陈设饼的桌子和一个熏香祭坛。被幕帘遮住的区域是至圣所 (Holy of Holies)，大祭司每年在赎罪日可以进入一次。

左图　锡安山，中间是圣母安眠堂，左边是圣母安眠堂的高塔，边上是基督徒墓地。

下页上图　最后的晚餐厅建于 12 世纪，是耶稣和他的门徒最后晚餐的发生地。

下页中图　圣救主教堂或该亚法府邸，耶稣在被钉死的前一晚被囚禁在这里。

下页下图　传说中的大卫墓。15 世纪时，它成为穆斯林的圣地。1948 年，它回到犹太人的手中。

锡安山

今天的锡安山位于锡安门以南的城墙外。锡安的确切含义随着耶路撒冷的历史而改变。《旧约》中提到了"锡安的据点"或耶稣堡垒，后来被以色列人占领后，它成为"大卫城"。这就是下列观念的来源：锡安是犹太人的精神中心，也是弥赛亚将会回归的圣山。然而，到了4世纪，锡安变成了对面的那座山脊，并和耶稣的最后日子紧密关联，从而在传统里获得重要地位。这个地区在公元前2世纪被城墙包围。在耶稣时代，锡安山就在城墙之内，被认为是耶稣最后的晚餐的地方，所以1世纪时在这里建造了一座教堂。后来，方济各会于1342年重建了这座教堂，1447年他们被驱逐出境之前，这里一直作为教堂使用。到了11世纪，犹太人开始相信锡安山有大卫的坟墓。穆斯林采纳了这个说法，并在1524年为"先知大卫（达五德）"建造了一座清真寺。耶稣如何被囚禁在大祭司该亚法的家中的故事，以及门徒彼得如何在黎明鸡鸣之前三次否认耶稣的故事，如今仍然在亚美尼亚圣救主教堂被世人讲述。如今大卫墓和最后的晚餐厅共用同一座建筑。1948年后，大卫墓成为犹太人朝圣的重要场所，当时它是东耶路撒冷唯一受以色列控制的地方。锡安山上有鸡鸣堂，是圣母升天会神父为纪念该亚法府邸而建造的。

上图　橄榄山犹太人公墓的一块墓碑。根据习惯，来这里的人会在墓地上放一些小石子。

左下图　自大卫时代起，橄榄山就成为耶路撒冷犹太人墓地。

右下图　祭司家族贝内·赫兹尔（Bene Hezir）的坟墓和撒迦利亚（Zachariah）的坟墓展示了公元前 1 世纪的希腊化风格。

橄榄山

橄榄山和耶路撒冷隔着汲沦谷遥遥相对。它不仅是一个大型犹太人墓地,耶稣生命中最后一周的许多事件也发生在此。传统观点认为纪念耶稣复活 40 天后升天的升天教堂就位于橄榄山的山顶。附近还有主祷文(Paternoster)教堂,这是基督指导门徒的地方。橄榄山上的伯法其(Bethphage)是耶稣进入耶路撒冷之前做准备的小村庄。多米尼克教堂则是方济各会纪念耶稣为耶路撒冷哭泣的地方而修建的。橄榄山最美的教堂是位于客西马尼的俄罗斯正教会教堂——抹大拉的马利亚教堂,它有 7 个金顶。方济各会的客西马尼园是耶稣被犹大出卖的地方,现代修建了万国教堂。按照传统,圣母马利亚墓(教堂)是马利亚、她的父母安妮和约阿希姆,以及约瑟的坟墓所在地。附近有客西马尼石窟,它是耶稣被犹大出卖后被捕的地方。在北边的斯科普斯山是希伯来大学的所在地,该大学成立于 1925 年,新校区建于 1981 年。1948—1967 年间,当斯科普斯山被约旦军队占领时,该大学转移到了耶路撒冷以西的吉瓦特拉姆校区。

左上图 客西马尼园是耶稣被犹大出卖的地方,而今天万国教堂建在 4 世纪的大教堂的遗址上。

左下图 这个误传的押沙龙墓建于公元前 1 世纪后期,可能是一个富裕家族的墓葬群的一部分。

犹太人的耶路撒冷

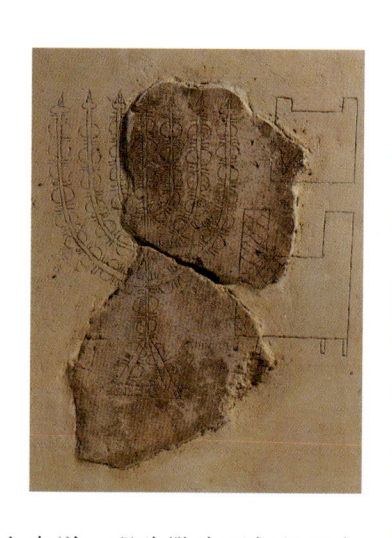

对犹太人来说，耶路撒冷不仅是以色列的首都，也是世界上所有犹太人的精神家园。每个逾越节家宴结束的时候，人们要告诫自己不要忘记耶路撒冷。在祈祷时，犹太人应该面向耶路撒冷。犹太人须去耶路撒冷朝圣，特别是住棚节、逾越节和七七节（五旬节）等节日。希伯来阿夫月（Av）的第九天是为圣殿被毁而哀悼和斋戒的日子。耶路撒冷的犹太人代表了构成今天犹太人的所有族群和信仰流派。然而，他们的不同之处在于，他们选择生活在犹太教最神圣的城市。对许多人来说，回归锡安不仅仅是返回以色列的土地，而且是返回耶路撒冷。笃信宗教的犹太人在耶路撒冷有特殊的影响力。然而，他们不能被视为一个同质的群体。虽然极端正统派乍一看非常相似，都留着胡须，穿着黑大衣，戴着黑帽子，但他们其实是来源于16世纪欧洲中部的不同群体。极端正统派的内图雷·卡塔（Naturie Karta）拒绝承认以色列国。然而，其他正统派团体，特别是"现

右上图　圣殿中的七枝烛台的石膏涂鸦碎片，能看到祭桌和祭坛的图案。（以色列博物馆）

左上图　在耶路撒冷犹太区希律王时期宅邸发现的马赛克地板。这来自一个富裕家族，也许是圣殿中的大祭司。

左下图　石器和陶器保留在原来的位置上。火灾遗留的痕迹依然向人们诉说着公元70年摧毁耶路撒冷城的那场大火。

跨页图　巴特伊·马查斯（Batei Machaseh）广场位于重建后的犹太区的中心。公寓建筑体现了新旧结合的建筑风格。

代正统派"，在现代以色列的政治生活中十分活跃。涉及家庭法的事务由拉比法院和首席拉比指导。日常宗教生活事务由耶路撒冷的宗教委员会管辖。国家教育由宗教学校提供，而极端正统派一般都对其子女进行私人教育。犹太教的其他流派，包括改革派、进步派或保守派运动等，尽管他们的人数每年都在增长，仍未被宗教当局接受。

世俗犹太人曾经占耶路撒冷人口的大多数，但比例正在慢慢改变，因为宗教犹太人拥有更庞大的家族。与此同时，宗教在某些方面对世俗犹太人也越来越宽容。例如，允许许多餐馆和公共娱乐场所在安息日营业。今天的犹太区以靠近圣殿山西墙的区域为中

上图 新和旧：北面是耶路撒冷的犹太区，中间右侧是重建的胡瓦犹太会堂的拱门。

下图 胡瓦犹太会堂废墟上的纪念拱门，最初由犹太贤人拉姆班在 13 世纪建造。

上图　1967年发掘出土的列柱大道原始柱体和柱头，在犹太区的翻新工程中被恢复原位。

下图　哭墙前的台阶。每逢犹太节日，这里会挤满做礼拜的犹太人。

心。西墙本身形成了第二圣殿平台的一个侧面。第二圣殿的毁灭是犹太民族开始分散的标志，每年犹太教阿夫月的第九天，人们都会纪念第二圣殿的毁灭，那些前来哀悼它的人称这堵墙为"哭墙"。现在，在星期五晚上和星期六的安息日祈祷期间，哭墙都非常拥挤。哭墙的左边是威尔逊拱门。这里原本有一条精心设计的堤道，从圣殿山通向提拉帕谷的另一边，拱门是堤道遗迹的一部分。哭墙地区的另一条边界是通往圣殿山的摩尔门[1]的坡道。信仰东正教的犹太人被禁止进入圣殿山。1967年开始的犹太区重建工作为扩大考古发掘提供了机会。1969年，现在被称为"宽墙"的遗址被挖掘出来，人们认为它是希西家在公元前701年为应对辛那赫里布的亚述军队的入侵而建造的。宽墙的发现表明，到公元前8世纪，该城已经扩展到圣殿山对面的西山，估计有25000人居住在其范围内。在稍远的北方发现了一座防御塔，可能是由哈斯蒙尼人在公元前2世纪建立的，它与早期的以色列塔相连，后者可能在公元前6世纪被巴比伦人摧毁。在"烧毁的房子"（Burnt House）的遗址上所建的博物馆里保存了一些考古遗迹，它们非常生动地展示了耶路撒冷在70年被罗马人摧毁的过程。这座房子很有可能属于卡斯罗斯（Kathros）祭司家族，因为在废墟中发现了一个带有这个名字的陶瓷砝码。希律王时期宅邸的发掘物则为1世纪富人的生活提供了证据。这些宅邸建筑共同组成了沃尔（Wohl）

---

[1] Moors Gate，或称摩洛哥门（Moroccan Gate），因其靠近摩洛哥区（穆格拉比区）。与粪厂门一样，它也被称为穆格拉比门。

171

考古博物馆。它们的内部特别奢华，许多墙壁上装饰着色彩鲜艳的壁画，地板上铺着精心制作的马赛克图案，宅邸的地下室修建了精心设计的洗浴场。有些人根据房子的豪华装饰和便利的沐浴设施，推测这可能是圣殿大祭司的房子。1967年之后的发掘中出土了拜占庭时期的列柱大道，它被部分修复，成为如今的露天博物馆和游客购物区。今天在宽12米的步行街东侧，可以看到一座由巨大的柱子支撑的拱廊。在拜占庭时期，列柱大道向南一直延伸，直到和当时耶路撒冷最大的新教堂相遇。新教堂由查士丁尼皇帝建造，并在543年被祝圣。12世纪的日耳曼人圣马利亚教堂的废墟作为考古公园被保存下来。同样被保存下来的还有胡瓦和拉姆班（Ramban）犹太会堂的废墟。这些教堂建于13世纪，当时耶路撒冷的犹太人口只有2000人。著名的犹太学者摩西·本·纳赫曼（Moses ben Nachman），也被称为拉姆班，建造了这座以他的名字命名的教堂。这座为少数犹太居民和朝圣者服务的教堂不止一次被摧毁。1856年，一座更大的教堂胡瓦犹太会堂在这个地方建成。胡瓦

上图　极端正统派的犹太人穿着可追溯到16世纪的欧洲传统服饰。根据《利未记》中的一项禁令，胡须和鬓角不能修剪。黑帽虽然是极端宗教人士的标准头饰，但各团体的形状并不相同。

下图　西墙以北的威尔逊拱门位于从圣殿山到西山的堤道上，这条堤道横跨提拉帕谷，图中还能看到几乎崭新的大石块，是它们组成了希律王圣殿山的墙体。它现在被用作男教徒的祈祷厅。

下页图　圣殿山的西墙（也称哭墙）是由希律王建造的圣殿山平台原墙体的一部分，于公元70年被毁。该区域被分为两部分，北部是男教徒的区域，而女教徒则要去南部较小的区域。

犹太会堂在 1948 年被摧毁。1967 年耶路撒冷统一后，它的废墟作为纪念被保留。目前仍在使用的是 4 座自 17 世纪以来一直为塞法迪犹太人（即来自西班牙、葡萄牙的犹太人）社区服务的犹太会堂组成的建筑群，它们自 1967 年以来逐渐得到修复。在穆斯林时代，为了不引人注意，这些犹太会堂选择建在地下。旧伊休夫[1]宅院博物馆（Old Yishuv Court Museum）向人们展示了一个世纪前耶路撒冷犹太居民的家庭和宗教生活，这些房子和犹太会堂都是那个时期的翻版。

---

1 伊休夫，原意为"居住区"，为以色列建国前巴勒斯坦犹太人社区的名称，分为旧伊休夫（老伊休夫）和新伊休夫，前者指 1882 年阿利亚运动的移民浪潮发生前已存在的巴勒斯坦犹太社区，后者指 1882—1948 年新出现的犹太社区。

一个正在祈祷的犹太男士，佩戴着祈祷头巾和经文匣。黑色的经文匣里装着经文，除安息日外，在早晨的礼拜中都要佩戴。戴上头巾之后，按具有特定意义的顺序将带子缠在头部和手臂上。男孩在 13 岁生日达到成年礼时开始佩戴头巾。

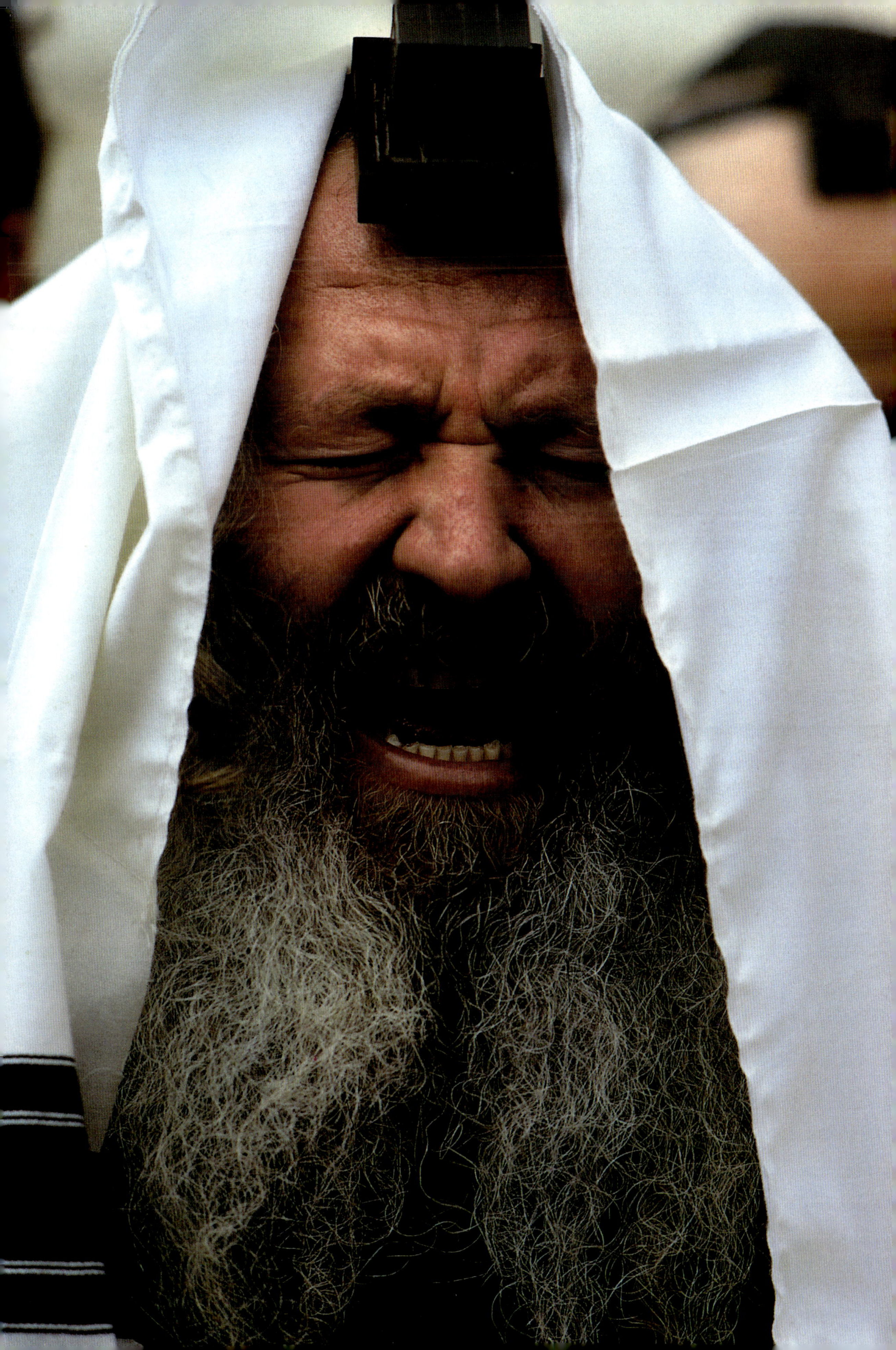

176

耶路撒冷一所学校的午间餐。在这所极端正统派男子学校，男孩们只学习宗教科目，其中包括《妥拉》和《塔木德》。教学语言通常是意第绪语，只在学习宗教文本时使用希伯来语。男孩们一般从 3 岁开始学习希伯来语字母，一直持续到成年礼。之后，男孩们继续进入宗教中学。这种类型的学校通常不受政府资助，孩子们很少学习世俗科目。

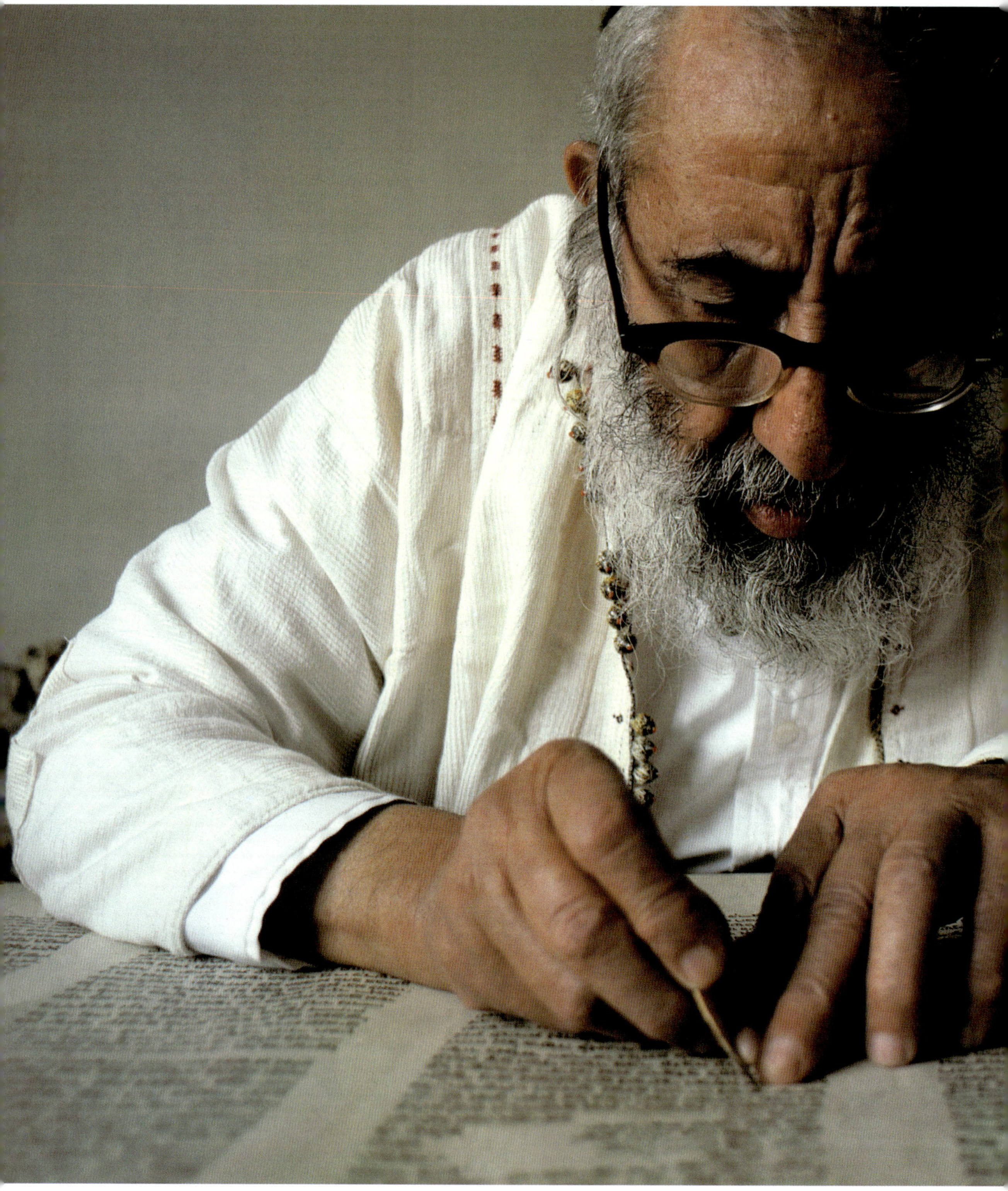

左图　一位犹太抄经人正在仔细检查一份宗教文本。从《圣经》时代开始，抄经人的工作就是根据规定准确地抄写宗教文本。抄经人使用的羽毛笔、墨水和羊皮纸都必须符合一定的要求。如图所示，抄经人必须穿上特殊的服装，着装整洁。

右图　一个犹太男子在犹太会堂里全神贯注地祈祷和学习。根据惯例，男子一天去教堂两次，进行清晨和傍晚的祈祷；在祈祷开始之前，祈祷须达到法定人数，即 10 名成年人之后才能开始。

基督徒的耶路撒冷

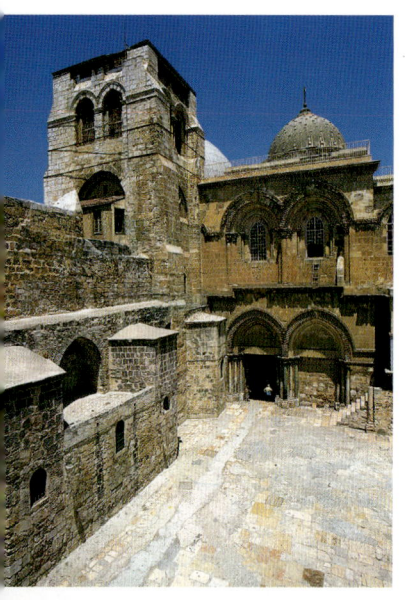

在耶路撒冷，各个教派的基督徒都可以找到他们的代表。主要的教派处理着结婚、离婚，以及和宗教相关的家庭法律事务。尽管有相当数量的基督徒以外国居民的身份生活在以色列，但大多数基督徒是阿拉伯人，讲阿拉伯语。希腊正教会是耶路撒冷基督教徒中最大的群体，许多牧师和包括牧首在内的大多数高级管理人员都是希腊人。希腊正教会管辖着圣地中许多辉煌的教堂。还有一些俄罗斯正教会和罗马尼亚正教会神职人员主导的小型社区。亚美尼亚教会代表了另一个在耶路撒冷有古老根基的基督徒群体；叙利亚正教会（又称雅各布派[Jacobites]）和科普特正教会的会众数量要小得多。埃塞俄比亚教会的代表是一个由几个僧侣和修女组成的小团体。天主教会中，最大的是拉丁礼教会，而其他天主教团体，如梅尔基特派（Melkites，又译麦勒卡派）、马龙派、迦勒底派（Chaldeans）、科普特天主教会、叙利亚天主教会和亚美尼亚天主教会也有代表。拉丁人（指拉丁礼教徒）社区也支持着许多修道会。方济各会是在圣地服务时间最长的修道会，他们在以色列许多重要的基督教圣地为拉丁社区服务。

新教在圣地的活动可以追溯到19世纪。正是在这一时期，英国圣公会和普鲁士联合福音教会的联合主教区形成，成为今天耶路撒冷讲阿拉伯语的福音派圣公会的基础。19世纪，许多美国新教团体抵达耶路撒冷。今天，几乎每个新教教派都在耶路撒冷设有代表机构。在住棚节期间，几千名基督徒在国际基督教大使馆的赞助下来到耶路撒冷朝圣。圣墓教堂几乎隐藏在基督教区中，只能看到高出周围建筑的圆顶。为了纪念耶稣受难和复活的地方，君士坦丁皇帝于326年开始

左上图　可追溯到十字军时期的圣墓教堂。

左下图　耶路撒冷的教士。每个主要的基督教教派在耶路撒冷都有自己的宗教代表。

右上图　耶稣停尸石，石头矗立在圣墓的入口处，是尼哥底母从十字架上取下耶稣的尸体之后给尸体涂油的地方。

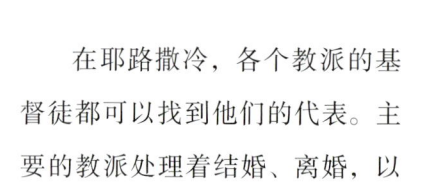

圣墓教堂耶稣墓上方的灰色大圆顶和中殿（Catholicon）的小圆顶。

在耶稣墓地和复活的地方建造的小教堂,这座小教堂是在 1808 年的一场大火之后重建的。

圣墓教堂的所有权同时属于许多不同的基督教派系。在基督教的主要节日，特别是在复活节期间，教堂会举行各种各样的仪式。教堂各部分的权属，包括小教堂甚至小装饰品，在许多个世纪中都存在争议，现在大家达成协议维持现状。在这个对基督徒来说最神圣的地方，信仰和建筑形式的多样性创造了这个国际性的聚会场所的独特氛围。

在这里建造教堂。最初的教堂规模较大，呈东西向布局。在西边与今天相同的位置上，坟墓被一个巨大的被称为"复活"（Anastasis）的圆形建筑所覆盖，上面有一个金色的圆顶。各各他石[1]位于圣园（Holy Garden）内，圣园是个大型的柱廊式庭院。见证耶稣受难的位置上是座巴西利卡，厅内有五条过道，通向前庭（Atrium），沿着那里的台阶可以走到列柱大道。

在耶路撒冷动荡的历史中，这座教堂几乎被夷为平地。虽然君士坦丁教堂的基本框架被保留了下来，但也添加了其他的结构。现在教堂已经融入周围的城市。这也让它与其他大多数宏伟的教堂不同，虽然它的各个部分都很美，但很难作为一个整体来考量。到了14世纪，由穆斯林看门人持有教堂的钥匙，以确保拉丁人、希腊人、格鲁吉亚人、科普特人、叙利亚人和埃塞俄比亚人的进入。今天仍然如此。耶路撒冷基督教历史上最重要的地方之一就在圣墓教堂的正南面。穆里斯坦区占据的大块土地曾是罗马统治时期的集会广场所在地，后来成为十字军医院骑士团（也称圣约翰骑士团）的医院。在12世纪，医院骑士团在耶路撒冷经营的这家医院容纳了多达400名骑士，有时还照顾多达900名病人。1187年，当基督徒被萨拉丁驱逐离开这座城市时，医院被解散。这个地方逐渐被废弃，到19世纪时成为一片荒地。

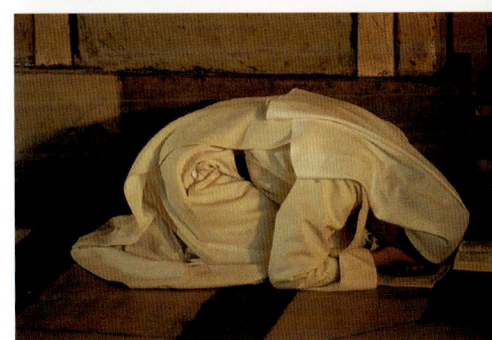

---

[1] 各各他意为骷髅地，耶稣在此被钉死于十字架上，一说其位于花园冢（Garden Tomb）的山丘。

从圣海伦娜教堂的台阶可以看到的教堂风光。圣海伦娜是君士坦丁大帝的母亲和（钉耶稣的）真十字架的发现者。

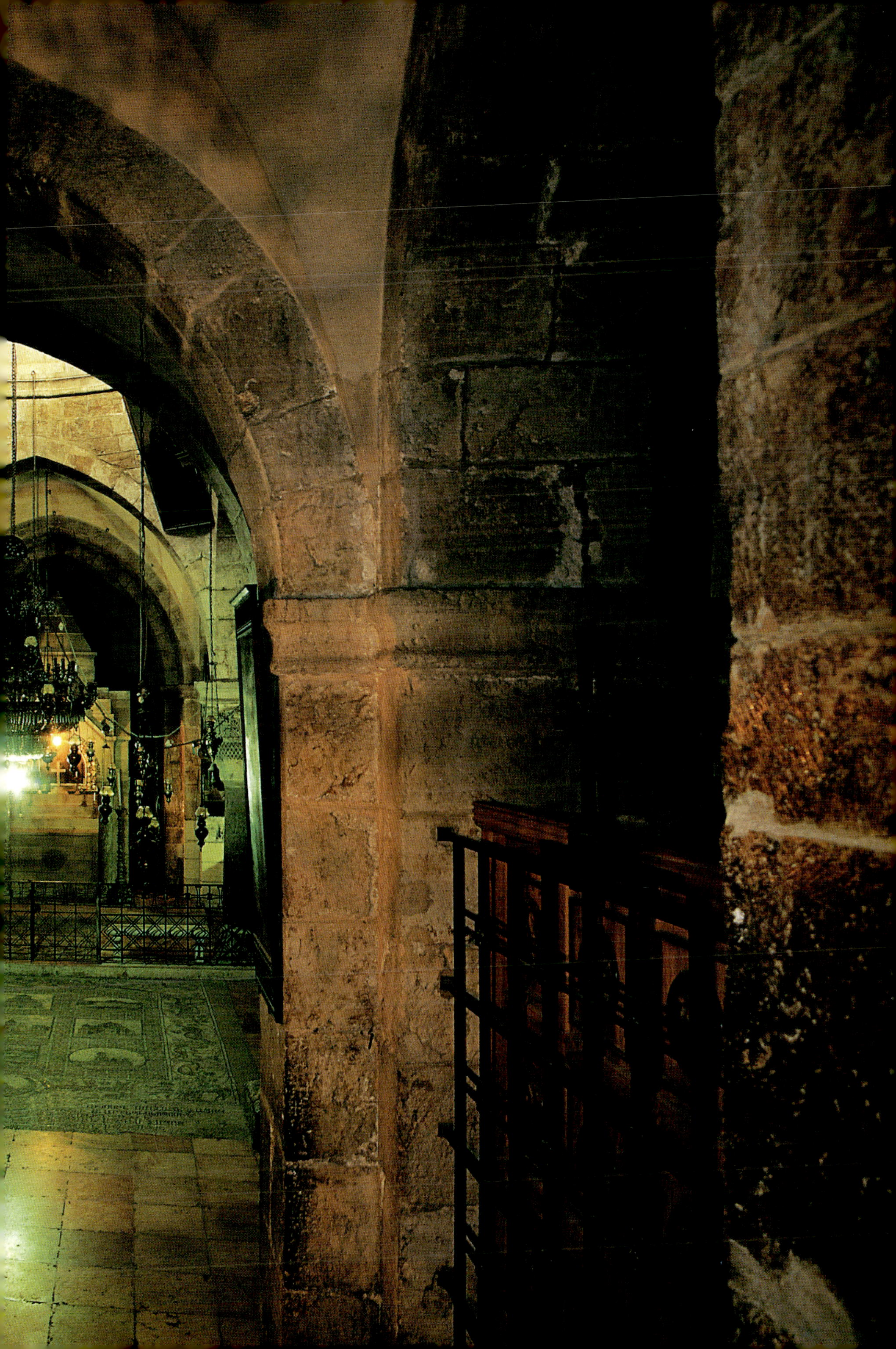

十字军时代的圣墓

　　十字军的圣墓教堂是在4世纪君士坦丁教堂的原址上重建的。938年,穆斯林摧毁了这座拜占庭教堂的大部分,建造了一座清真寺。1009年,在法蒂玛王朝哈里发哈基姆的命令下,该教堂几乎被完全拆除。尽管1048年拜占庭皇帝君士坦丁九世·莫诺马库斯(Constantine IX Monomachus)修复了圆形大厅,但教堂的其余部分仍处于废墟之中。1099年十字军征服该城后,教堂被重建,1149年竣工。它的大部分建筑与当时法国的罗马式教堂很相似。虽然教堂的许多内部装饰已经改变,但至今平面图仍然保持着最初的样子。

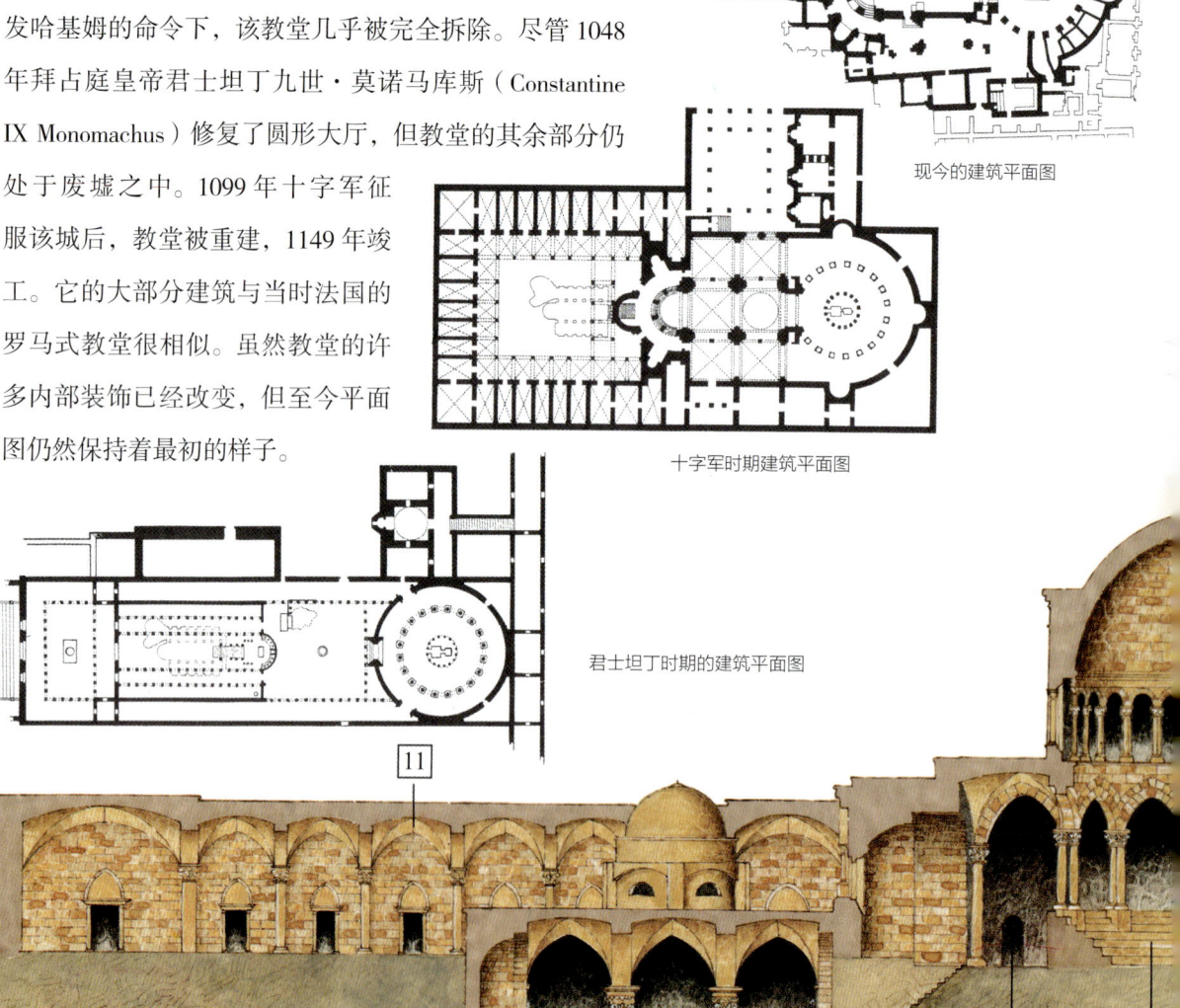

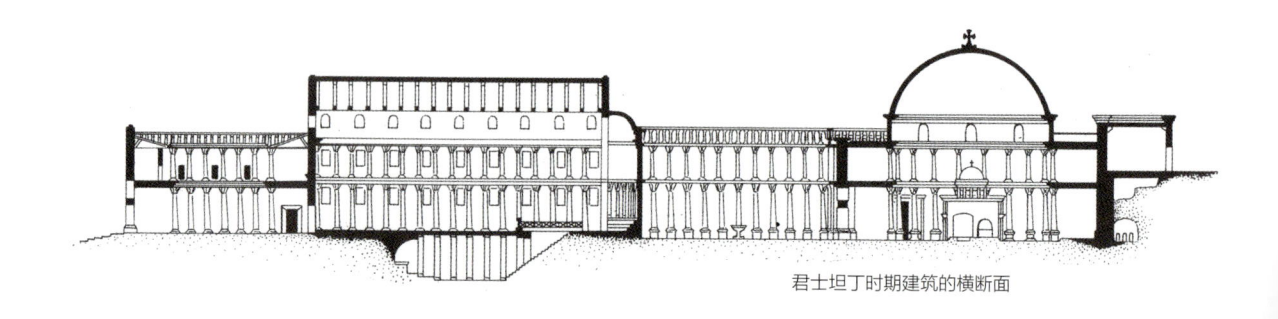

现今的建筑平面图

十字军时期建筑平面图

君士坦丁时期的建筑平面图

君士坦丁时期建筑的横断面

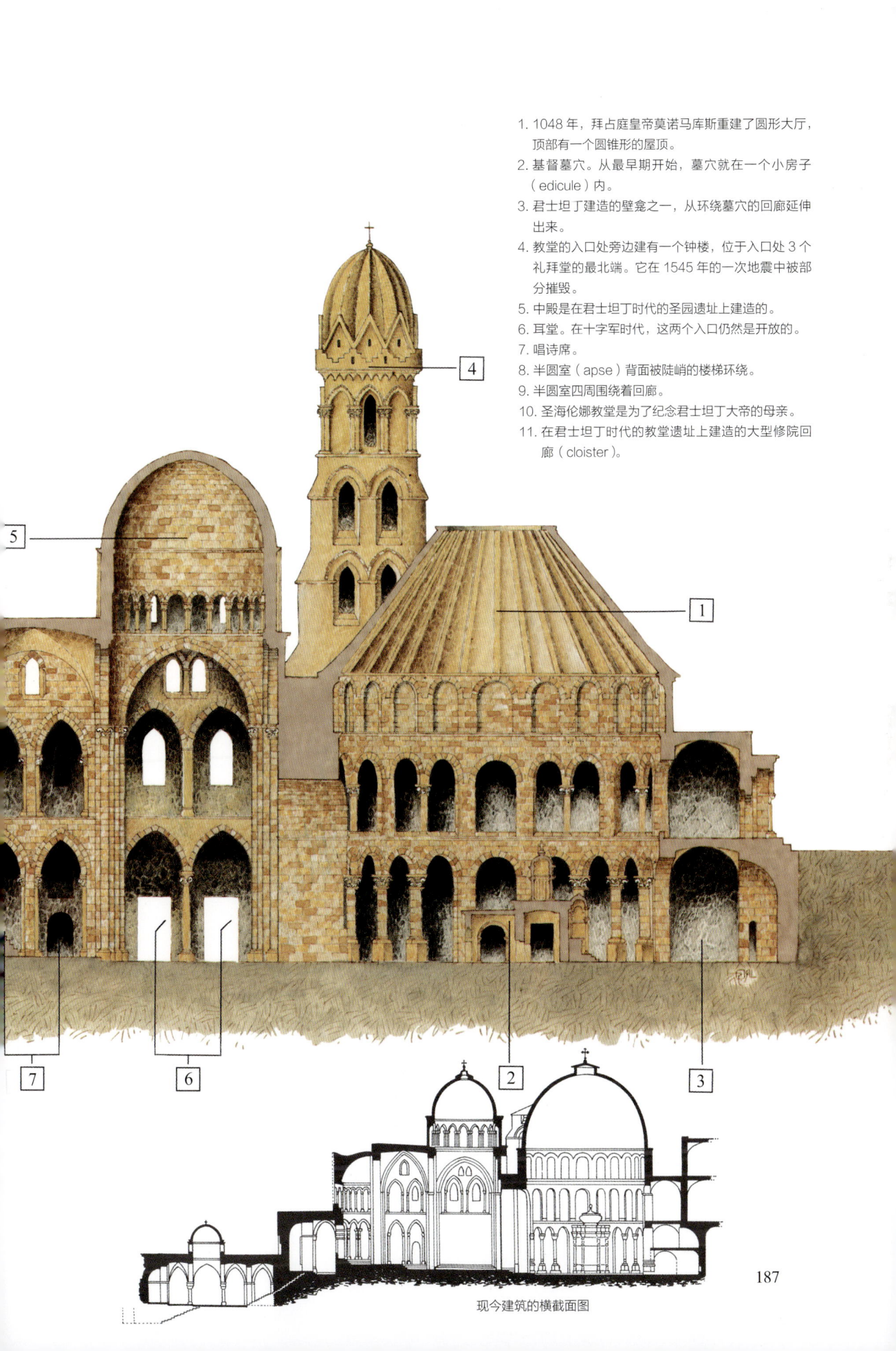

1. 1048 年，拜占庭皇帝莫诺马库斯重建了圆形大厅，顶部有一个圆锥形的屋顶。
2. 基督墓穴。从最早期开始，墓穴就在一个小房子（edicule）内。
3. 君士坦丁建造的壁龛之一，从环绕墓穴的回廊延伸出来。
4. 教堂的入口处旁边建有一个钟楼，位于入口处 3 个礼拜堂的最北端。它在 1545 年的一次地震中被部分摧毁。
5. 中殿是在君士坦丁时代的圣园遗址上建造的。
6. 耳堂。在十字军时代，这两个入口仍然是开放的。
7. 唱诗席。
8. 半圆室（apse）背面被陡峭的楼梯环绕。
9. 半圆室四周围绕着回廊。
10. 圣海伦娜教堂是为了纪念君士坦丁大帝的母亲。
11. 在君士坦丁时代的教堂遗址上建造的大型修院回廊（cloister）。

现今建筑的横截面图

187

1869 年，普鲁士王储腓特烈·威廉访问圣地，并获得了部分土地作为礼物，在广场的东北角修建了德国新教的救世主教堂。1898 年，威廉二世皇帝和奥古斯塔·维多利亚皇后访问期间举行了祝圣仪式。这座教堂是按照拉丁十字军的圣马利亚教堂的平面图设计的，从其钟楼上可以看到耶路撒冷最好的景色。而圣安妮教堂是耶路撒冷最宜人的景点之一，它与白衣神父会（White Fathers）修道院和希腊天主教神学院一起位于现在的圣殿山北部。挖掘发现表明这里是毕士大池的所在地。根据《约翰福音》第 5 章第 1—13 节，耶稣在这里治愈了一个瘸子。5 世纪中叶，这里建起了一座教堂，专门供奉耶稣的母亲马利亚。到了十字军时代，它开始与马利亚的出生地联系在一起，并以马利亚的母亲圣安妮命名。1187 年圣地被穆斯林征服后，该教堂成为一所宗教学校，后来被废弃。1856 年，奥斯曼苏丹将该地赠予拿破仑三世。希律王的安东尼亚堡垒遗址上现在是一所男子学校。传统观点认为这里是本丢·彼拉多宣判耶稣基督死刑的场所，也被一些人认为是耶稣苦路的第一站（苦路是耶稣被钉死在十字架前经过的路）。方济各会的苦路第一站现在位于"定罪堂"（Chapel of the Condemnation），而第二站，即耶稣背起十字架的地方，位于

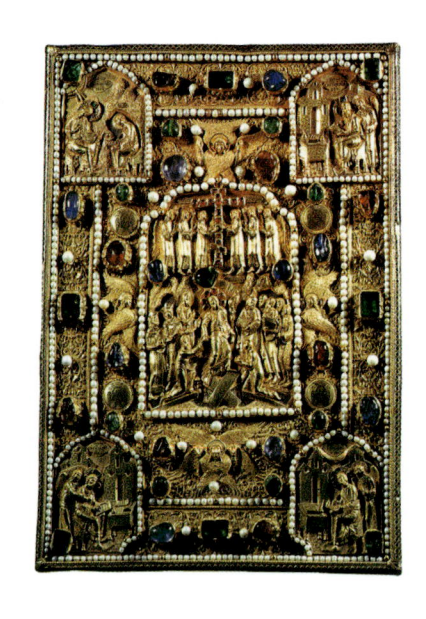

左上图　耶路撒冷希腊正教牧首区博物馆（Museum of the Greek Orthodox Patriarchate）里保存着无数具有重要价值的圣物，例如这个木雕挂件，以圣母与婴儿耶稣为中心，周围环绕圣徒。它可以追溯到 17 世纪。（希腊正教牧首区博物馆）

左下图　圣墓中的这个独特的圣骨匣可以追溯到十字军时期，由一整块水晶雕刻而成，黄金镶边，中间嵌着宝石。

右上图　一本福音书的镀金封面，用宝石和珍珠组成浮雕装饰。该图案展示了基督生活的一个场景。（希腊正教牧首区博物馆）

下页图　希腊正教牧首区博物馆收藏的福音书镀金封面的局部图。这件珍贵的物品可以追溯到 17 世纪。

ⲟ ⲁⲅⲓⲱ
С ЕѴЛІСТЪ МА
ѲН.

左上图　位于客西马尼的俄罗斯正教会抹大拉的马利亚教堂有7个金顶，由沙皇亚历山大三世于1888年建立。

右上图　抹大拉的马利亚教堂内的宗教仪式。俄罗斯正教会是耶路撒冷最小的教会之一。

下图　万国教堂（苦难教堂），由方济各会于1924年建造。外墙上的大型马赛克图案展示了在上帝面前耶稣的苦难。

"鞭笞修道院"（Monastery of the Flagellation）庭院的入口。附近有锡安修女院，内有麻雀池（Struthion Pool，Struthion 为希腊语的"麻雀"）的废墟。荆冠基督拱门（Ecce Homo Arch）也与修道院的部分外墙融为一体。Ecce Homo 意为"看这个人"，是彼拉多将戴荆冕的耶稣交给犹太人示众时说的，这个拱门据说就是这件事的发生地点。最近的一项考古研究认为该拱门建于希律·亚基帕时期（Herod Agrippa，41—44 年在位），很可能更早，并一直是城市东边的纪念性门户。波兰天主教堂外是耶稣苦路的第三站，是耶稣跌倒的地方。南面的亚美尼亚天主教区的入口和圣母马利亚教堂（Church of Our Lady of the Spasm）是耶稣与马利亚相遇的地方，是耶稣苦路的第四站。在第五站，古利奈人西门在此接过耶稣的十字架。圣容和圣维罗尼卡教堂（Church of the Holy Face and St.Veronica）是第六站，在这里，维罗尼卡用她的手帕给耶稣擦脸。再往前走，第七站显示了张贴死刑判决的地方。第八站是在圣哈拉兰博斯修道院（Monastery of St.Charalambos），耶稣在这里告诉陪同他的妇女不要哭泣。苦路第九站是基督第三次跌倒的地方。剩下的几站都在圣墓教堂内。隐藏在大卫街北侧的建筑物后面的希西家池也被称为族长浴池（Pool of the Patriarch's Bath），冬雨过后装满水的时候非常美丽。在雅法门和锡安门之间是亚美尼亚区。亚美尼亚人是最早皈依基督教的一些人，他们是活跃在拜占庭耶路撒冷的基督徒之一。在 12 世纪，亚美尼亚人买下了圣詹姆斯教堂，该教堂至今仍是他们社区和亚美尼亚侨民的中心。现在围绕圣詹姆斯教堂的建筑群不仅包括大教堂，还包括另外两座教堂、亚美尼亚牧首的住所、神学院、图书馆、博物馆、一所学校以及住所。靠近亚美尼亚建筑群，矗立在大卫塔对面的是 1849 年建成的基督教建筑群，这里至今仍是福音派新教的中心。叙利亚正教会的圣马克教堂也值得一游。叙利亚正教会基督徒，也被称为雅各布派或亚述基督徒，于 451 年从其他基督徒中分离出来，教会的礼仪中仍然使用古叙利亚语。

亚美尼亚基督教社区的圣詹姆斯大教堂使用了 18 世纪的库塔希亚（Kutahya）瓷砖和帆布画来做装饰。

穆斯林的耶路撒冷

《古兰经》第17章讲述了穆罕默德的夜行登霄。他由天使吉卜利勒陪同,由麦加飞至耶路撒冷,在今远寺(阿克萨清真寺)一块岩石上登霄,遨游七重天,见过古代众先知和天园等情景。穆斯林的节日登霄节就是为了庆祝这一事件。在穆罕默德传教的早期,耶路撒冷被认为是一座圣

左图 圣殿山周围的建筑大多是马穆鲁克时期的建筑,也有一些受到十字军时期的影响或者重复利用了那时的材料。

右上图 位于圣殿山西侧的阿什拉菲亚宗教学校的大门始建于1465年,1482年被重建,它的装饰是典型的马穆鲁克时期的风格。

右下图 链条之门(Gate of the Chain)喷泉是由苏莱曼大帝建造的。喷泉下面的水槽可能是十字军时期的石棺,中间的花环装饰则来自十字军的教堂。根据铭文,建造日期为1537年。

棉商之门（Gate of the Cotton Merchants 或 Bab al-Qattanin），建于 1336—1337 年，通向棉商市场。市场也是在同一时期建成，由 30 个区间组成。

城，穆罕默德在祈祷时面朝该城的方向。后来，他才改变方向朝向麦加。638年，第二任哈里发欧麦尔以伊斯兰教的名义首次征服了耶路撒冷。半个多世纪后，圆顶清真寺的建成巩固了耶路撒冷在伊斯兰教中的中心地位。清真寺中心的岩石被认为是宇宙的中心。今天，耶路撒冷的阿拉伯居民主要是穆斯林。他们的宗教事务由最高穆斯林委员会监管，穆夫提是首席宗教官员。委员会还负责伊斯兰教法或宗教法庭，管理宗教的公共财产。它以信托基金的形式对伊斯兰宗教机构提供财政支持，管理穆斯林的圣地。每年都有数千名以色列穆斯林前往麦加朝圣。

穆斯林区是老城所有街区中面积最大、人口最多的社区，也是对公众开放程度最低的社区。该地区包括由希律王纳入的城市部分，以及后来由希律·亚基帕在1世纪圈进来的城北部分。在法蒂玛王朝时代，这里是犹太区。后来在十字军时代，这里有许多教堂，其中一些教堂现在是穆斯林的教育机构。在靠近圣殿山的地方有几座有趣的马穆鲁克建筑。正是在马穆鲁克时期，即从1291年开始，到1517年被奥斯曼帝国吞并为止，耶路撒冷大体呈现出今天的建筑特色。尽管国家进入了经济衰退期，但耶路撒冷还是成了伊斯兰教的中心，修建了许多与宗教相关的场所，包括朝圣者旅馆、伊斯兰教宗教学校以及墓园。在如今的马洛·哈姆达萨大街（Ma'alot Hamadrasa street），有一座建于14世纪末的苏菲派苦修者（Dervishes）宿舍——通舒克夫人宫（Palace of Sitt Tunshuq）。这座建筑展示了马穆鲁克建筑的许多特点。它用黑色、白色和红色的石块进行装饰。

上图　灰色圆顶的阿克萨清真寺是穆斯林祈祷的中心。这座建筑可能是在638年开始建造的，可以容纳5000名以上的教众。在清真寺的西侧有一个较小的大厅，专为女教众使用。

中图　跪地祈祷的穆斯林。每周五的午间祈祷时圣殿山都挤满了信徒。

下图　阿克萨清真寺内部空间巨大，75根圆柱和33个墩柱组成7个过道，155扇窗户中许多是彩色玻璃。

194

阿克萨清真寺和圆顶清真寺之间的平台。有台阶通往中央喷泉，方便进行净身仪式。

大部分的装饰重点都放在门洞上，入口处有一个方形的门，上面是一根平直的门楣，门楣上边是一个拱顶，所在高度是门的 2—3 倍，石头装饰上通常雕刻或镶嵌着几何和花卉图案。通常会有铭文描述建筑物的出资人或建造者、建造日期、建筑物用途以及《古兰经》的段落。

棉商市场建于 1136—1137 年，是一条长长的市场街道，两排商店从哈该（Haggai）街一直延伸到圣殿山入口；入口处的大门气势恢宏。圆顶清真寺是伊斯兰教的第三大圣地，仅次于麦加的克尔白和麦地那的先知清真寺。圆顶清真寺本是作为一座朝圣地而不是一座清真寺。它位于圣殿山下岩石山脊的最高点上，坐落在一个四面的平台上，两边建有台阶，台阶的顶端是天平形状的拱门。根据传统，在最后的审判时，将悬挂称量灵魂的天平。该建筑呈八角形，顶部是一个镀金的圆顶。下层墙壁上覆盖着精心设计的大理石，上层墙壁上铺着来自波斯卡尚的几何和花卉图案的瓷砖。建筑的中心安放着圣石。在穆斯林的传统中，这个地方被认为是世界的中心，也是真主在审判日的宝座所在。岩石上有一个凹痕，穆斯林传统认为这是穆罕默德夜行登霄时留下的脚印。圆顶清真寺是穆斯林朝圣地，而阿克萨清真寺是祈祷中心，可容纳 5000 名信徒。从圆顶清真寺和阿克萨清真寺的多次翻修中恢复的许多特色建筑，都在紧邻清真寺的伊斯兰博物馆中展出。在阿克萨清真寺下面是希律王时代建造的双门，通往圣殿山。在东南角下面还有一系列拱门支撑着上面的平台，这里被称为"所罗门马厩"，但是它们的年代并不是所罗门时代，而是希律时代，在十字军时代它们被用来养马。

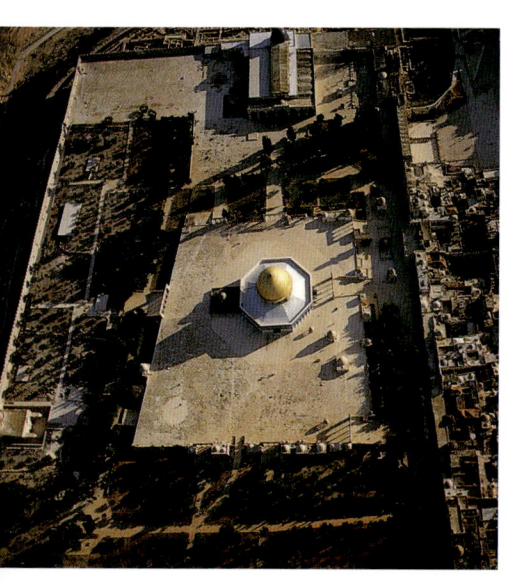

圣殿山占老城面积的 1/6。事实上，它与希律王为第二圣殿建造的圣殿平台是同一个地方，而第二圣殿又与所罗门第一圣殿建在同一位置。圆顶清真寺位于另一个较小的平台之上，阿克萨清真寺则位于圣殿山的南部。东部和北部则是花园。

从西南方看到的圆顶清真寺。紧挨着圆顶清真寺有3个较小的圆顶，对整体建筑起到补充作用。西北面的八面体建筑是先知登霄圆顶，它旁边是较小的露天的先知圆顶，在圆顶清真寺的东面是铁链圆顶。

圆顶清真寺

圆顶清真寺主宰着耶路撒冷的天际线。它是伊斯兰建筑的最佳范例之一，由倭马亚王朝哈里发阿卜杜勒－马利克（Abd-al-Malik）在691—692年建造，代表了伊斯兰教在圣城的胜利。它位于圣殿山的最高点上，位于所罗门圣殿曾经可能存在的地方。它是作为圣石的圣地而建造的，人们认为先知穆罕默德就是从那里登霄的。因此，它的目的是作为一个朝圣的地方，而不是作为一个定期礼拜的清真寺。该建筑的结构来自基于几何原理的独特设计。它的内部光线充足，空间开阔。柱子的排列十分讲究，从任何一个视角看去，一根柱子都不会挡住另一根柱子。虽然基本结构保持不变，但每一个继任的穆斯林王朝都试图对其进行一系列翻新，只有少数内部的马赛克装饰可以追溯到其最初的建造年代。

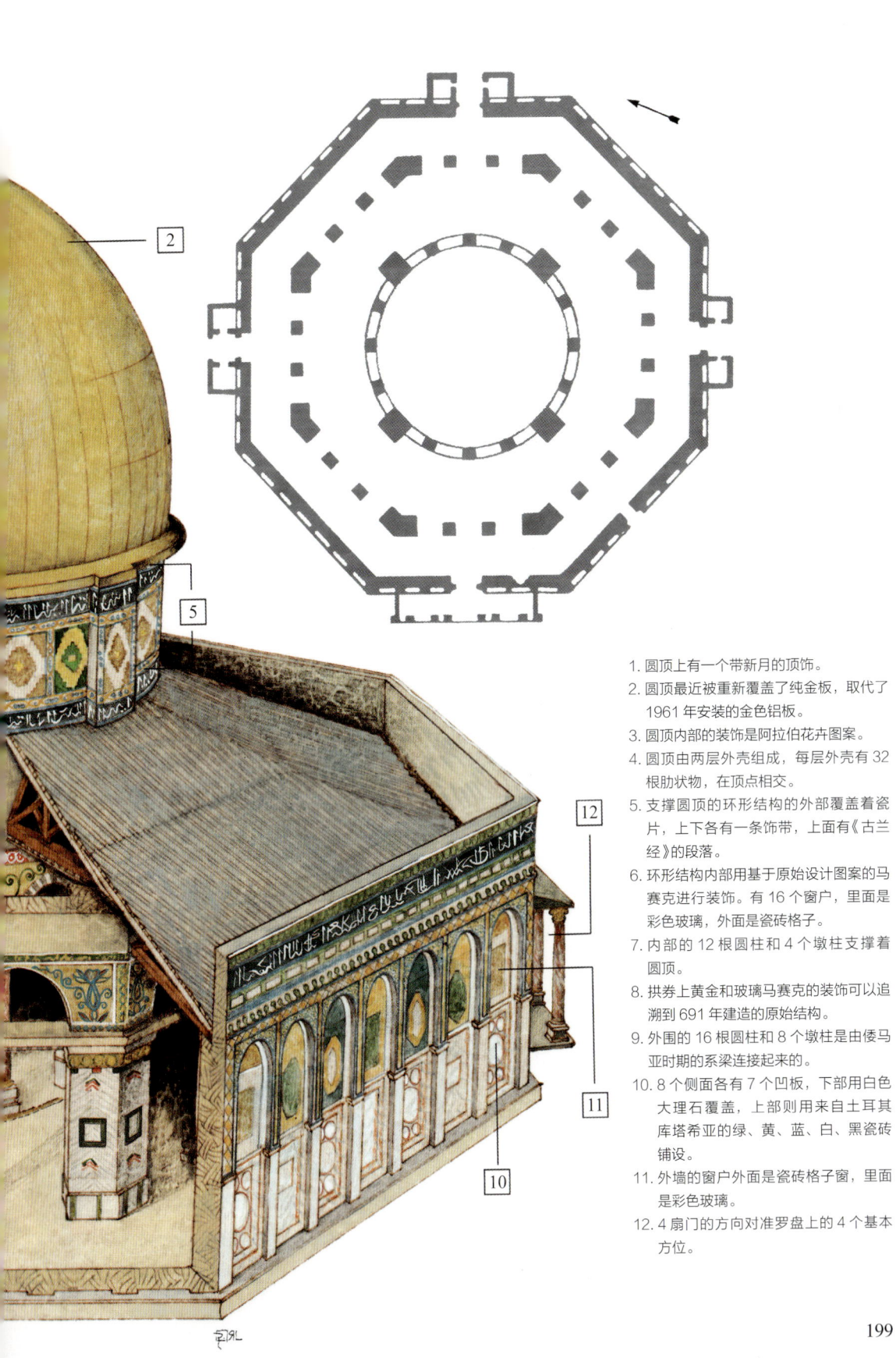

1. 圆顶上有一个带新月的顶饰。
2. 圆顶最近被重新覆盖了纯金板，取代了1961年安装的金色铝板。
3. 圆顶内部的装饰是阿拉伯花卉图案。
4. 圆顶由两层外壳组成，每层外壳有32根肋状物，在顶点相交。
5. 支撑圆顶的环形结构的外部覆盖着瓷片，上下各有一条饰带，上面有《古兰经》的段落。
6. 环形结构内部用基于原始设计图案的马赛克进行装饰。有16个窗户，里面是彩色玻璃，外面是瓷砖格子。
7. 内部的12根圆柱和4个墩柱支撑着圆顶。
8. 拱券上黄金和玻璃马赛克的装饰可以追溯到691年建造的原始结构。
9. 外围的16根圆柱和8个墩柱是由倭马亚时期的系梁连接起来的。
10. 8个侧面各有7个凹板，下部用白色大理石覆盖，上部则用来自土耳其库塔希亚的绿、黄、蓝、白、黑瓷砖铺设。
11. 外墙的窗户外面是瓷砖格子窗，里面是彩色玻璃。
12. 4扇门的方向对准罗盘上的4个基本方位。

199

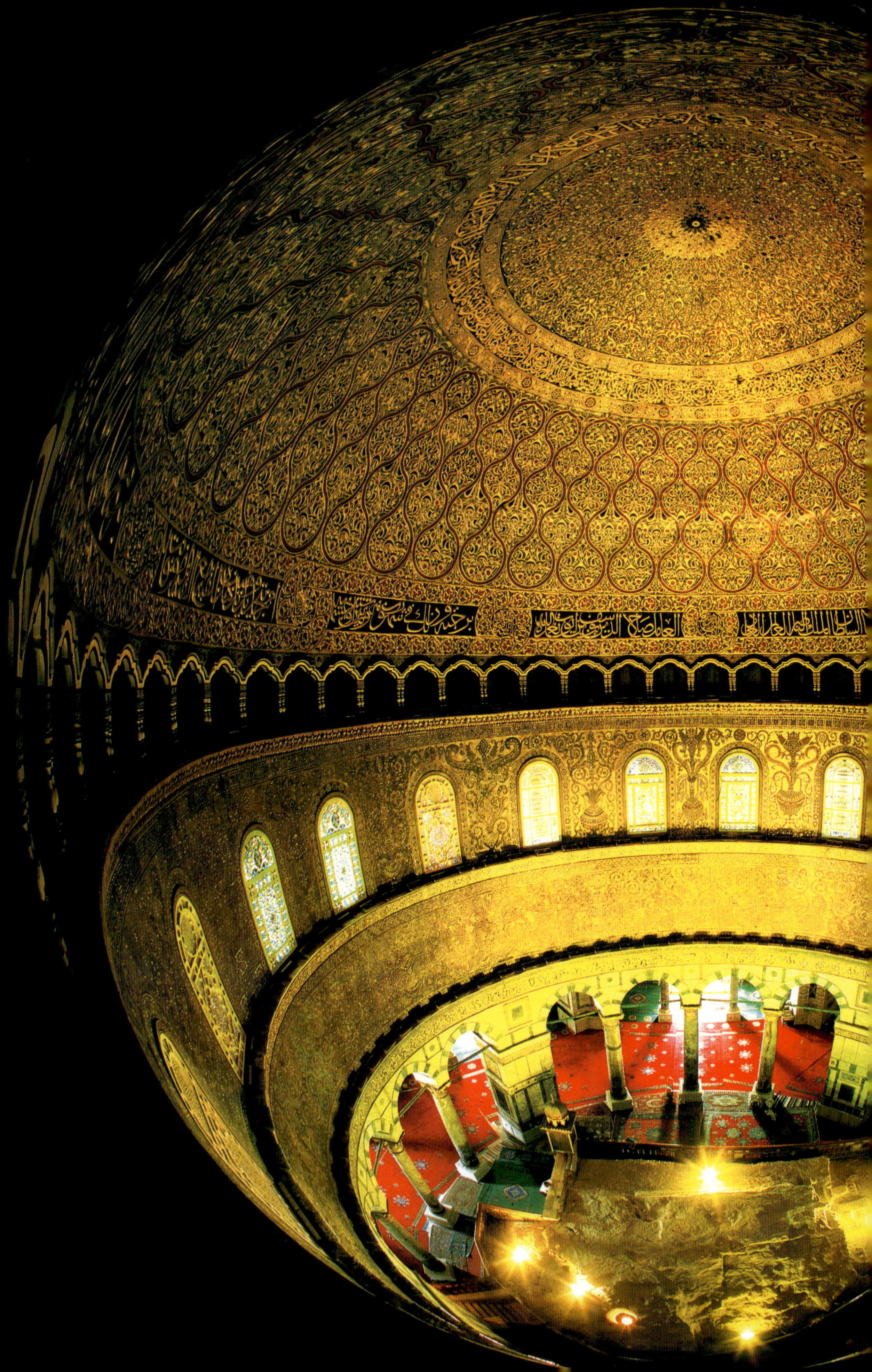

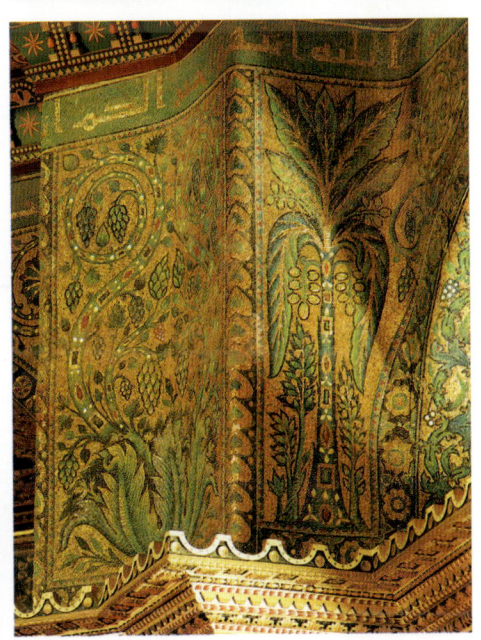

圆顶由环形结构支撑着，而环形结构又由一圈柱子支撑。圆顶内部紧挨着一条木质长廊，圆顶上绘着金色、红色、白色和绿色的阿拉伯式图案。环绕圆顶的圆带包含了《古兰经》中的经文。圆顶清真寺坐落在圣石所在之处。

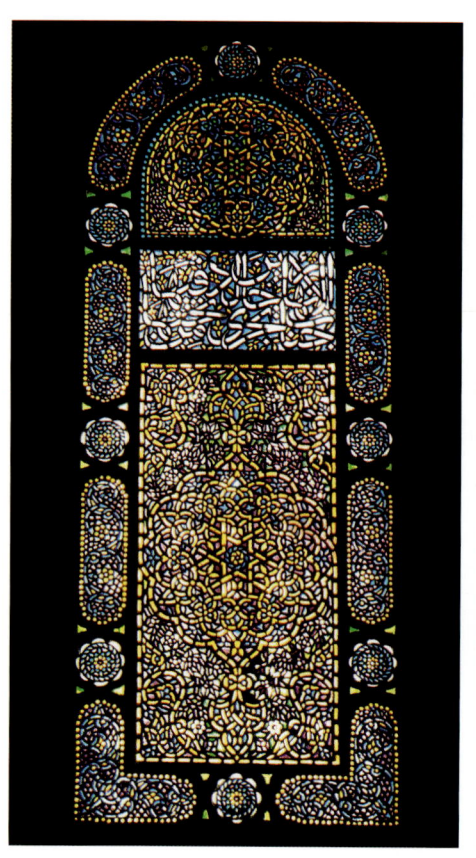

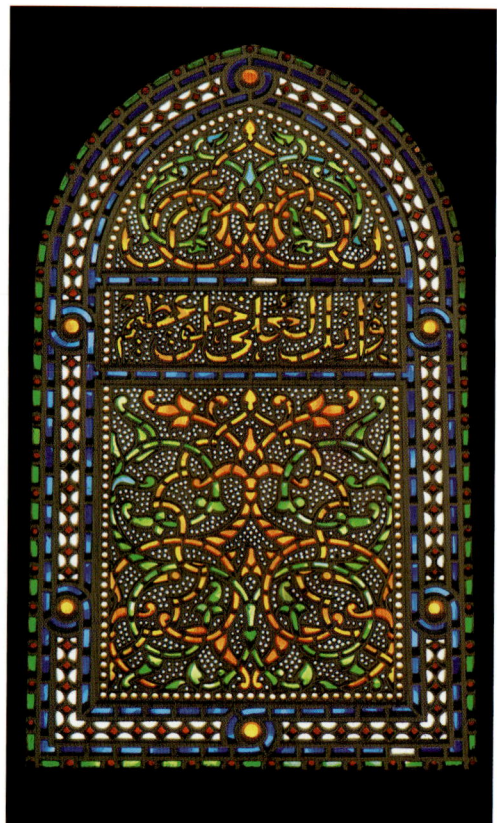

本页图 圆顶清真寺的内部是由两组柱子分隔的3个回廊组成。上面的拱券装饰着可以追溯到建寺之初的玻璃马赛克。外侧的墙上装饰彩色玻璃。内厅的拱廊由4个墩柱和12根圆柱组成,支撑着环形结构,而环形结构又支撑着圆顶。圣龛被镀金的栅栏包围,圣龛里存放着先知的遗物。

下页图 外侧回廊与中间回廊被8个墩柱和16根圆柱隔开,这些柱子都是用精美的大理石制成。圆顶清真寺的地板全部都铺着昂贵的手工地毯。

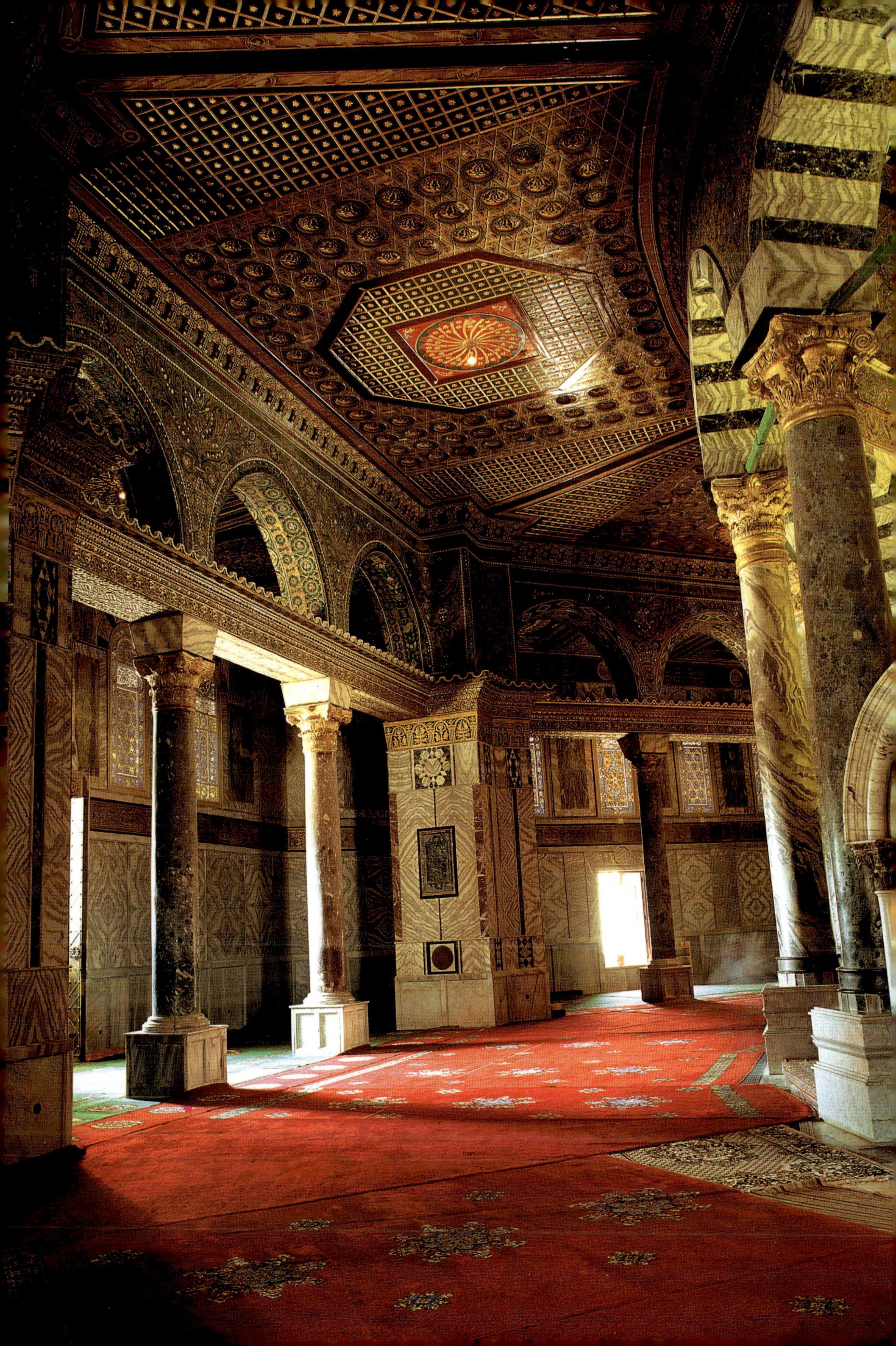

圣地的历史巡礼

复仇女神的狮鹫怪兽格里芬和命运之轮的大理石雕像,发现于埃雷兹(Erez),上边刻着希腊铭文"(塞琉古时代)522年,我,墨丘利,亚历山大的(儿子),在做牧师时设立了(这个雕像)"。(以色列博物馆)

巴阿姆,加利利的犹太会堂 207	多珥,腓尼基港口 244
蒙特福特,条顿骑士团的城堡 208	恺撒利亚,罗马帝国的骄傲 247
阿卡,通往圣地的门户 211	贝尔沃,约旦河上的城堡 255
萨法德和梅隆,神秘之地 220	伯珊,罗马帝国辉煌的见证者 261
迦百农,福音的见证地 223	贝特阿尔法以及壮丽的马赛克图案 268
太巴列,《塔木德》的诞生地 225	伯利恒,耶稣的诞生地 270
塞弗里斯,加利利的首府 228	希律堡,希律王的宫廷堡垒 272
拿撒勒、他泊山、迦南和塔布加,基督徒的精神家园 230	库姆兰和《死海古卷》 276
	马萨达,死海边上的堡垒 280
贝特舍阿里姆,迷宫般的地下墓穴 232	阿夫达特、马姆希特和希夫塔:沙漠中的纳巴泰人城市 293
米吉多,世界末日之城 236	

巴阿姆的这座庄严的犹太会堂是一座典型的 4 世纪犹太会堂建筑。其平面布局设计源自于古希腊的议会大厅。很难确定第一批犹太会堂何时建立，但在马萨达和希律堡挖掘出公元前 1 世纪末的此类遗址。建筑物外部的雕刻装饰说明了犹太会堂对城镇和村庄的重要性，是他们社区和宗教生活的中心。

巴阿姆，加利利的犹太会堂

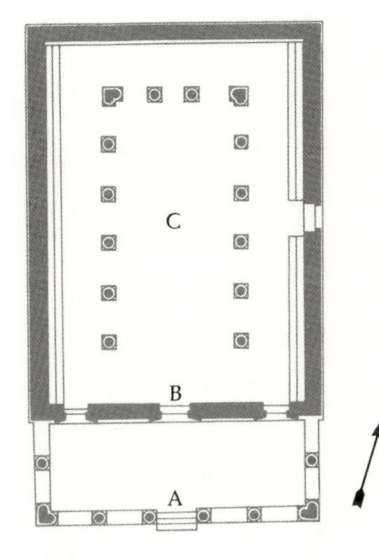

A 门廊
B 正门
C 祈祷厅

在上加利利的巴阿姆，我们可以看到一座犹太会堂的废墟，据说是由著名的拉比西缅·巴尔·约海（Simeon bar Yochai）所建。外墙保存得很好，甚至可以发现二楼的痕迹。该建筑面向耶路撒冷，有8根柱子组成的门廊，前面6根，两边各1根。3个入口都有相当多的装饰。中央入口大门上有门楣和拱券，它最初的装饰是希腊胜利女神形象，但被故意破坏了，也许是愤怒的宗教狂热者认为犹太会堂不应该使用异教形象做装饰。两个较小的入口处都有门楣装饰，一个是螺旋形的绳索设计，另一个是叶子图案。教堂的内部有3条过道，排列着两列柱子。地板没有使用马赛克，而是铺了石板。内部装饰使用了石雕，人们发现了狮头雕像的遗迹，还发现了一块刻有树叶、贝壳和几何图案的石板。在村子外面有另外一座犹太会堂。根据16世纪的游记，原来的3个门洞中的两个当时仍然存在，但到了19世纪，只有1个门洞幸存下来。

蒙特福特，
条顿骑士团的城堡

蒙特福特（Montfort，意为山堡）是以色列最美丽的十字军城堡之一，但作为一个据点，它依靠的是它的位置而不是防御工事的强度。1226 年，条顿骑士团在远离主要道路 183 米的狭窄山脊上建造了这座城堡，它被比作"刺进加利利绿色山峦的巨大船首"。显然，选择这个与世隔绝的位置作为条顿教团的总部，是为了保存他们的档案，储存财宝，或许单纯是为了找一个隐秘的据点。这座城堡很可能是从米里亚（Mi'iliya）的封地买来的，然后按照条顿骑士团的规格进行重建，条顿骑士团将其更名为斯塔肯贝格（Starkenberg），即德语中的"山堡"。在它的东端，一条在岩石中凿开的深渠或壕沟把城堡与山脊的其余部分切断。该地长约 110 米，宽不超过 30.5 米，城堡的规模小，不能容纳大量守军，所以战略价值有限。人们在西边发现了一系列防御墙，最外边是一堵 9.8 米高的护墙。同时发现的还有 3 扇大门的遗迹。主入口在西北方向，面对着通往阿卡的道路。这个门被完整保留了下来，可以通往一座 3 层塔楼。在城堡西端发现的两个拱顶房间是城堡主的地下室住所，也是礼厅。一个被毁坏的房间里的彩色玻璃碎片表明这里曾经是礼拜堂。再往东走是厨房和骑士们的住所。在附近还发现了一个葡萄榨汁机和一个煅炉。堡垒建在遗址的东端，俯瞰沟渠上的吊桥。显然，这个堡垒是在蒙特福特建造的第一个建筑，因为它的石料质量比堡垒的其他部分都要好，而且它可以追溯到罗马时代。堡垒下面的河流被一个水坝挡住了，河岸上有遗迹证明曾经存在一栋两层的建筑，可能是磨面作坊，后来成为朝圣者的住处。1266 年，城堡被拜巴尔的穆斯林军队攻击，但这次围

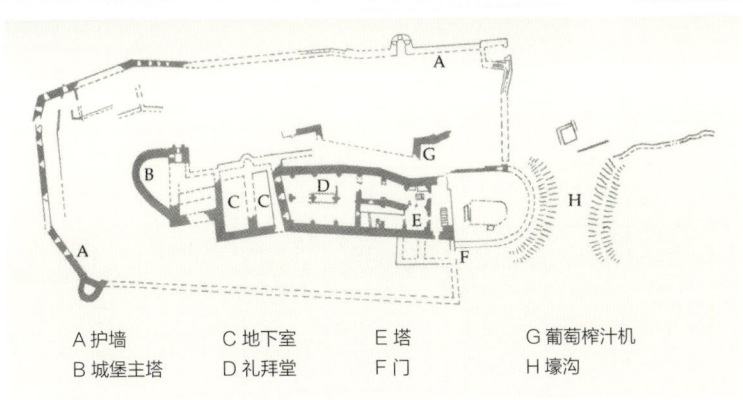

A 护墙	C 地下室	E 塔	G 葡萄榨汁机
B 城堡主塔	D 礼拜堂	F 门	H 壕沟

跨页图和右下图 蒙特福特城堡遗址位于北加利利山区的一个狭窄的山脊上，由条顿骑士团于1226年建造。尽管它有优越的防守位置，但场地本身过于狭窄，无法容纳大量的防御力量。它一直算是条顿骑士团从阿卡撤退的据点。

右上图 在蒙特福特的废墟中发现的石头雕像，可能是从横梁上拆下来的。1271年城堡被攻占后，拜巴尔的军队破坏了城墙，使该城堡无法再使用。

攻以失败告终。城堡还是没有躲过5年后的另一次攻击。当时南边的城墙被破坏，城堡的内围墙被占领，骑士们在堡垒中抵抗一周之后，认识到任何防御都是徒劳，所以他们投降了。他们被允许带着财宝撤退到阿卡。虽然城堡没能够幸存下来，但至少有很多宝贵的资料告诉了我们十字军在加利利的活动。

上图　阿卡的沿海城墙，由奥斯曼帝国的扎希尔·欧麦尔帕夏于 18 世纪末在十字军留下的城墙遗址之上建造，1799 年成功抵挡了拿破仑部队的进攻。

左下图　阿卡坐落在唯一的天然海湾的北端，曾是圣地的主要港口。后来恺撒利亚的人工港口建成后，它的重要性减弱。

右下图　十字军时期的柱头石雕的一个部件。因为奥斯曼帝国的重建覆盖了十字军的建筑，十字军在阿卡留下的遗迹不多。

阿卡，通往圣地的门户

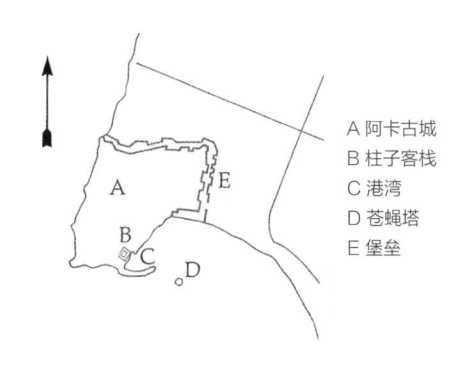

A 阿卡古城
B 柱子客栈
C 港湾
D 苍蝇塔
E 堡垒

阿卡（Acre 或 Acco），长期以来一直被认为是通往圣地的必经之路，它拥有地中海沿岸为数不多的安全港口，守卫着通往中部宽阔平原的通道。埃及的诅咒祷文首次提到阿卡时认为它是威胁埃及统治的地方国家之一。自古以来，它作为一个重要的沿海城市出现，一次又一次被征服。它曾被埃及的图特摩斯三世占领，《阿玛纳信件》中也经常提到它。埃及法老拉美西斯二世对它的征服在卡纳克神庙的一幅浮雕中得到了印证。在《圣经·士师记》中，阿卡起先是未被亚设打败的城市。随后在大卫时代，以色列人声称其领土北至推罗，这无疑包括阿卡。它一直是腓尼基人的重要城市，直到公元前336年亚历山大大帝占领该城。在托勒密二世的统治下，阿卡成了一个半独立的国家，并更名为托勒密。66—70年，罗马人镇压第一次犹太人起义的主要战场就在阿卡。根据罗马犹太历史学家弗拉维乌斯·约瑟夫斯的说法，当时该城2000名犹太人遭到屠杀。《新约》中也提到该城是保罗第三次航行时到过的地方。636年，该港口被阿拉伯人占领，其名称又改回阿卡。1104年，鲍德温一世领导的十字军成功地围攻了该城，并将港口更名为圣让·达卡（St. Jean d'Acre）。然而，十字军在1187年将该城输给了萨拉丁，直到1191年第三次十字军东征时才重新夺回。在这中间，该城一直在穆斯林手中。阿卡不仅仅是教士、骑士和朝圣者的城市，它的贸易地位尤为重要。意大利城邦威尼斯、热那亚和比萨之间的抢夺使阿卡各种宗教团体产生了分歧。这些冲突最终爆发为几起公开的战争事件。1291年，阿卡被马穆鲁克人占领。在此之前，它一直掌握在基督教徒手中，整整一个世纪，它都是耶路撒冷拉丁王国的首都。阿卡此后逐渐衰落，直到18世纪后期，奥斯曼帝国时期的统治者扎希尔·欧麦尔（1750—1775年在位）重建了城墙，贾扎尔帕夏（1775—1804年在位）建造了大清真寺和土耳其浴室。1799年，贾扎尔在英国人的帮助下打破了拿破仑的围困，阻止了法国人北进。阿卡古城实际上位于纳曼（Na'aman）河北岸的一个土丘上，这里发掘的遗迹至少可以追溯到公元前2200年到公元前2世纪末。

阿卡古城的南边是港口，右侧中央是白色清真寺的灰色圆顶。从右到左分别是商人客栈（Khan esh-Shawarda）、法兰克客栈（Khan al-Faranj）和柱子客栈（Khan al-Umdan）。

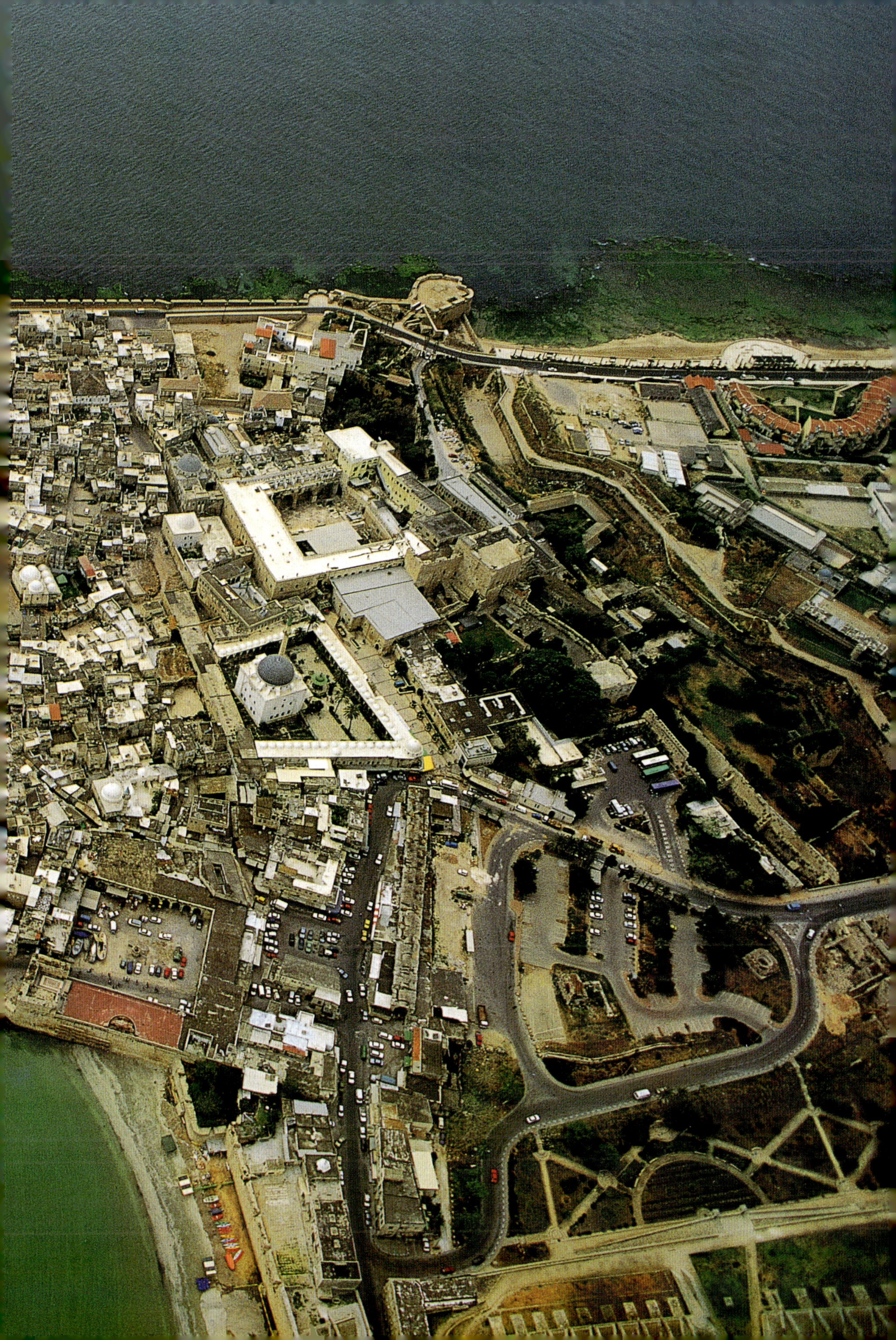

阿卡古城，建立在十字军建筑废墟之上的奥斯曼帝国之城

如图所示，奥斯曼帝国时期的阿卡港建立在十字军时期的建筑的基础或废址之上。1104年5月十字军围攻阿卡，20天后攻下。1187—1191年该城又落入萨拉丁的手中。十字军时期，阿卡被划分为不同的区域，由圣地的骑士团以及威尼斯、热那亚和比萨等意大利城邦的商人共同管理。1291年，马穆鲁克人夺回了这座城市，并故意对其进行破坏，以防止十字军重新占领。在18世纪中期扎希尔·欧麦尔和贾扎尔帕夏重建之前，阿卡基本上处于废墟中。

1. 城墙是在十字军建筑的废墟之上建造的。
2. 十字军的堡垒就建在这一位置上,用来保卫国王塔。正是在这里,马穆鲁克终于突破了十字军的防御工事。
3. 十字军的德国区是最后建造并位于宗主教区域（Patriarchate Quarter）北部的地区之一。
4. 陆门（Land Gate）提供了从陆地进入城市的主要通道。
5. 商人客栈是当今老城最大的客栈。
6. 在这个以前由圣十字大教堂占据的地区,今天矗立着由贾扎尔帕夏于1781年建造的白色清真寺。
7. 这个叫el-Bosta的地方是6个平行的地下大厅,可能是法蒂玛王朝时期大型客栈的一部分。
8. 医院骑士团区有十字军骑士团的医院,可能由一个阿拉伯商队客栈改造而来。
9. 今天可以在奥斯曼城堡下看到医院的食堂,也被称为"圣约翰地窖"（The Crypt of St. John）。
10. 1104年,作为对热那亚人帮助攻占城市的奖励,划地给他们建了热那亚区。
11. 圣殿骑士区的城堡,奥斯曼帝国用它的石头重建城墙时,这座城堡被彻底摧毁。
12. 比萨区始建于1168年,其中心是谷仓客栈（Khan al-Shuna）。
13. 柱子客栈可能是在十字军法院原址上建立的。
14. 阿卡是一个天然锚地,可追溯到希腊时期,防波堤建设进一步保护了它。在十字军时期,为了限制进入港口,人们从塔上拉出一条链子把内港围起来。
15. 法兰克客栈如今是威尼斯区中央广场的一部分。

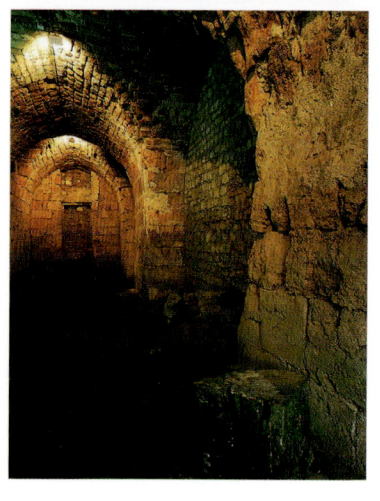

阿卡最重要的一些十字军建筑是在旧政府医院的地下发现的。医院骑士团的食堂可以追溯到1148年左右。在挖掘之初,这个地方堆满了土石。奥斯曼时代的建筑覆盖了十字军建筑。这些建筑现在是公共博物馆的一部分。

那时候，城市的主要中心转移到了港口。在十字军时期，阿卡被各军事组织瓜分：中心是医院骑士团，南部是圣殿骑士团，东部是条顿骑士团，北部是圣拉撒路骑士团。南部海岸分布着威尼斯、热那亚和比萨商队的聚居区。在十字军时代，这座城市比今天的老城区大得多。十字军时期的城墙大部分已经被新的建筑覆盖，北部和东部的现存城墙是由贾扎尔帕夏所建。北面的土耳其城堡现在是老城区最引人注目的建筑。在英国委任统治时期，它被用作监狱，至今仍保存着英国人处决犹太地下战士的房间。人们在废旧政府医院的地下发现了医院骑士团的食堂，可以追溯到大约1148年。许多十字军建筑在奥斯曼帝国时期被填埋。此外，还发现了十字军之前的地下通道，向北通往城墙，向南通往港口。在靠近食堂的地方，还有6个平行的地下大厅，被称作el-Bosta，可以追溯到11或12世纪，可能是法蒂玛王朝时期客栈（Khan）[1]的遗迹，被十字军作为医务室重新使用，天花板是按照欧洲风格重建的。贾扎尔清真寺于1781年由贾扎尔帕夏建造，可能位于十字军圣十字（Santa Croce）教堂的地基之上。院子里的罗马柱来自恺撒利亚的废墟。土耳其浴室（Hamman el-Basha，直译为帕夏浴室）也是由贾扎尔建造的，现在是一个博物馆。

仔细观察食堂的托梁，隐约可以看到百合花的图案。这种由3片长花瓣组成的百合花图案，是法国王室盾形徽章的一部分。

直到20世纪初，阿卡一直是进入巴勒斯坦的主要门户，所以港口附近修建了客栈供商人及所携牲畜留宿。东南角的"商人客栈"有一座可以追溯到13世纪的塔。南面的"法兰克客栈"是十字军时代威尼斯区的中心，其东北角有18世纪的方济各会教堂。"柱子客栈"的土耳其钟楼建于1906年，该地段当时是热那亚

1　Khan，来源于中古波斯语，指商队驿站，该词随奥斯曼帝国的扩张而在中亚和部分东欧地区传播开来。

区的一部分。南边的大部分建筑都是十字军时代的。现在的阿布·克里斯托（Abu Cristo）咖啡馆建在十字军建筑原址之上，是过去比萨区所属的港口所在地。东边是苍蝇塔，可以看到水面上的一部分。阿卡曾经是通往圣地的主要港口，而现在只有小渔船出没。

左图 贾扎尔帕夏在阿卡建造的白色清真寺，外观呈白色，现在是以色列第三大清真寺，也是除阿克萨清真寺之外最重要的清真寺，是整个国家北部的精神中心。

右上图 精美的大理石镶嵌工艺是奥斯曼帝国后期建筑的特点。这一时期只使用有几何形状的装饰。

跨页图 清真寺的内部因白色的装饰和穹窗提供的充足光线而变得明亮宽敞。

上图 柱子客栈原本是十字军时期热那亚区的一部分。土耳其钟楼建于1906年，与此时整个奥斯曼帝国建造的许多其他钟楼相似。

萨法德和梅隆，神秘之地

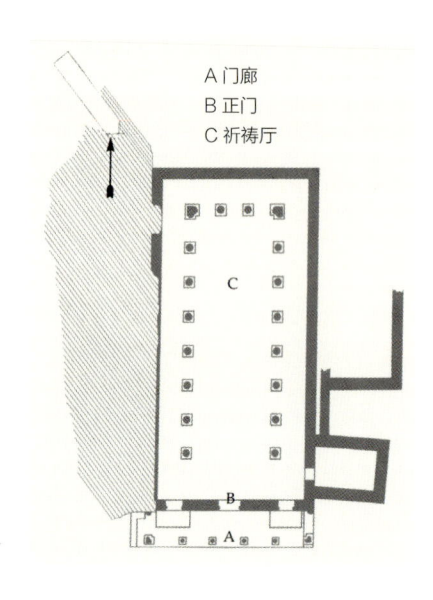

A 门廊
B 正门
C 祈祷厅

左下图　3世纪末建于梅隆的巴西利卡式犹太会堂只剩下外墙3个门洞。

右下图　以拉比约瑟夫·卡罗命名的犹太会堂的内部。此人是犹太教仪式和法律书籍《布就筵席》的作者。

　　萨法德是犹太人在圣地的4个古圣城之一，其他3个分别是太巴列、希伯伦和耶路撒冷。根据《塔木德》（犹太人的律法书），第二圣殿时期，人们在一座名为萨法德的山点火宣布每个月的开始和节日的开始。尽管萨法德是公元70年逃离耶路撒冷的祭司的定居点，但直到1140年十字军堡垒在这里建成后，它才成为一个重要的地点。萨拉丁在1188年征服了萨法德，但它在1240年又被十字军夺回。马穆鲁克人在1266年获得了该堡垒，并进一步加固。从这一时期开始，萨法德逐渐成为犹太教学问的中心。到15世纪末，由于接收了大量从西班牙宗教裁判所来的犹太难民，萨法德成为一个贸易中心。不论当时还是现在，萨法德都是犹太神秘主义的中心。它是拉比约瑟夫·卡罗（Joseph Caro）的故乡。约瑟夫·卡罗是16世纪犹太教仪式和法律汇编《布就筵席》（*Shulhan Arukh*）的作者。如今，这里仍有两座可以追溯到那个时期的犹太会堂。犹太神秘主义卡巴拉教的主要解释者拉比以撒·卢里亚（Isaac Luria，被称为"Ha-

左图　萨法德的阿什肯纳齐阿里（Ashkenazi Ari）犹太会堂中精心制作的妥拉柜（Ark或Torah Ark，藏经柜）。这座犹太会堂原建于16世纪，1837年地震后被重建。（Ashkenazi指德系犹太人，该会堂为纪念以撒·卢里亚，即Ari而建，后来为德系犹太人哈西德派社区服务。Ari的父亲也是德系犹太人。）

右图　萨法德拉比以撒·阿波布（Isaac Aboab）的犹太会堂的内部。1492年，当犹太人被驱逐出西班牙时，这个城市为许多学者提供庇护，成为最引人注目的文化中心之一。

Ari"，即"狮子"）曾在萨法德生活和授课。萨法德也是圣地第一个希伯来语印刷厂的所在地（由阿什肯纳齐兄弟在1563年建立）。17世纪，萨法德有300名拉比学者、18所宗教学校、21座犹太会堂，以及1200名依靠慈善救济生活的穷人。17世纪末以后，由于1747年的流行病和1759年的大地震，该社区开始衰落。18世纪末，随着300名哈西德派（犹太教正统派）的定居，该镇重新开始繁荣。这300人包括两位拉比的追随者——以色列·本·埃利泽（Israel Ben Eliezer），即巴尔·谢姆·托夫（Ba'al shem Tov），以及以利亚·本·所罗门·扎尔曼（Elijah Ben Solomon Zalman），又被称为"维尔纳的阁翁"（the Gaon of Vilna）[1]。然而，萨法德在1837年的一次地震中被摧毁，当时房屋从陡峭的山坡上一个接一个地倒塌，4000名犹太人丧生。萨法德是篝火节的举办地点。在篝火节，人们要携带《妥拉》书卷[2]行走近9千米到梅隆（Meiron）。梅隆是神秘书籍《光辉之书》（Zohar）的作者西缅·巴尔·约海拉比及其子埃利泽（Eliezer）的家。他们的埋葬地已成为犹太人朝圣的一个重要中心。这里最早的定居痕迹可以追溯到公元前200年，约瑟夫提到66年梅隆是设防村庄之一。该村在3世纪才成为一个重要的定居点，当时它是橄榄油生产中心，人们在这里发现橄榄油所需木桶的制桶作坊遗址。橄榄油是上加利利地区的著名产品。此外，在梅隆还有一座建于3世纪末的犹太会堂的废墟，它的外墙仍在，正门的门楣已经开裂，似乎随时都有可能倒下。有一种说法是，如果门楣倒下，则标志着弥赛亚即将到来。

1　Gaon，希伯来语，意为"卓越"，7—13世纪成为对犹太法典学院主持的称号，这段时期也被称为阁翁时代。之后阁翁成为对学问渊博者的尊称。
2　即Torah，又称《摩西律法》或《摩西五经》，指希伯来文《圣经》最初的五部经典，即《旧约》前五卷。

跨页图 迦百农的古犹太会堂，旁边的八角屋顶遮盖着拜占庭时期基督教堂的遗址。

下图 在犹太会堂的挖掘中发现了这根石梁，横梁浮雕的主题是约柜。贝壳图案在古代犹太宗教艺术中很常见。

迦百农，福音的见证地

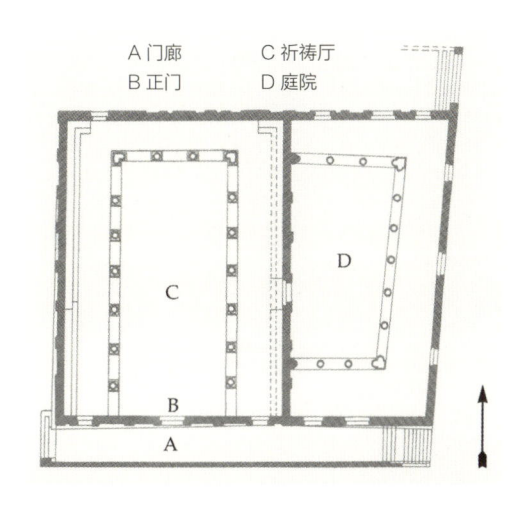

A 门廊　C 祈祷厅
B 正门　D 庭院

迦百农是耶稣在加利利传教的中心。它在希伯来语中被称为"那鸿的村庄"（Kfar Nahum）。迦百农今天还保存了一个犹太会堂的遗址。这个叫迦百农的村子位于加利利海的西北岸，至少可以追溯到公元前 13 世纪，而且一直没有修建防御工事。耶稣的门徒彼得和安德鲁在迦百农安家。这个大村庄的遗迹已被部分挖掘出来。人们在村庄的南部发现了一个八角形基督教堂的遗迹，可追溯到 5 世纪。它是在一座房屋的废墟上建造的，据说原址是 1 世纪的圣彼得的房屋。这座宽敞的房子原来建在靠近湖岸的地方，在基督死后不到几十年，这里有一间屋子特意留出来作为纪念和表示崇敬。到了 4 世纪末，它成为朝圣者的家庭教堂（domus ecclesia），铺着灰泥路面，墙上也用彩色石膏进行装饰。一个世纪之后，一个八角形的教堂取代了原来的家庭教堂。它的平面图是两个同心八边形，其中五边修建有门廊。构成内八边形的 8 根方柱支撑着一个圆顶，这是圣地宗教场所常见的建筑特征。迦百农的犹太会堂可能建于 4 世纪末，尽管最初的建筑或可追溯到 2 世纪或 3 世纪。《路加福音》第 7 章第 5 节中提到了罗马百夫长所建的会堂，很可能也在同一地点。会堂分为三部分，前面有一个门廊，一个有 3 个入口的长方形中央大厅，东边还有一个空间作为学习厅。犹太会堂由白色石灰石建成，这在一个房屋由黑色玄武岩建造的村庄里无疑非常惹人注目。

在犹太会堂发掘中发现的雕刻有五枝烛台的科林斯式柱头。

左上图　位于加利利海西岸的太巴列，在冬春两季是受人欢迎的度假胜地。

右上图　太巴列的城墙是在奥斯曼帝国总督易卜拉欣帕夏统治期间于1833年重建的。当时，该镇有大量的犹太人。

下图　太巴列镇的考古园，为了展示考古发现和提供游学考察而建造。

太巴列,《塔木德》的诞生地

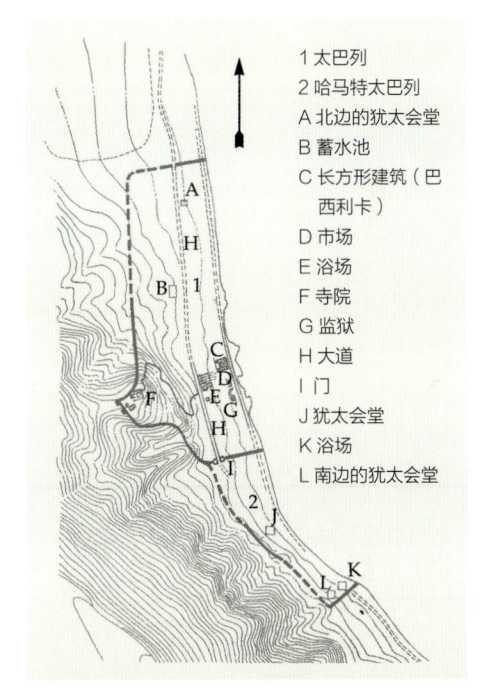

太巴列是犹太人的一个重要城市,因为犹太人的律法书《塔木德》的大部分内容就是在这里写成的。它在耶稣时代也是一个重要的城市。《新约·约翰福音》第6章第1节和第21章第1节称加利利海(湖)为太巴列海。该城距离迦百农只有不到14千米,耶稣很可能经常从该城经过。太巴列是由大希律王的儿子希律·安提帕斯建立的,当时他把加利利的首府从塞弗里斯(Sepphoris)迁到了这里。与太巴列的主要中心相邻的哈马特太巴列,不仅是一个休闲场所,也是两个重要犹太会堂的所在地。低于海平面的太巴列夏天湿热,冬天气候比较宜人。罗马时代的太巴列城的边界,从建在贝里尼西(Berenice)山上、比湖面高198米的安提帕斯王宫,一直延伸到湖岸的狭长地带。城市的南大门非常宏伟,由两个圆形的塔楼组成,正对横穿整个城市的南北大道。大道上的部分遗迹已经挖了出来,包括一个有马赛克装饰的澡堂,一个有屋顶的市场,以及一个罗马式巴西利卡。根据犹太文献记载,太巴列有13座犹太会堂。人们在古城北部的卡多河上游发现了一座犹太会堂的废墟。在贝里尼西山脚下发现了一座大房子,可追溯到200年,至少到8世纪中期还有人居住。这座房子可能是巴勒斯坦《塔木德》的主要作者之一拉比约哈南(Johanan)的学经堂(*beit Midrash*)。古城的南部有一眼泉水,即哈马特太巴列温泉(哈马特即hammat,源自hammath,在希伯来语

1 太巴列
2 哈马特太巴列
A 北边的犹太会堂
B 蓄水池
C 长方形建筑(巴西利卡)
D 市场
E 浴场
F 寺院
G 监狱
H 大道
I 门
J 犹太会堂
K 浴场
L 南边的犹太会堂

在哈马特太巴列的发掘中发现的七枝烛台石雕,可追溯到3世纪。顶部的小凹槽可能是用于放置小油灯。(以色列博物馆)

中意为温泉）。这里已经发现了两座犹太会堂，南边的那座有一幅壮丽的马赛克图案。这座犹太会堂第1层可以追溯到1世纪，第3层可以追溯到8世纪。正是在可以追溯到4世纪的第2层发现了地板上的马赛克图案。与其他加利利会堂不同的是，该会堂比较宽，3排柱子将教堂划分为4个部分，由3块板组成的马赛克图案位于中部。底部板块上有这座犹太会堂创建人的名字，两边各有一只狮子。中间的板块包括一个由12个星座组成的圆，圆中心是太阳神赫利俄斯驾着战车的图案。遗憾的是，由于残余墙体堆积在马赛克上，它受到了一定程度的破坏。4个角落都有一个女性形象，各代表一个季节。马赛克最上面的主题是妥拉柜，它被拉到中间的帘幕遮挡着，两侧是7枝烛台和各种宗教物品。虽然黄道十二星座的主题与贝特阿尔法教堂非常相似，但这幅马赛克带有明显的希腊－罗马艺术风格。太巴列的另一座犹太会堂是按照有两排圆柱的古罗马长方形结构建造的，不幸的是，它的马赛克地板在8世纪中期几乎被完全摧毁。

来自哈马特太巴列的黄道十二宫镶嵌画。与会堂妥拉柜两侧的图案几乎一样，包括一个点燃的烛台、一根棕榈枝、一个香橼果、一个羊角号、一个香铲，所有这些圣殿中使用的物品。中间的部分由十二星座组成，每个星座的名字都用希伯来语书写。中间是太阳神赫利俄斯驾着马拉的战车。每个角落都有代表一年四季的女性形象。底部是两头咆哮的狮子，守护着希腊语铭文。

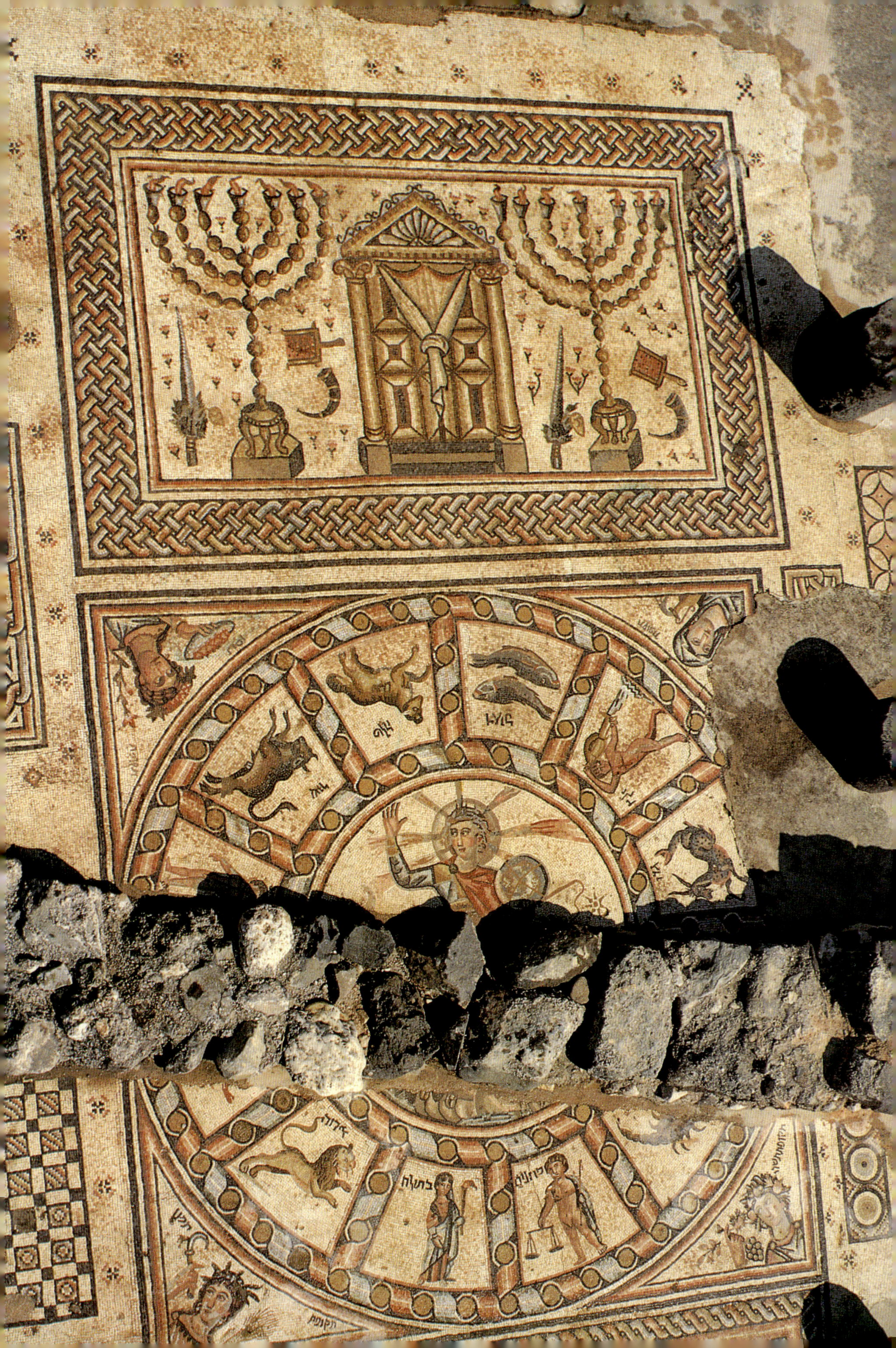
אריה
בתולה

塞弗里斯，加利利的首府

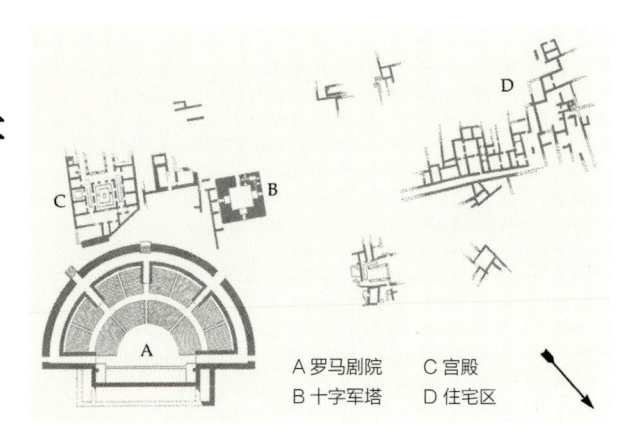

A 罗马剧院　C 宫殿
B 十字军塔　D 住宅区

　　在最近发现的马赛克地板中，最美的当属塞弗里斯的马赛克地板。这里最早的居住迹象可以追溯到公元前 8 世纪或前 7 世纪，后来因为它独一无二的地理位置而崛起，因为它俯瞰二条要道，一条是从阿卡海岸向东经过太巴列，另一条向南到纳布卢斯、耶路撒冷和希伯伦。在哈斯蒙尼时期以及希律时期，塞弗里斯是加利利的首府。只有在希律·安提帕斯统治时期（公元前 4 年至公元 39 年），首府才被移到太巴列。作为加利利的主要城市中心，它无疑为耶稣所熟知。在第二圣殿被毁和犹太人从耶路撒冷流亡之后，许多犹太人逃到了加利利。在长达 17 年的时间里，塞弗里斯是犹太人的高级法庭犹太公会的所在地，只有在其领导人犹大·哈纳西（Juddh ha-Nasi）拉比去世后，法庭才搬到太巴列。《米示拿》(*Mishnah*) 是犹太人口头律法的第一个版本，是由犹大·哈纳西在塞弗里斯编纂的。363 年，城镇被地震摧毁，后来只是部分恢复。它作为犹太人的一个中心一直持续到 5 世纪。到了 6 世纪，这里也有了大量的基督徒。十字军建立了堡垒，它的遗迹今天仍然存在。18 世纪后期，该镇被奥斯曼帝国的加利利总督重新加固。塞弗里斯的市政中心位于山顶。这里的罗马剧院遗址特别引人注目，它可以追溯到 1 世纪初，可以容纳大约 4500 名观众。剧院的南面是一座宫殿式豪宅，可能建于 3 世纪。这座大型建筑的中心是一个庄严的大厅，三面都是生活区，第四面是一个带装饰性水池的庭院。最令人印象深刻的发现是大厅里的马赛克地板。它以酒神狄俄尼索斯为主题，展示了这

以色列发现的最完整的罗马剧院之一，可以追溯到 1 世纪，容纳约 4500 名观众。

"加利利的蒙娜丽莎",来自塞弗里斯的宫殿,是以酒神狄俄尼索斯为主题的大型马赛克的一部分。

位希腊神生活中的各种场景,并记录了酒神崇拜的各种仪式。马赛克的中心是一个美丽女人的画像,被称为"加利利的蒙娜丽莎"。在363年的地震之后,这座建筑被废弃。再往西是塞弗里斯的住宅区,这里的房屋面向一条东南—西北方向的主要街道,通常为两层,有客厅、储藏室、厨房,底层有蓄水池。发掘出的大量犹太浴室证实了塞弗里斯是一个犹太人的社区。另一幅重要的马赛克图案可以追溯到拜占庭时期。人们在山脚下发现大石块建成的建筑物,边长达59米,其中就有这幅令人印象深刻的马赛克。它展示了尼罗河的各种场景。画面中有鱼、鸟等各种野生动物,手拿渔网的渔夫以及尼罗河水位计(即用来测量水位高度的有标记的柱子)。左上角是一个躺着的女性形象,她的篮子里装满了水果。对角是一个男性形象,中间是向亚历山大城行进的一队人马(画面显示了亚历山大城门的两座高塔)。马赛克的下半部分展示了各种狩猎场景,其中一个场景逼真地描绘了一头凶猛的狮子扑向公牛的情形。

229

拿撒勒、他泊山、迦南和塔布加，基督徒的精神家园

下页上图　拿撒勒，中心是报喜堂，远处可以看到圆形的他泊山山顶。

下页左下图　报喜堂的圣母领报洞。从365年起，这个地方先后建造了五座教堂。现代教堂的建筑师是意大利人乔瓦尼·穆齐奥（Giovanni Muzio）。

下页右下图　方济各会迦拿村的奇迹教堂地下室，纪念耶稣在婚宴上把水变成酒的地方。

拿撒勒镇是耶稣度过童年的地方，圣母马利亚大教堂是这个镇的中心。这座现代教堂于1968年建成，建在之前的教堂遗址之上。朝圣的修女艾格瑞亚（Egeria）在她384年的游记中记载，她被带到了马利亚居住过的山洞。最初的天使报喜堂相当小，长18米，据说原址本是个犹太会堂。十字军王子坦克雷德（Tancred）在1099年建造了一座天使报喜堂。这座教堂将原址的拜占庭教堂的大部分区域纳入其中，包括圣母领报洞。现在的教堂有五个雕刻精美的柱头，这些柱头是由法国艺术家为十字军教堂制作的，后为提防萨拉丁而被藏起。1620年，方济各会设法买下了该教堂的废墟。拿撒勒还有一座圣约瑟教堂。17世纪，人们认为教堂下面的一个洞穴是约瑟的作坊。在拜占庭时期，希腊正教会在报喜泉废墟上修建了圣加布里埃尔教堂。在加利利，两个地方声称是迦拿（Cana）村的遗址。耶稣在迦拿村的一个婚宴上把水变成酒，医好了迦百农贵族生病的儿子。对其中迦拿遗址（Khirbet Qana，Khirbet在阿拉伯语中意为"遗迹"）的考古调查表明，它在罗马时代是一个重要的村庄。另一个是距离拿撒勒只有不到7千米的迦拿村（Kfar kana）。从6世纪开始，就有关于某座迦拿村的教堂的记载，在17世纪，该教堂被用作清真寺。1641年，方济各会买下了清真寺旁边的房子。1879年，他们收购了整个房产，并建造了一座小教堂。后来，重建教堂挖掘地基时发现了可以追溯到3—4世纪的马赛克地板。1885年附近建造了一座希腊正教会教堂。他泊山在《圣经》中首次被提及是因为底波拉（Deborah）和巴拉（Barak）的

位于加利利海沿岸的塔布加的"面包和鱼"奇迹的马赛克图案，现在由建在拜占庭教堂原址上的现代教堂保存

军队在这里打败了迦南的夏琐王。在第一次犹太人起义期间，这里也是犹太人的一个据点。尽管《圣经》中没有提到确切的地点，人们认定他泊山是耶稣变容的地方（《马太福音》第17章第1—8节）。1924年，人们在拜占庭教堂的废墟上建造了一座现代大教堂。从这里俯瞰大地能唤起无限的思绪，因为壮观的景色一览无余，一直延伸到黑门山，向西则能看到拿撒勒、耶斯列谷和撒玛利亚的山脉。

贝特舍阿里姆，迷宫般的地下墓穴

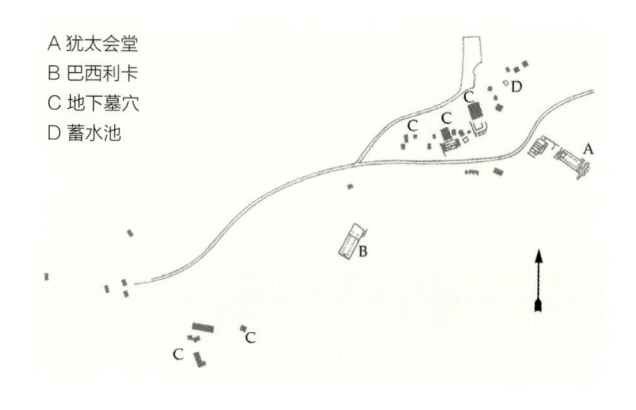

A 犹太会堂
B 巴西利卡
C 地下墓穴
D 蓄水池

贝特舍阿里姆（Beit She'arim，意为"多门之家"）的地下墓穴让我们了解到犹太人在公元70年被驱逐出耶路撒冷后的文化生活。离开耶路撒冷之后，很多人定居加利利。因为著名的拉比犹大·哈纳西，位于加利利南部耶斯列谷西边的贝特舍阿里姆镇在2世纪变得很有名，成为犹太公会的所在地。墓地不仅对加利利的犹太人很重要，而且对那些希望最后安息在圣地的散居犹太人也很重要。贝特舍阿里姆的墓室几乎都在地下墓穴中，由柔软的石灰岩切割而成。刻在软石棺材上的图案和文字为我们提供了一些关于犹太人宗教生活的重要线索。352年，由于犹太人反抗罗马统治者伽卢斯，贝特舍阿里姆被摧毁，这座墓园随之被废弃。在该镇的发掘中发现了一座按照标准的巴西利卡设计建造的犹太会堂。墙壁上挂的石

跨页图 几个石棺完好无损地保存了下来，沿着山坡挖出的坑道一字排开。

下图 鹰浮雕，鹰是3—4世纪犹太人使用的异教图案之一。

上页上图 贝特舍阿里姆的主墓穴。3个庄严的拱形入口让人想起了当时的犹太会堂建筑。

上页下图 雕刻在长方形底座上的七枝烛台是在地下墓穴中发现的珍贵文物之一。

本页图、下页图 贝特舍阿里姆石棺上的装饰图案分为几类。有些是代表犹太教的符号，如烛台、羊角号、棕榈枝、香橼果和香铲。另一个常见符号是象征妥拉柜的两根柱子。这些往往有民间艺术的原始风格。然而，许多石棺不仅有希腊化风格的装饰，而且还有包括牛头在内的异教符号。反对偶像崇拜的禁令在当时相当宽松，像两头狮子撕开公牛的头这样的形象似乎也是可以容忍的。

板用希腊文记载了教堂的资助者。一座被考古学家称为"巴西利卡"的大型建筑被认为是一座公共建筑，尽管它的具体功能尚不清楚。然而，贝特舍阿里姆如此吸引人是因为可以从墓穴本身、墓穴上的铭文以及装饰收集各种各样的信息。贝特舍阿里姆的地下墓穴位于该镇的山坡上。

很明显，该城的经济主要基于坟墓和埋葬服务。犹大·哈纳西就葬在这里，他的其他家庭成员和犹太公会的重要法官也埋葬在这里。由于犹太人被禁止进入耶路撒冷，贝特舍阿里姆成为圣地的替代性埋葬地。有证据表明，死者被从遥远的安提阿、巴比伦南部和阿拉伯南部运到这里的地下墓穴中安葬。由于运输费用不菲，只有非常富有的人或对其社区非常重要的人才能负担得起。有的安葬大厅比一层楼还高，入口也经过精心设计。如今还留存一些石门，进去就是豪华的庭院，可能是举办葬礼或追悼仪式的地方。从院子里可以进入地下墓穴。有些墓群规模非常大。例如，1 号墓穴是一个公共墓室，至少有 400 个墓位。20 号墓穴在贝特舍阿里姆的发掘中尤其令人印象深刻：沿着走廊和墓室排列着 130 多个石棺，其中许多石棺都装饰着当时犹太艺术的典型设计，七枝烛台、双门妥拉柜和妥拉柜两侧的柱子。其他常见的是与犹太教主要节日有关的图案。成对的狮子是另一个常见的主题，还有贝壳和葡萄藤等来自大自然的图形。柱子和拱门等建筑特征也很常见。令人惊讶的是，希腊化的影响在装饰中随处可见，甚至像鹰或牛头这样的表现形式也被允许。显然，当时关于肖像画的禁令是相当宽松的。类似的装饰风格在这一时期的其他犹太会堂中也有发现，例如在贝特阿尔法，也显示出同样迷人而原始的风格。

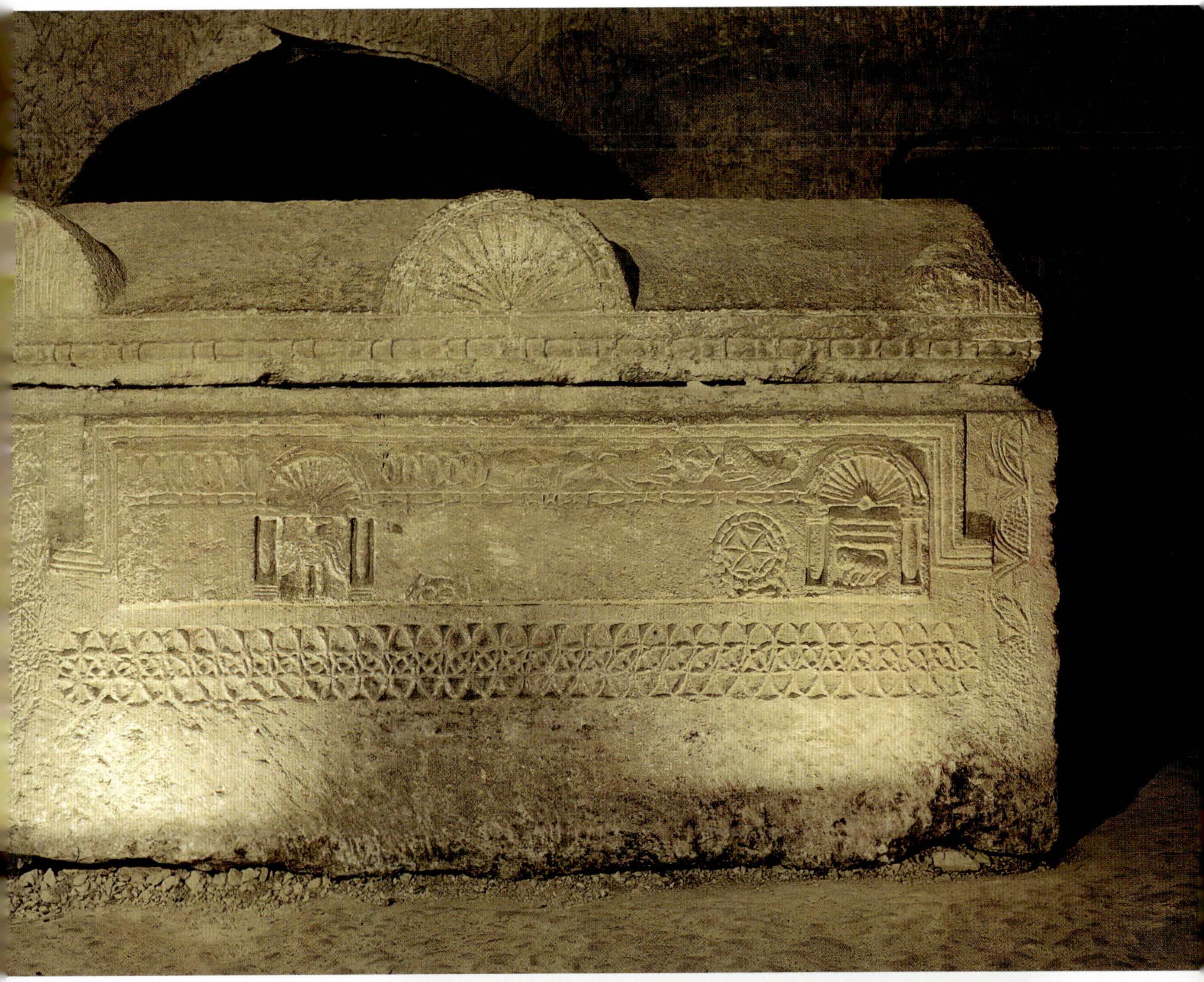

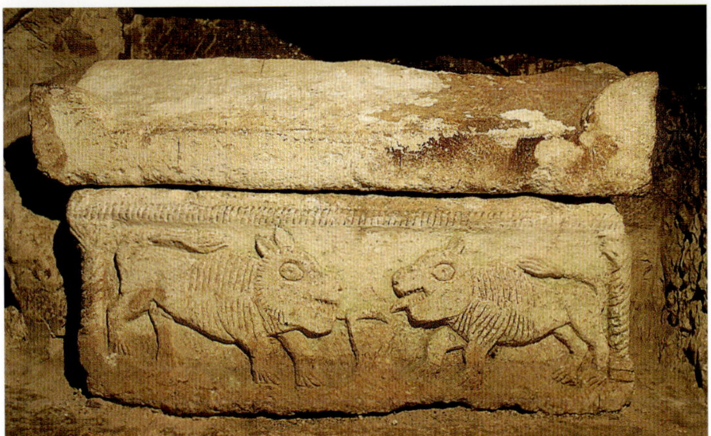

米吉多，
世界末日之城

上图 米吉多的圣地建有高高的圆形高台和3座神庙建筑，这些建筑可以追溯到2000多年前。多少年来伴随着和平和战争的更迭，人们一次又一次地回到这里。

下图 可以追溯到王国分裂时期的大型公共粮仓。它当时可能有屋顶保护，而两个螺旋形楼梯可能是为了更快地分配粮食。

米吉多位于沿海大道的战略位置，而沿海大道是古代主要的贸易路线之一。米吉多在《新约·启示录》（第16章第16节）中占据主要地位。在世界末日，撒旦的势力将在大决战中与善的势力相遇，进行最终决斗。而Armageddon（哈米吉多顿，即世界末日）一词源于希伯来语Har Megiddo，即米吉多山。从米吉多山顶可以看到耶斯列谷，东边是他泊山、基利波山和拿撒勒山，西北边是迦密山。上埃及卡纳克的阿蒙神庙发现的象形文字铭文描述一场战斗时提到了米吉多的战略位置。该碑文讲述了法老图特摩斯三世如何在公元前1479年征服米吉多。图特摩斯和他的将军们从南边过来，争论着要走哪条路线来攻下米吉多和沿海平原之间的山丘。如果选择比较难行的中路，他们可能会在通过狭窄通道时遭到伏击。比较容易的路线是向北或向南行进。图特摩斯赌了一把，认为迦南人会在较容易的路线上等着他，所以选择了中路。他赢得了这场战斗，但然后又莫名其妙地让迦南人逃回米吉多城堡。后来又经过7个月的围攻，图特摩斯才

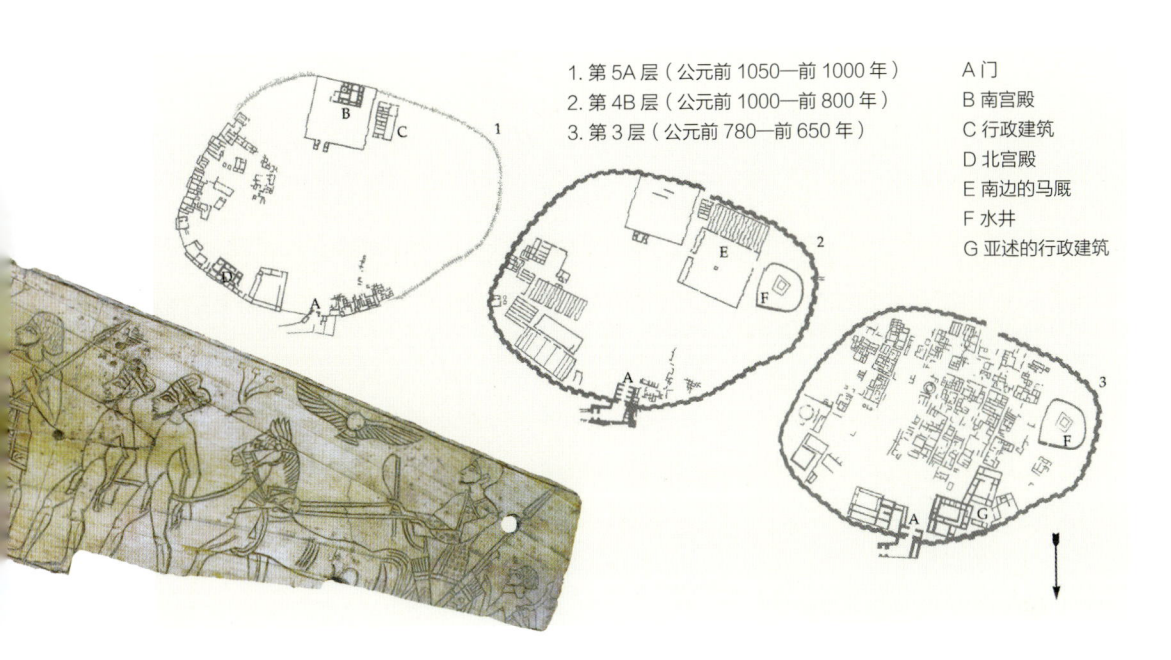

1. 第5A层（公元前 1050—前 1000 年）
2. 第4B层（公元前 1000—前 800 年）
3. 第3层（公元前 780—前 650 年）

A 门
B 南宫殿
C 行政建筑
D 北宫殿
E 南边的马厩
F 水井
G 亚述的行政建筑

跨页图　在迦南人的象牙藏品中发现的象牙牌，描绘统治者战后接受贡品以及囚犯的情形。孔洞表明该牌匾作为装饰被固定在家具上。（洛克菲勒考古博物馆）

下图　在米吉多的象牙藏品中发现的头像雕刻。许多迹象表明，象牙是远距离交易的产物，因为这批藏品中的许多文物来自埃及、希腊和安纳托利亚等地区。（洛克菲勒考古博物馆）

占领该城。考古学家发现的遗迹可以追溯到公元前 3300 年之前，揭示出米吉多首先是一个重要的宗教中心。在土丘的东坡发现了一个大型神址的遗迹，这个神址已经持续使用了 2000 年。高高耸立的圆形邱坛（bamah[1]）直径 8 米，高 1.5 米，通过 7 层台阶通向顶部。在附近发现了 3 座神庙的遗迹，这些神庙建在一块长方形的区域上，入口位于中央。这座城市的城门高耸，四周重重围墙至少可追溯到公元前 2000 年。令人惊讶的是，人们认为公元前 1479 年图特摩斯三世围攻了该城，却找不到可追溯到这个时间的城墙相关证据。这一事实成为困惑考古学家的谜题。同一时期（青铜时代晚期）的其他重要城市，如夏琐、示剑和拉吉，也都没有筑墙。米吉多作为一个贸易中心的重要地位可以通过宫殿中发现的象牙藏品来证明，这些象牙可以追溯到公元前 1550—前 1150 年。这 382 件来自埃及、亚述、迦

---

[1] 希伯来语，原意为"高地"，引申为指称迦南及邻近地区在高地上所设的异教神庙或祭坛。

237

南和安纳托利亚的象牙，可能是一位王子的财富。其中许多是家具的装饰牌，有些是梳子和盒子等化妆用品，还有一些棋盘游戏的棋子。米吉多是所罗门王统治的城市之一，《列王纪上》第 9 章第 15 节讲述了当时人们如何筹集资金来建造城墙。考古学证据表明，这时期有几座矩形石块建造的宏伟宫殿，柱子上有爱奥尼式的柱头装饰。城市的防御工事部分是由大型建筑的后墙连接而成。

虽然考古学家对城门的类型存在分歧，但它可能由 6 个房间组成，左右各 3 个。后来，在王国分裂时期建造了 L 型城门。考古学家之间最大的争论之一是关于所谓的所罗门马厩的功能，根据《列王纪上》第 9 章第 19 节中的描述，所罗门为"他的战车建造城市，为他的骑兵建造城市"。每座这类建筑都由长方形房间组成，每个房间都被两排柱子从中间纵向分割。柱子之间有凿空的类似马槽的大块石头。有些柱子上被凿出了适合拴住动物的孔。在米吉多遗址的北部挖掘出了 12 座又窄又长的建筑。遗址南部的 5 座建筑通向一个大院子。院子的中心有一个大型的方形结构，可能是饮马的水槽。然而，相当多的考古学家认为，这些建筑细长的结构对于养马来说太小

上图 在米吉多发现的这样的石槽让考古学家困惑不已。如果它们是用来给马匹饮水的，那么附近的建筑可能被用作马厩。

中图 从城内一个深井的末端挖出一条水道，连接位于城墙外的泉水。泉眼的位置被伪装起来，以便不被攻城的敌人发现。

下图 喜神贝斯（Bes），可追溯到铁器时代早期，来自从宫殿挖掘出的迦南人象牙藏宝库。在米吉多发现的许多象牙被用作家具上的装饰板。（洛克菲勒考古博物馆）

238

了，又因为它们与别是巴等遗址的其他此类结构相似，所以它们可能是仓库。还有人提出，它们可能是市场，甚至是士兵的营房。米吉多在王国分裂时期成为一个军事堡垒，城墙厚达3.6米。为了在被围困期间更有效地保护城市的供水，人们修建了一条暗道，可连接城市西南部的泉水。一个方形的垂直竖井沉入基岩，通过总长近70米的水渠连接城墙外的泉水。泉眼本身被隐藏在暗处。在这一时期，还建造了一个大型公共粮仓，容量达12800蒲式耳[1]。粮仓的两边有台阶盘旋而下，上边可能有保护粮食的圆顶。当国王约西亚在米吉多被埃及国王尼科（尼哥）杀死时（《列王纪下》第23章第29—35节；《历代志下》第35—36章），米吉多的重要性开始减弱，到波斯时期（公元前600—前332年）结束时，它在经历了3000年的辉煌后成了废墟。

上图 可能是用象牙末端雕刻而成的盒子，图案是狮子和狮身人面像，是安纳托利亚的赫梯人的常见工艺品。（洛克菲勒考古博物馆）

下图 以色列人的石灰岩多角祭坛，发现于此地所罗门时代建造的两座圣所之一。后建的那座由方石砌成，使用了古希腊原始伊奥利亚式（proto-Aeolic）柱头。

---

[1] 谷物计量单位，1蒲式耳相当于36.4升。——译者注

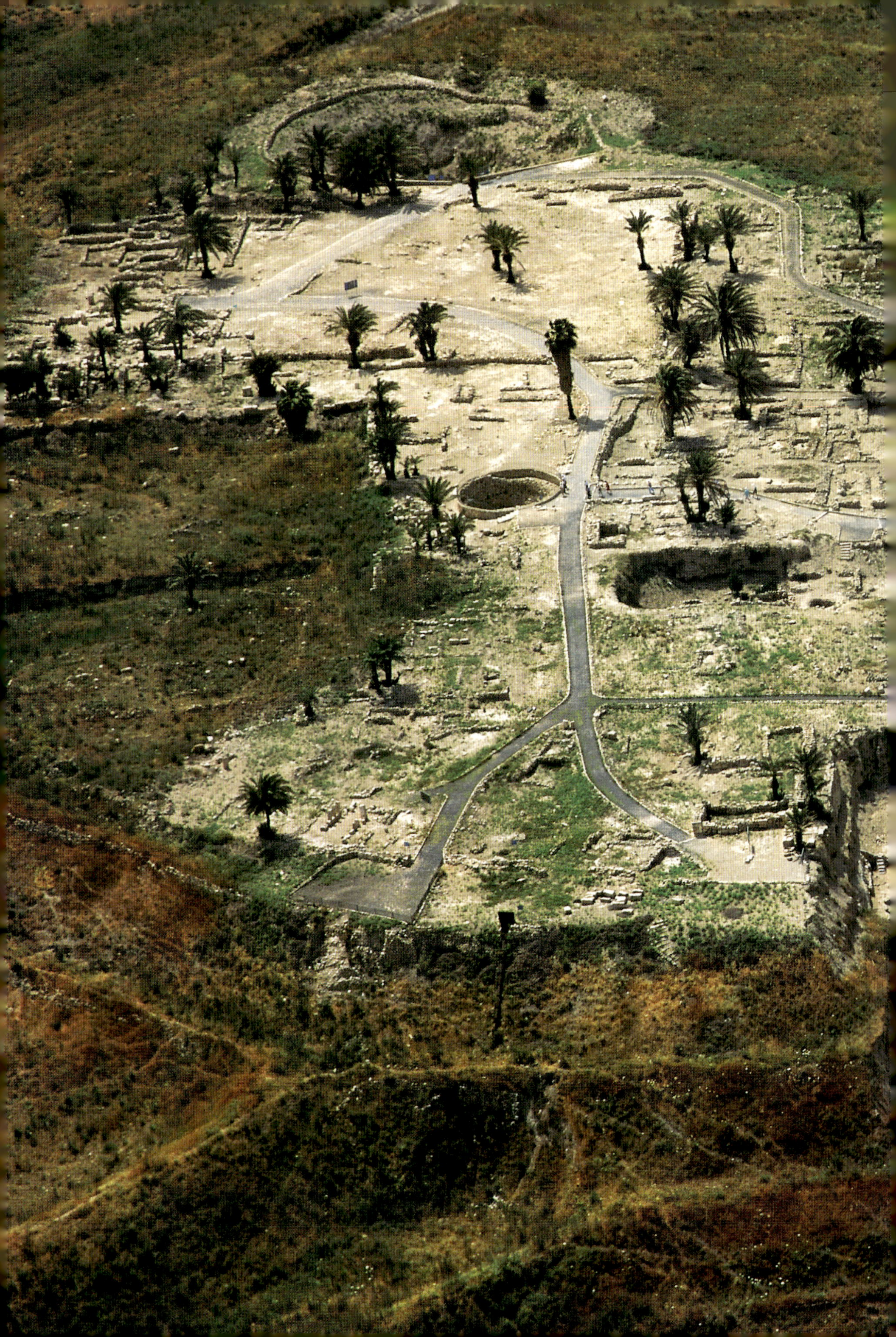

从东望米吉多，首先看到圆形祭台，中央偏左是粮仓，远处是通往水渠的竖井的圆形入口。

作为堡垒的米吉多

　　米吉多有 20 个历史地层，代表至少 14 个不同的城市或居住时期。米吉多是圣地最早被挖掘的遗址之一，从 1903 年第一次挖掘开始以来，考古学的技术和理论已经发生了变化，导致考古学家对每个历史地层的确切构成有很多争论。这幅复原图包含了考古发现的分属于几个不同时期的建筑，可以更好地了解这些不同的文化和人民。

1. 可追溯至铁器时代的宫殿群之一。所罗门王时期宫殿的特征是使用原始爱奥尼式柱头和壮观的石砌结构。
2. 这个大型的市政粮仓可以追溯到公元前 9 世纪或前 8 世纪。两个螺旋形的楼梯相对而建，可能还建有保护粮仓的圆形屋顶。
3. 南部的建筑之所以称作马厩，是因为狭长的建筑和大院子似乎非常适合饲养马匹。然而，一些考古学家提出，这些建筑可能被用作仓库或士兵的营房。

4. 建于国王暗利或亚哈时代，为了从城外的泉水中取水，建造了一个复杂的供水系统。一个竖井（如图所示）连着暗道通往城墙外的泉眼。泉眼本身被掩盖隐藏，以便不被敌人发现破坏。
5. 在所罗门王时期，外围的房屋背面连接而成城墙构成防御工事。在王国分裂时期，城市四面围绕着一堵厚厚的城墙。
6. 如图所示的大门被认为可以追溯到王国分裂时期。进入城内需要左转。内门由6个房间组成，每边3个，在被围困的时候可以完全锁上。
7. 北部马厩的建造方式与南部马厩相似，有时被称为所罗门马厩，这些建筑实际上可以追溯到暗利或亚哈王的时代。

多珥，
腓尼基港口

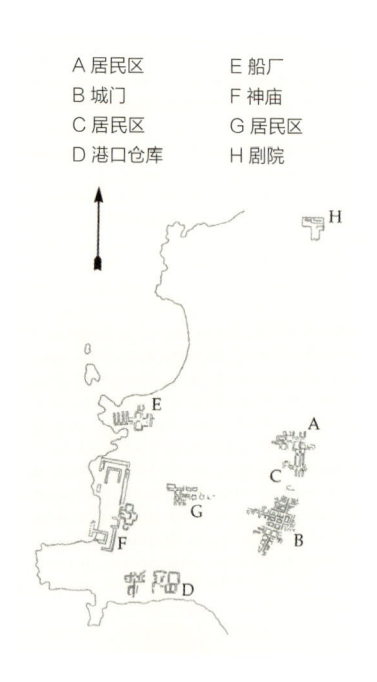

A 居民区　　E 船厂
B 城门　　　F 神庙
C 居民区　　G 居民区
D 港口仓库　H 剧院

腓尼基文化中最有代表性的城市之一便是多珥（Dor，又译"多尔"），但是它仍有待考古学家完全挖掘。该港口首次被古埃及铭文提及可追溯到公元前13世纪拉美西斯二世时期。考古学证据表明，该地从公元前20世纪起就有人居住，作为迦南人或腓尼基人的定居点。大约在公元前1200年，多珥被海上民族之一的西基尔人（Sikils，又称Tjeker，即特耶克人）征服，非利士人也是海上民族之一。埋在地层深处的灰烬表明公元前1050年属于西基尔人的城市被烧毁，考古学家认为该城市随后被腓尼基人夺回。根据《撒母耳记下》第24章第6—7节，随后多珥被大卫王征服。尽管以色列人、亚述人、巴比伦人和波斯人都曾经统治过多珥，但多珥一直是一个重要的腓尼基港口，主要居民仍然是腓尼基人。直到托勒密二世费拉德尔福斯统治时期（公元前283—前246年），这个城市按照希腊模式重建，它的腓尼基特征才被取代。拜占庭时期结束时，多珥仍然是一个重要的港口，尽管在公元前1世纪恺撒利亚的港口塞巴斯托斯建成后，多珥的重要性被掩盖。多珥14米高的土丘生动地展示了这个长期被占领的遗址的复杂历史。这里发现了嵌入式围墙和四室城门的遗迹，它们可能是

上图　在多珥进行的海洋考古发现了许多港口设施，例如码头，以及用于修理船只的干船坞等。当时人们还在海岸边的岩石上开凿了鱼池。

下图　这些可追溯到罗马时期的金戒指是在多珥发现的。第一枚红色的凹雕宝石戒指上刻了一个站在树下的带翅膀的人的形象，可能是主人的个人标志。第二枚戒指中的宝石被镶嵌在一个简单的边框中。

亚哈王时期建造的。人们发现了许多腓尼基工艺的证据，特别是紫色染料的制作和精细布匹的编织。腓尼基人因生产以海螺为原料的染料而闻名整个地中海地区，它似乎是这个港口城市长期的主要产业。由于紧邻地中海，至少有15%的面积被海浪的作用所侵蚀，多珥遗址临海部分的挖掘工作受到了一定程度的阻碍。虽然城市北边有一个由礁石形成的大型天然海湾，但很浅，只能行驶小船。

这个城市的主要的锚地在南部的天然港湾。有证据表明，早在公元前19世纪，就有在水底的岩石上修建的大型石头建筑结构保护港口。另外，人们还发现了建在两个天然海湾之间的人工港口的遗址。3条滑道的遗迹表明这里可能是一个干船坞，所修的船只可长达24米。直到拜占庭时代，多珥仍然是一个活跃的港口。大量的双耳细颈瓶碎片表明，多珥作为港口是埃及—黑海—法国南部贸易网络的一部分。7世纪中叶后该港口只被小规模使用，在十字军时代它被占领并改名为梅勒（Merle）。后来，在该港口的名字又变成坦图拉（Tantura）期间，一艘希腊船只于1664年在其海岸失事。水下考古学家发现了这艘船的残骸以及埋在沙里碎木桶中的白奶酪。在海床上还发现了拿破仑的军队在1799年从阿卡战役中撤退时遗弃的武器，例如大炮、步枪和匕首等。

上图　头戴皇冠的命运女神堤喀（Tyche）的石像。每个城市都有自己的堤喀，因为她是城市的守护者。石像可以追溯到波斯时期，在多珥的许多私人住宅中还发现了许多其他类似的文物。

下图　腓尼基人的护身符，上面有一个埃及神的形象，也许是塔沃里特（Taueret）女神，可以追溯到希腊化时期，据说可以保护其持有者。这也表明广泛的贸易联系对腓尼基人的文化产生了重要影响。

在第一道海湾（现在成了海水浴场）的水下可以看到希律王建造的人工港口的轮廓。水面上是十字军修建的码头，其中南侧（图中间）白顶建筑下面就是希律王码头的地基，往南走（图上方）的下一个海角就是希律王的宫殿。

恺撒利亚，
罗马帝国的骄傲

A 剧院
B 宫殿
C 奥古斯都神庙
D 港口
E 灯塔
F 引水渠
G 圆形剧场

恺撒利亚一直是一个重要的异教城市。这座几乎与真人大小相同的萨提尔（Satyr）石雕是希腊原作的罗马仿制品。萨提尔靠在树干上，他的狗在玩弄一个盛酒器具。该石雕代表了罗马人生活中轻松的一面。（以色列博物馆）

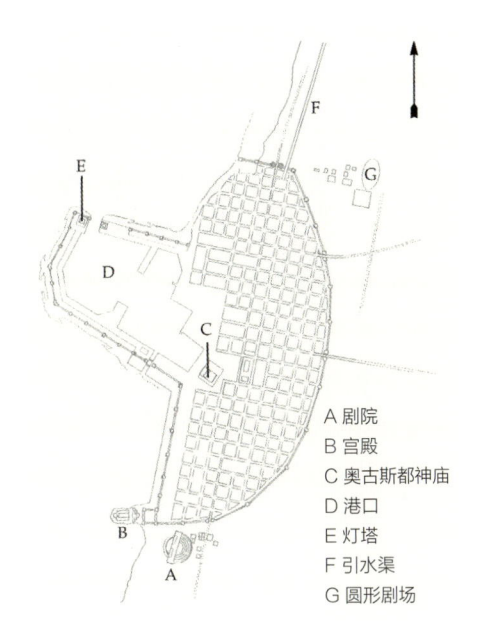

恺撒利亚仍然很大程度上保留着2000年前的宏伟建筑。希律王以他的庇护人罗马皇帝恺撒·奥古斯都（屋大维）的名字命名恺撒利亚，建造了一个比古代雅典港口比雷埃夫斯更大的海港。这个人工港口被命名为塞巴斯托斯（Sebastos），希腊语意为"奥古斯都"。这座城市拥有一个剧院、一个圆形露天剧场、一个集市广场，地面上还有按网格规划的街道，地下有污水管道。在中心，面向港口的高台上有一座供奉罗马女神和罗马皇帝奥古斯都的大庙。进入港口的船需要从两个巨大的平台之间穿过，平台上立着很多柱子，柱子上有希律家族的雕像。港口矗立着一个巨大的灯塔，该灯塔以希律的密友德鲁苏斯命名。希律王进一步强调他的主权，在一个突出的海角上建造了一座宏伟的宫殿。恺撒利亚建于公元前22—前9年，原址是历史可以追溯到公元前3世纪的腓尼基港口斯特拉顿塔（Straton's Tower）。人们认为希律王打算用这个港口城市来对抗耶路撒冷的政治地位。这个城市是按照典型希腊化城邦的方式运作的。后来，希律王死后，恺撒利亚成为犹大行省的首府。

下图 根据刻在恺撒利亚水渠上的这段铭文，在哈德良时代，第十军团对该水渠进行了维修。

跨页图 如今，重建后的罗马剧院被用来举办露天音乐会。在十字军时期，这里被修建成一个由墙围起来的小堡垒。图中延伸进海里的区域一般认为是希律王宫殿的遗迹。长方形的大池子已经灌入了海水。

下页图 恺撒利亚的供水系统由两条水渠组成，是巴勒斯坦地区最伟大的设计之一。希律王时期，人们修建了长度超过8.8千米的水渠，从城北迦密山脉的泉眼中引水入城。

在恺撒利亚发掘的一块刻石显示正是作为总督的本丢·彼拉多判处了耶稣的死刑。尽管犹太人在66年反抗罗马统治的第一次犹太起义中几乎全部被屠杀,这座城市还是一直都有犹太人。

根据《使徒行传》第10章,恺撒利亚就是百夫长哥尼流(Cornelius)被彼得改变信仰的地方。后来,到了3世纪中叶,这座城市成为基督教学者和《圣经》注释者安瑞井(Origin)的家。犹太人返回并建立了著名的拉比学院。4世纪,罗马帝国成为基督教国家,此时恺撒利亚达到了它的最大规模,并修建了一系列新的防御工事。神庙平台上建起了一座基督教教堂。恺撒利亚也是早期教会历史的撰写者尤西比乌斯的故乡。627年恺撒利亚被拜占庭皇帝希拉克略一世的军队征服,640年或641年又被阿拉伯军队占领。恺撒利亚年久失修,直到1101年被十字军占领后才再次成为一个重要的港口。今天,十字军的城墙是最引人注目的建筑,尽管它们所包围的区域比拜占庭时代小得多。一条水渠将城北迦密山脉的泉水引入。在恺撒利亚北部的乡村仍然能看到水渠的遗迹。城南的剧院已经被挖掘出来,如今被用来举办露天音乐会,恢复了它以前的辉煌。东北有一座圆形剧场,可以举办当时罗马流行的娱乐活动,如角斗士比赛。它的尺寸为59×95米,比一个世纪后建造的罗马斗兽场还要大。希律王城的焦点当然是供奉罗马女神和罗马皇帝奥古斯都的神庙。神庙内有希律王的庇护人屋大维和罗马女神的巨大雕像。

恺撒利亚

　　希律王把恺撒利亚建成了一座罗马城市，作为他远离耶路撒冷的行政总部。这座新城建在腓尼基港口斯特拉顿塔的遗址上，并以赞助人恺撒·奥古斯都皇帝的名字命名。人工港口塞巴斯托斯确实气势恢宏，它由码头围成，两旁是仓库，周边巨柱环绕，柱子上刻着希律家族的雕像。

1. 供奉罗马女神和皇帝奥古斯都的神庙占据俯瞰港口的突出位置。
2. 中央广场是会议场所，港口与城市在这里相遇。
3. 水渠从恺撒利亚北部的泉眼中输水进城。
4. 罗马圆形剧场用于提供大众娱乐和表演。
5. 希律王的城市是按照罗马城市特有的网格规划布置的，街道下铺设了污水管道。
6. 剧院是按照古典风格建造的。
7. 希律王的海角宫殿为他的豪华娱乐活动而设。
8. 南湾可以在海面平静时使用，用小船从停泊在海上的大船搬运货物。
9. 岸边林立的栈房和仓库显示了希律王国的财富。
10. 水闸调节流入的水清除港口的淤积物。
11. 围绕塞巴斯托斯港的防波堤是用水下凝固的水泥建造的，在当时是一种新的建筑工艺。
12. 灯塔标识了内港。
13. 内港建在前腓尼基港口的斯特拉顿塔上。

人们可以从海上看到神庙。约瑟夫斯描述了希律如何在一个没有天然海湾的海岸线上建造了一个重要的海港。希律整合了部分斯特拉顿塔的人工港口，建成了一个由三部分组成的大港口。最里面的港池可能包括了早期的腓尼基港口。中间的港池周边都是天然岩石，水流的进入由一个闸门系统来调节。闸门通过的水流可以冲刷淤积在港口中的泥沙。第三段防波堤形成一段巨大的弧线，从南面和西面围住大片区域。这道防波堤用砾石水泥浇筑木质框架而建成，在冬季风暴中受到另一道平行墙的保护。希律王权力的巅峰时期，他为自己建造了一座宫殿，考古学家认为它位于人工港以南，向海面延伸。这座宫殿的中心是一个巨大的淡水池，中间有一个雕像的基座。通向水池的是一个大的餐厅，地板上铺着五颜六色的马赛克，墙壁上装饰着大理石图案。在希律王生前，恺撒利亚为他的王国提供了一个宏伟的登陆地。时至今日，它的荣光依然在闪耀。

红色斑岩雕像，石头是从埃及运过来的，这尊雕像可能是哈德良的雕像。129—130年，哈德良访问了巴勒斯坦。为了在其遥远的殖民地推动罗马化，罗马皇帝资助了各种大大小小的建筑项目。哈德良神庙，还有城市中的第二条水渠，都是由哈德良资助修建的。

恺撒利亚的罗马时期建筑具有典型的罗马风格。从小的方面看，华丽的雕梁，科林斯风格的柱头都昭示着罗马文化的统治地位；从大的方面看，城市的总体规划都是相同的，两条直角相交的列柱大道横穿整个城市；在大大小小的城市中大都修建有广场、集市、竞技场、圆形剧场、公共浴场。宏伟壮观的神庙是主要的罗马宗教建筑。城市供水主要依赖高架水渠，污水则通过精心设计的下水道系统排出。

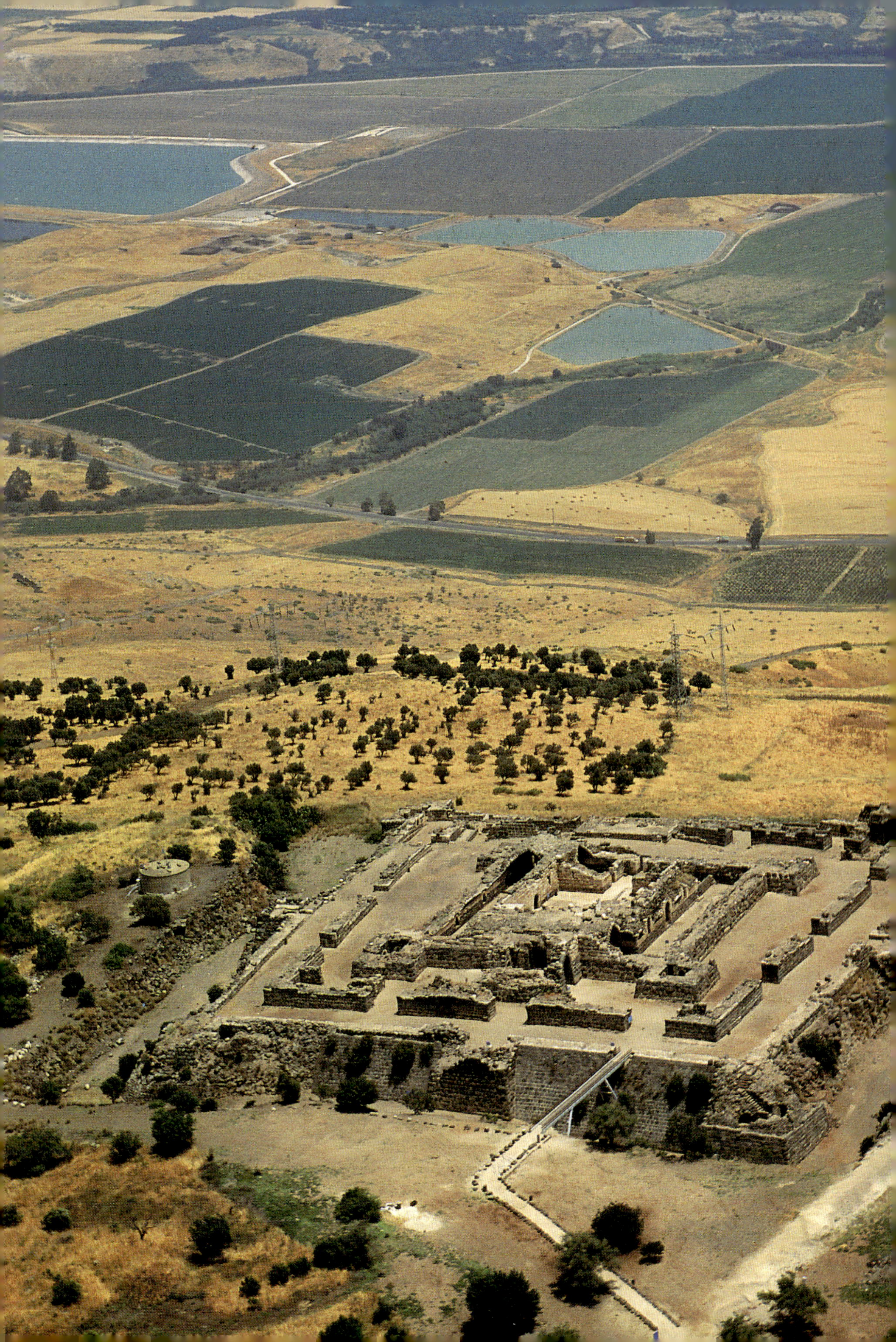

贝尔沃，约旦河上的城堡

A 主门
B 外塔
C 外层塔楼
D 蓄水池
E 庭院
F 内层塔楼
G 厨房
H 内院
I 食堂
J 主塔
K 小门
L 吊桥
M 壕沟

十字军的贝尔沃堡垒可以俯瞰整个约旦河谷，它的三面被一条壕沟包围，第四面是一座巨大的塔楼。

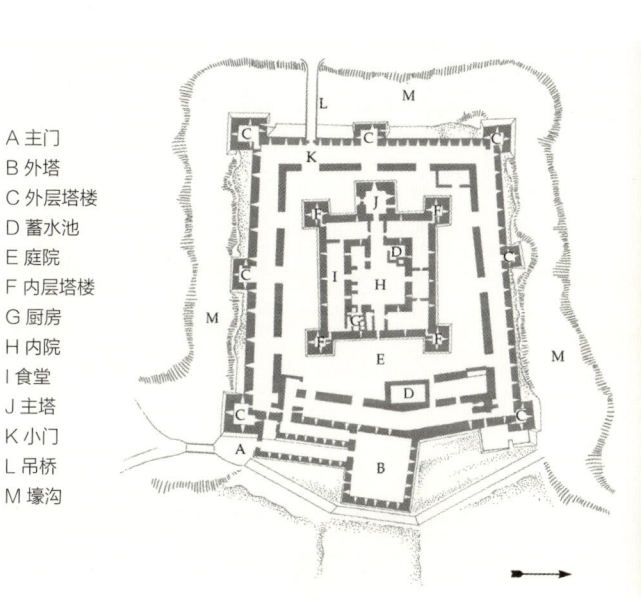

贝尔沃（Belvoir）城堡可以俯瞰约旦河谷的壮丽景色，还可以远观西南面的撒玛利亚、西北面的他泊山以及戈兰高地上的亚穆克（Yarmuk）谷和黑门山。这个十字军堡垒也被称为"约旦之星"。1140年它是一个设围的农场，1168年被卖给了医院骑士团。1183年，它两次抵挡住了萨拉丁军队的进攻。1187年萨拉丁的军队再次围攻这个堡垒，十字军设法坚守到1189年1月。守卫堡垒入口的外塔被破坏，萨拉丁的部队挖掘隧道导致十字军外层防线崩溃，十字军守军预见到他们最终会失败，于是与萨拉丁谈判投降，十字军被允许撤离到推罗。1217—1218年城堡被摧毁，圣地所有被遗弃的堡垒都被拆除以防其被收复并再次占领。1241年，十字军与巴勒斯坦的穆斯林统治者签订条约，十字军短期返回。但由于破坏严重，堡垒无法重建。然而，因为废墟从未被长期占用或被拆除以用作其他建筑的建筑材料，残存部分得到较好保存。堡垒面积为111×99米，是一座典型的有三层防线的同心城堡。

1. 城堡的吊桥和小门。在受到围攻时，它们会被完全封锁。
2. 一条壕沟三面环绕着城堡。
3. 主塔或内堡有四段筒形拱顶通道，围绕着中央庭院形成一个正方形。
4. 东侧拱顶通道二楼的教堂。
5. 外塔或外堡。
6. 外塔的主要入口。通过一条长长的走道进入外塔，然后再折回才能进入城堡。

贝尔沃城堡

贝尔沃城堡是一个五边形建筑，有三道防线。中心是内堡，它本身就是一个独立的堡垒，有自己的蓄水池、食品供应和教堂。它还受到第二道防御工事即外墙的保护。外墙有七座守卫塔，三面有一条壕沟。第四面由一座巨大的外塔 (barican) 守卫。外塔虽然有狭窄的门，但可以被堵住。它可以容纳城堡的全部兵力，并作为最后一道防线，本身就是一个小型堡垒。尽管如此，外塔还是被破坏，城堡还是被萨拉丁的军队攻下。萨拉丁在外塔下挖地道，导致其坍塌，十字军别无选择，只能投降。

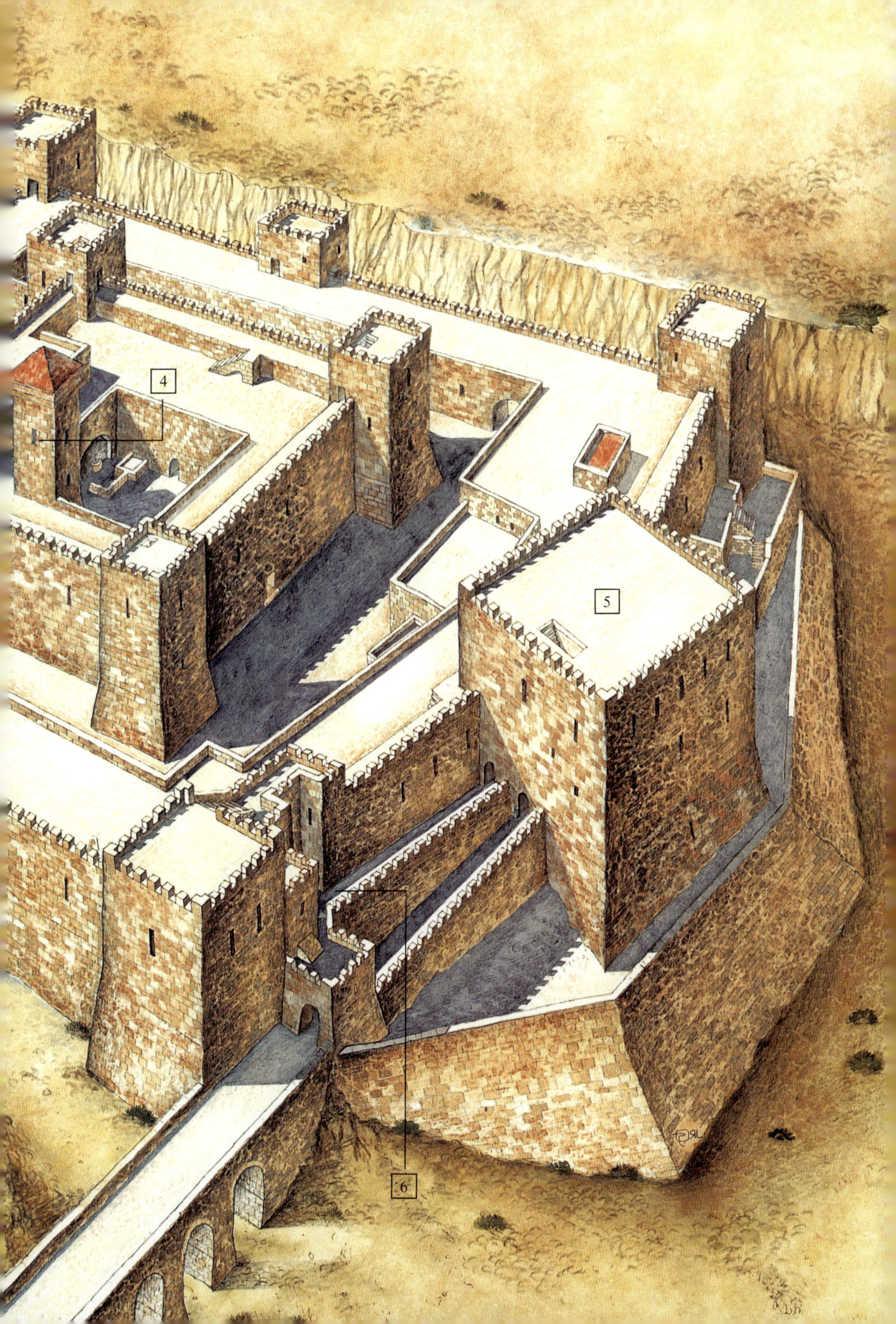
4
5
6

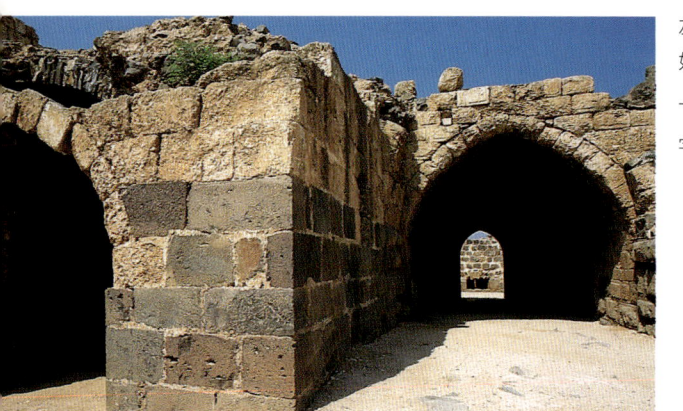

左图 这是城堡中最内层的防御线——内堡看到的视野。如果外墙被攻破，防守部队可以撤退到加固塔楼或内堡。

下图 贝尔沃教堂的一个檐口，装饰着石雕。它是由十字军带到巴勒斯坦的一名石匠的作品。

最里面的防御工事是四边形堡垒，每个角都有一座塔楼。内院通向厨房和食堂，而生活区则在楼上，楼上还有小教堂。内院本身就是一个堡垒，因为房间只向中央开放，墙体上只有小的观察孔而没有窗户。在西墙的中央有一个L形的门，通往高墙之间的庭院区。第二道防线的外墙被建成一个五边形，东边的两道墙在巨大的外塔处交会。其余的城墙的交会处和中点都建有塔楼。其中4座塔楼有隐藏的小门，使城堡的守卫者能够秘密地离开城堡，攻击破坏墙体的入侵者。一条深10米、宽约21米的壕沟保护着外墙。东侧的坡度足够陡峭，不需要壕沟。只有两条路可以进入城堡。东边横跨壕沟的桥，连着一条长长的走廊，走廊在外塔边上来回排布。东边这座桥可能是木质的，在战争威胁下可以被拆除或烧毁。城堡的西侧有一座吊桥，可以通过外墙的一个小门进入城堡。外墙里的拱顶空间可以用作仓库、马厩、工坊等。城堡的整个防御都依赖于巨大的外塔，它建在一个陡峭的山坡上，俯瞰457米以下的约旦河谷。该塔由一个沿着其底部建造的斜堤或人工土丘进一步保护。外塔也是最后的撤退地点，因为如果城堡的内墙和外墙都被攻击者攻克，这里可以容纳大量士兵。连接主塔和城堡的狭窄楼梯可以被封锁起来，以防止通过任何方式进入塔楼。具有讽刺意味的是，主塔是萨拉丁军队的第一道攻击线。由于它在围攻城堡的过程中几乎被完全摧毁，所以关于它的结构并没有明确的考古证据。

贝尔沃的主要建材是约旦河的黑色玄武岩。这是通过内堡的一个观察孔看到的景象。

通过这些科林斯式柱头和柱子，我们可以想象伯珊在罗马和拜占庭时期的样子。位于城南的罗马剧院保存完整，当初可以容纳 5000 名观众。

伯珊，罗马帝国辉煌的见证者

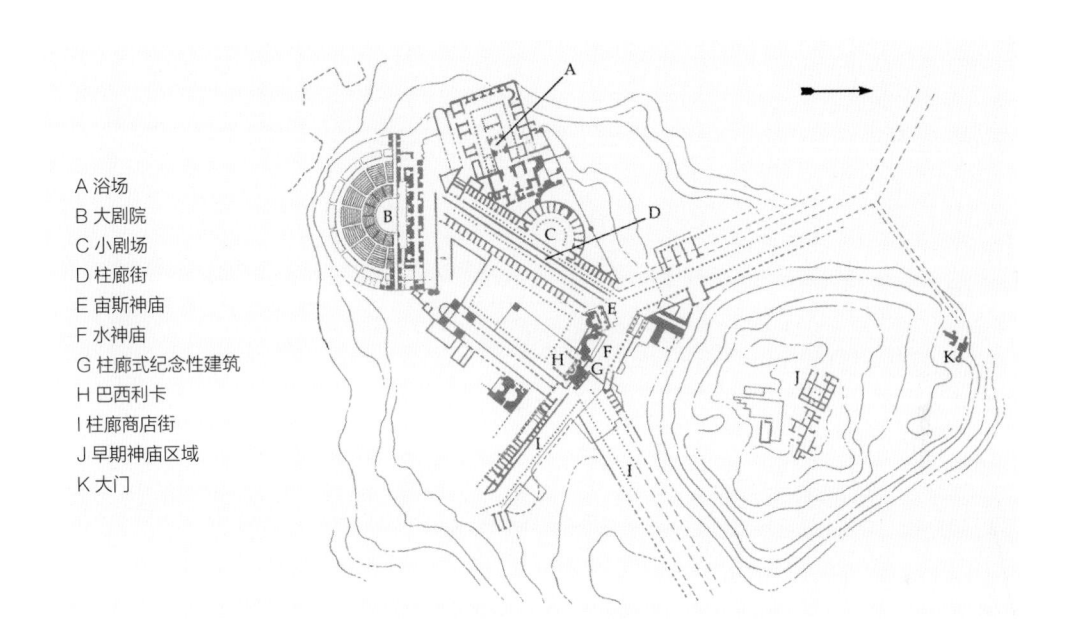

A 浴场
B 大剧院
C 小剧场
D 柱廊街
E 宙斯神庙
F 水神庙
G 柱廊式纪念性建筑
H 巴西利卡
I 柱廊商店街
J 早期神庙区域
K 大门

伯珊（贝特谢安）是以色列最早的人类定居点之一，在6000年的时间里一直有人居住。在古代，这里是约旦河谷与耶斯列谷在南边的交界处，也是通往地中海的要道。在伯珊发现的第一批考古遗迹可以追溯到公元前5千纪。在青铜时代后期（公元前1550—前1200年），该城市被埃及人控制。3个埃及石碑的发现证实伯珊在公元前13世纪作为一个行政中心的重要性。考古还发现了那个时期的人形棺材，棺材盖上的图案是狰狞的面孔和紧握在胸前的手。在铁器时代早期（公元前1250—前1000年），这里成为非利士人的城市，《撒母耳记上》第31章第10节生动描述了扫罗王和他儿子们的尸体如何被挂在伯珊的墙上。后来它成为以色列人的城市，《列王纪上》第4章第12节将伯珊列为所罗门建立的行政区域之一。遗址中年代最久远的建筑是一系列三室神庙，它们至少使用了500年。希腊化时期，城市搬到了山脚下。伯珊成为罗马将军庞培在公元前63年建立的十城联盟德卡波利斯（Decapolis）的成员之一，被重新命名为斯西托波利斯。在俯瞰该城的土丘上，有一座卫城，里面有一座很可能是献给宙斯的神庙。土丘的脚下有4个突出的建筑：1座罗马神庙、1座喷泉、1座大教堂和1座纪念性建筑。

261

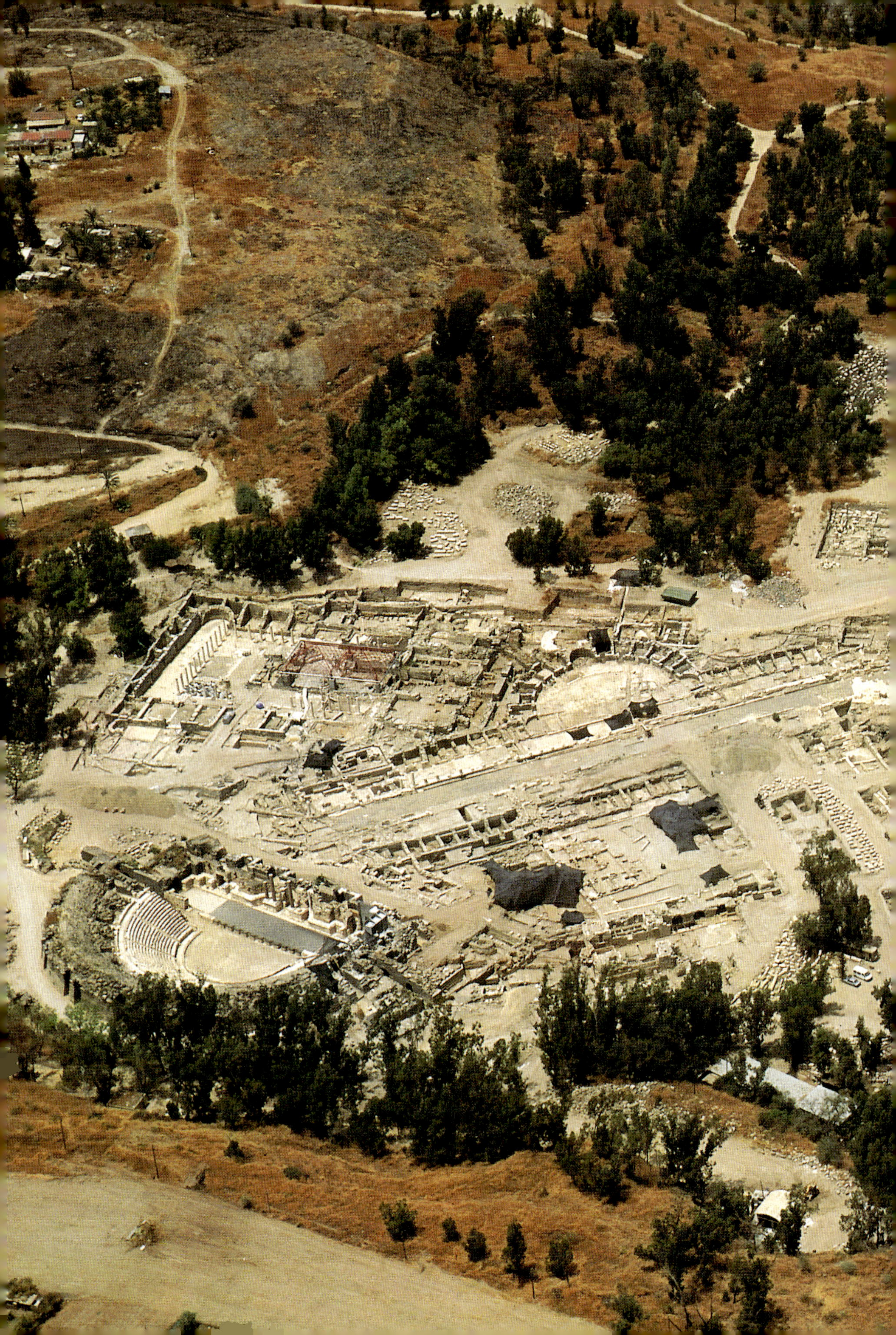

从东望伯珊。城市开始建于山丘之上,到了罗马时代才扩展到山下。柱廊街道从剧院延伸到与另一条街道相交的地方。神庙和其他重要的市政建筑都建在土丘脚下的这个广场上。

罗马城市伯珊

伯珊是以色列有人类居住时间最长的地方之一，在伯珊遗址中发现的最早居住痕迹可以追溯到公元前5千纪。在罗马统治的早期，城市的主要部分搬到了土丘的脚下。伯珊被称为斯西托波利斯，是十城联盟德卡波利斯的城市之一，在后来的阿拉伯时期，又改回原来的名字。伯珊是按照经典的罗马城市布局建造的。地形不允许建造垂直相交的南北大道和东西大道，4条主要的廊柱街道在一个中央广场交会。749年的一场大地震摧毁了城市中心许多精心设计的建筑。

1. 俯瞰城市的山丘，山丘的卫城上有一座宙斯神庙。
2. 一条柱廊式的街道，一边是有顶的廊道或称游廊（Stoa，源自希腊的覆顶柱廊）。这里还挖出了一个长水池，里面有一尊青年狄俄尼索斯石雕。
3. 教堂，在这里发现了一座六角形狄俄尼索斯祭坛。
4. 教堂的前面有一座大理石纪念碑，它的壁龛可能是用来放置雕像的。
5. 水神庙，中间有一个半圆形的空间。
6. 这座神庙建在城市中心的高台上，宽阔的台阶通向由4根大柱子支撑的柱廊式建筑。

7. 连接了山脚和剧院的柱廊大道有一边是商店，它被考古学家命名为帕拉迪乌斯（Palladius）街
8. 小剧场，用于举办音乐会和其他音乐表演
9. 公共浴场有8个大厅，是在以色列发现的最大浴场群
10. 大剧院位于城市最显眼的街道的尽头，舞台用大理石和花岗岩雕刻精心装饰

城外建有一个椭圆形的露天剧场。后来，在拜占庭时代，人们又建造了一个大浴场。罗马神庙建在高台之上，位于两条主要柱廊街道交会的广场。连着白色石灰石台阶的前柱式门廊宽20米，4根大型石柱支撑着三角墙和房顶。庙前面的广场挖了几个六边形的洞，很可能用来放置小型祭坛。人们发现了一个雕像的基座，它是为了纪念161—180年在位的马可·奥勒留皇帝。神庙正东面一个水神庙，这是一个精心设计的纪念碑，中心有一个凹进去的半圆形的空间。在拜占庭时代，这里建有一个喷泉。水神庙的另一边是一个长46米的巴西利卡，它与城市中心广场相邻。在巴西利卡内发现了一个六面的祭坛，里边装饰着各种和狄俄尼索斯有关的场景。巴西利卡的广场一侧有一座纪念性建筑，它的墙壁上有壁龛，很可能是用来放置雕像的。从中心广场向东南方向有一条柱廊式街道，长55米，可能是一条有顶的走道或游廊，旁边有一个长水池，里面有一尊青年狄俄尼索斯石雕。另一条柱廊街通向西南方向，它的一边建有游廊和商店。这条街通向宽达110米的罗马剧院。该剧院是迄今为止以色列保存最好的剧院。城市的另一端是一个大圆形剧场，可以容纳多达7000人观看游戏和角斗比赛。拜占庭时代还进一步改进了浴场。

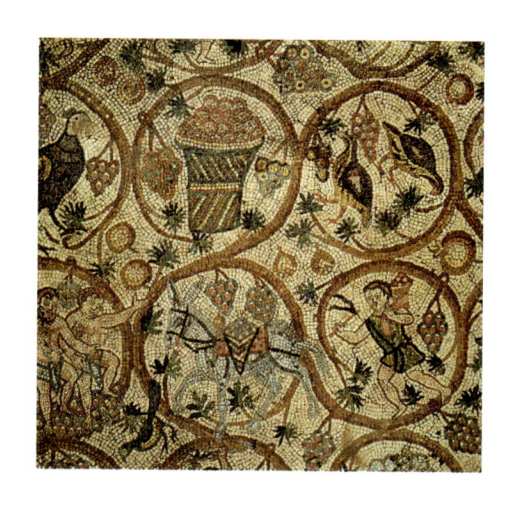

这个精心设计的浴场有8个大厅，提供由火炉加热的热气，周围有许多水池和娱乐室，还有一个用于锻炼身体的多柱式房间。从主街道到浴场的入口是一座非常精致的建筑。靠近浴场的入口处还有一个可能是

上图　圆形图案里画着丰收场景。在伯珊附近的哈曼遗址（Tel Hammam）的墓园中，有一座葬礼礼拜堂（burial chapel），上图正是礼拜堂里发现的马赛克地板的局部。

下图　伊斯特巴遗址（Tel Istaba）撒玛利亚犹太会堂的马赛克图案局部。该遗址距离罗马剧院不到2千米。它和贝特阿尔法遗址马赛克地板是同一位艺术家铺设的，可以捕捉到风格上的相似性。

哈曼遗址发现的马赛克地板的局部图，描绘了各种鸟类和动物，显示出对自然的极大关注。

罗马时代的小剧场。拜占庭时期这座建筑的一部分被改造成另一座公共建筑，其中一个房间里有一个非常漂亮的马赛克地板，可以看到命运女神堤喀的肖像。街道的一侧有一个高高的拱廊，覆盖着商铺的入口。这些商铺用大理石外墙和马赛克地板进行了精心装饰。拜占庭时期，该城有围墙包围，但围墙什么时候建造不得而知，在罗马时期的大部分时间里，该城似乎都没有设防。

贝特阿尔法以及壮丽的马赛克图案

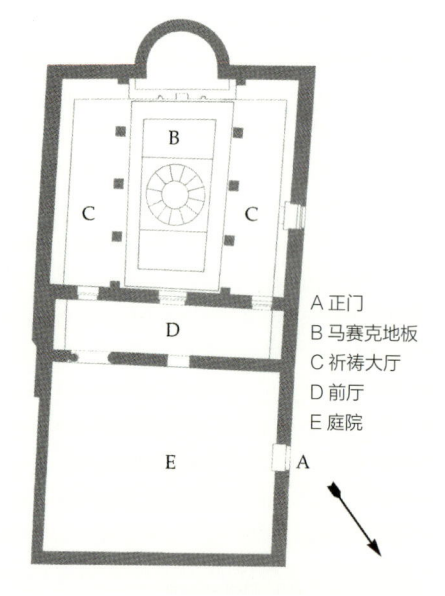

A 正门
B 马赛克地板
C 祈祷大厅
D 前厅
E 庭院

贝特阿尔法（Beit Alpha）是一座古老的犹太会堂，这里的马赛克地板令人惊叹。该会堂面积为 27×14 米，建于公元前 5 世纪末的巴阿姆。该犹太会堂的半圆室向南朝向耶路撒冷。会堂由三部分组成：外院、前厅和大殿。外院装饰着质量较差的几何图案马赛克。从外院可以进入前厅。前厅也发现了几何图案马赛克地板的遗迹。通过三个门洞，就可以进入犹太会堂的大殿。由于立面的墙没有保存下来，我们只能猜测这三个门洞的结构。大殿被两排石柱分成三条过道。南墙有一个弧形的凸出部分，中间有一个低矮的平台，跨过三阶台阶，就可看到平台上的妥拉柜。石质长椅靠墙排列着。西墙上有一个门洞，可能是通往犹太会堂第二层女子祈祷厅的楼梯。大殿的中央过道上铺着保存完好的马赛克，其风格迷人，充满原始气息。马赛克分为三个板块。第一块位于半圆室前面，画面中有两根杆子正从左右两边拉开妥拉柜前的帘子。妥拉柜上边是山墙式屋顶，屋顶上挂着一盏长明灯，两侧栖息着两只对峙的鸟。妥拉柜的两边各有一只咆哮的狮子守卫着双门。狮子后面是两个点燃的灯台，妥拉柜两侧各有一个，周围有香铲、羊角号、棕榈枝和香橼果等仪式物品。中间的那块马赛克有代表黄道十二宫的原形图案，十二星座的名字用希伯来语书写，处在中心的太阳神赫利俄斯驾着由四匹马拉的战车。四个角是带翅膀的女性形象，代表四季，周围是季节性水果和野生动物。第三块马赛克离门最近，展示了以撒的献祭。和希伯来语一样，它采用了右到左的顺序。画面中孩子以撒被亚伯拉罕绑着双手放在祭祀的火上。一只公羊被困在树上。一只手从这块马赛克的顶部伸出来，上面写着《创世记》第 22 章第 12 节中的"你不可在这童子身上下手"。左边是两个男孩一头驴子陪伴着亚伯拉罕。三个板块共用一个边框，边框

贝特阿尔法犹太会堂的黄道十二宫马赛克地板在风格上并不完全独特，它与贝特舍阿利姆发现的一些仪式性艺术有相似之处。拜占庭时期黄道十二宫的主题在许多犹太艺术中都很常见，例如哈马特太巴列的马赛克地板。

上装饰着各种几何图案和自然界的形象。犹太会堂的入口被两幅马赛克画像守护着，一边是狮子，另一边是水牛。中间的铭文讲述了为支付该地板而收集的捐款，但是日期被抹去了。一块希腊铭文上写着马里亚诺（Mariano）和他儿子哈尼那（Hanina）的名字，他们创作了这块马赛克。伯珊的撒玛利亚犹太会堂地板上也发现了他们的作品。

伯利恒，耶稣的诞生地

每年圣诞节前夕，来自世界各地的基督徒都会聚集在伯利恒，在圣诞教堂庆祝耶稣的诞生。伯利恒作为大卫的出生地首次出现在《圣经》中（《撒母耳记上》第 16 章）。《弥迦书》第 5 章第 2 节称该镇为弥赛亚的出生地。根据传统，耶稣的父亲约瑟在奥古斯都下令进行人口普查时回到了他在伯利恒的家。正是在那里，耶稣在一个石洞里出生，并被放在马槽里。在君士坦丁统治时期，这个基督教的圣地被夺回。339 年，海伦娜皇后为建在岩洞上的第一座教堂举行献堂典礼。这座教堂建有一个前庭以及一个巴西利卡，中厅两侧各有两排柱子。人们在耶稣诞生的石洞上建了一个八角形的建筑，可以看到下面的洞穴。圣杰罗姆把这里作为他的家之后，这个小镇被进一步神圣化了。后来，原教堂被拆掉，查士丁尼皇帝建造了一座更宏伟的教堂。如今的圣诞教堂使用的是查士丁尼时期教堂的墙壁，这一结构的大部分一直保存到今天。因为外墙所描绘的三个东方贤人（Magi）[1]的着装都是波斯风，这让 614 年教堂在波斯人的征服中侥幸得以保存。1169 年教堂被十字军修复，随后的穆斯林也没有完全摧毁该教堂。然而，许多精美的内部装饰被掠夺，一些大理石被用于建设穆斯林的圣地，如圆顶清真寺。1934 年，原来的马赛克地板被挖掘出来，今天人们还可以通过安装在现在教堂地板上的几扇门看到部分马赛克地板。

上图　圣诞教堂的中厅。大部分的仪式性装饰在十字军时期之后被掠夺，直到 19 世纪末才被修复。

下图　基督诞生祭坛的近景。这里悬挂着 15 盏代表不同基督教教派的灯。

---

[1] 东方贤人出自《新约·马太福音》，耶稣诞生后，东方三贤人前来赠送礼物。

上图 圣诞教堂属于希腊正教会管辖。庆祝基督诞生的祭坛在左边，圣诞马槽和东方贤人祭坛在右边。

下图 伯利恒的圣诞教堂。这座建筑可以追溯到查士丁尼皇帝时代，其结构一直没有改变。它是在君士坦丁修建的教堂的基础上建造的。

希律堡，希律王的宫廷堡垒

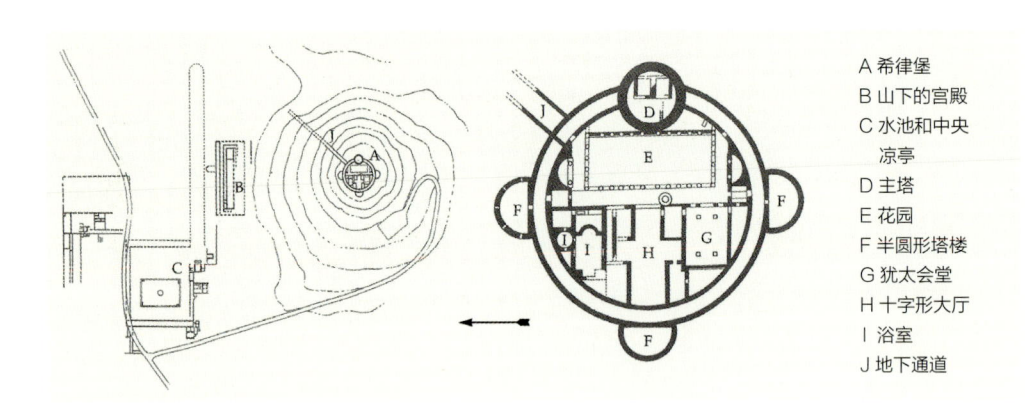

A 希律堡
B 山下的宫殿
C 水池和中央凉亭
D 主塔
E 花园
F 半圆形塔楼
G 犹太会堂
H 十字形大厅
I 浴室
J 地下通道

　　希律堡是世界最著名的建筑之一。从远处看，它就像扣在小山顶上的一个圆锥体。在山脚下曾经有一个宫殿、一个大水池，以及仓库和浴室。在第一次和第二次犹太人起义期间，该堡垒被攻占并成为犹太教狂热派的抵抗据点，而拜占庭时代它是一个修道院。这座宏伟的建筑由希律王建造，原本是想建造一座雄伟坚固的宫殿，死后作为他的陵墓。然而，至今没有发现希律王陵墓的证据。这座独特的圆锥形建筑（包括堡垒和人工土丘）高出自然山顶59米，由两道平行的圆墙组成，直径62米。城墙以一个圆形塔为主，估计最初有16米高。3个半圆形的塔楼建在外墙。宫殿的独特圆锥形是在墙壁和塔楼建成后用泥土和瓦砾倾倒在墙外而成的。进入宫殿只能通过山脚下的一条地下通道，然后再经过一座近5米高的拱形入口进入宫殿的花园。宫殿的内部被分为两部分，一部分是用柱子围起来的花园，另一部分由至少两层楼高的豪华生活区组成。生活区下层是精心设计的澡堂。地板上装饰着几何图案的马赛克，墙体上覆盖着石膏，下半部分是彩色嵌板，上半部分用白色水泥粉饰。山下的宫殿同样宏伟，中心蓄水池不仅可以游泳，也可以停放小船。水池周围是花园和宫廷建筑，还有一个澡堂。人们在山上的宫殿周围的土丘中发现了部分基于希律王时代的地下蓄水池而建造的隐藏通道。这些都是在第二次犹太起义期间由巴尔·科克巴的追随者建造的。宫殿里还发现了犹太会堂和浸礼池的遗迹，以及反叛者建造的几个小炉子。虽然考古学家也不能总是准确分辨出第一次和第二次起义的遗迹，但还是发现了包括武器在内的许多文物，以及两组反叛者发行的硬币。后来，在拜占庭时代，人们在宫殿的废墟上建立了一个修道院。今天，该遗址的孤立性使其更加独特，它展示了希律王天马行空的想象力。

希律王在犹太高地沙漠建造的这座城堡从很远的地方就可以看到，独特的圆锥形尤其引人注目。宫殿建在人工土丘的顶部，而在土丘的底部有一个大水池，既可洗澡，又可储水。希律王建造的这座宫殿不仅是一座靠近耶路撒冷的避难所，也是他的陵墓。弗拉维乌斯·约瑟夫斯提供了关于希律王葬礼队伍的证据，但在遗址的废墟中没有发现王室坟墓的遗迹。

希律堡，希律王的堡垒

希律王为希律堡选择这个地方有两个原因：首先，他想在这个地方建立一个纪念性建筑，以纪念他对哈斯蒙尼人及其同盟取得的巨大胜利；其次，他打算死后葬在这里。然而，挖掘该地的考古学家并没有发现希律王墓的位置。在第二次犹太起义的最后几周，该堡垒还为巴尔·科克巴领导的犹太叛军提供了一个避难所。远观希律堡，倒圆锥体形状的堡垒矗立在一个孤立的山顶上。在建造过程中，人们从内部取土，倾倒在城墙边，形成了一道陡峭的土垒。进入堡垒要通过一条长长的隧道，隧道的尽头是外墙拱门，紧邻宫殿花园。

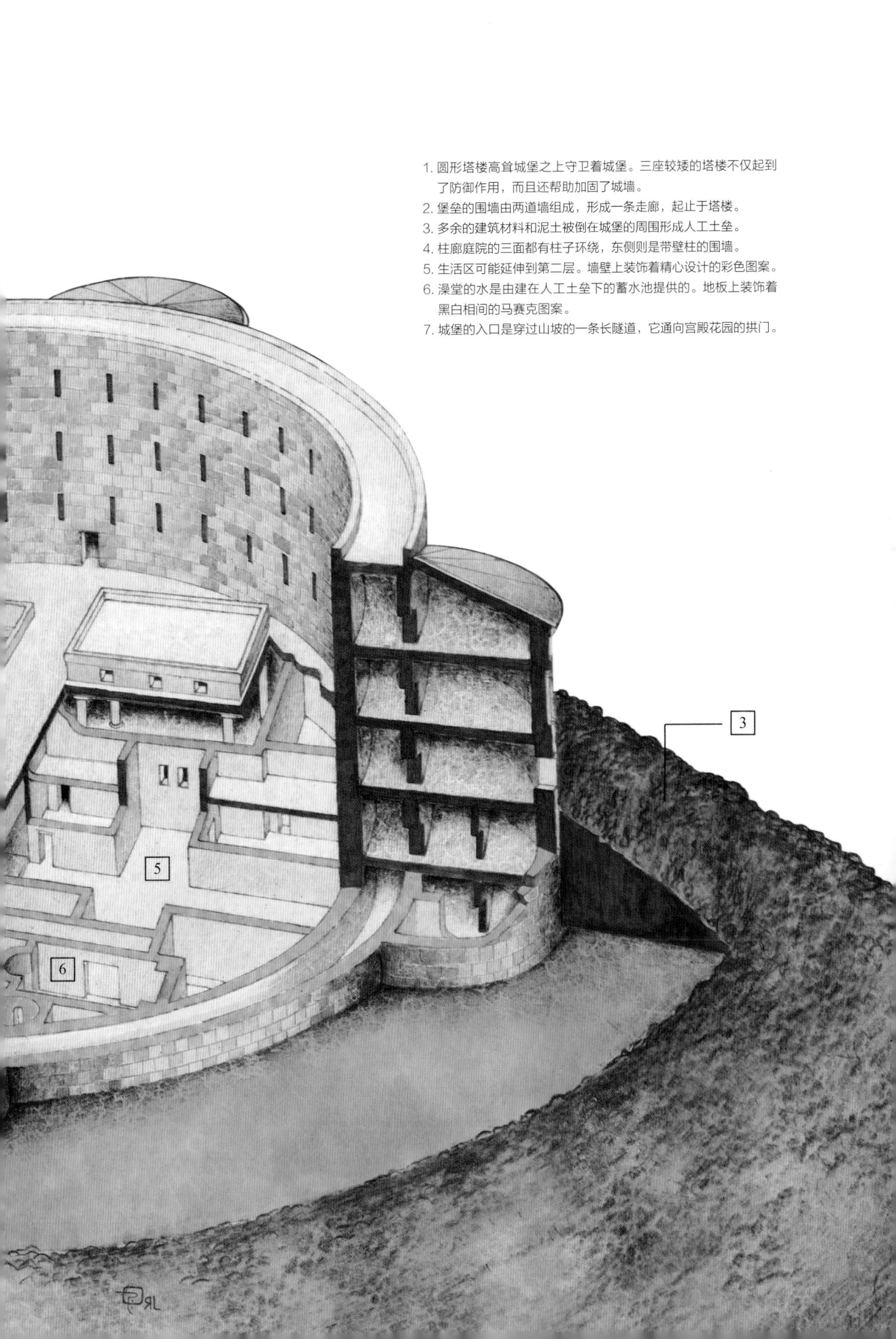

1. 圆形塔楼高耸城堡之上守卫着城堡。三座较矮的塔楼不仅起到了防御作用，而且还帮助加固了城墙。
2. 堡垒的围墙由两道墙组成，形成一条走廊，起止于塔楼。
3. 多余的建筑材料和泥土被倒在城堡的周围形成人工土垒。
4. 柱廊庭院的三面都有柱子环绕，东侧则是带壁柱的围墙。
5. 生活区可能延伸到第二层。墙壁上装饰着精心设计的彩色图案。
6. 澡堂的水是由建在人工土垒下的蓄水池提供的。地板上装饰着黑白相间的马赛克图案。
7. 城堡的入口是穿过山坡的一条长隧道，它通向宫殿花园的拱门。

库姆兰和《死海古卷》

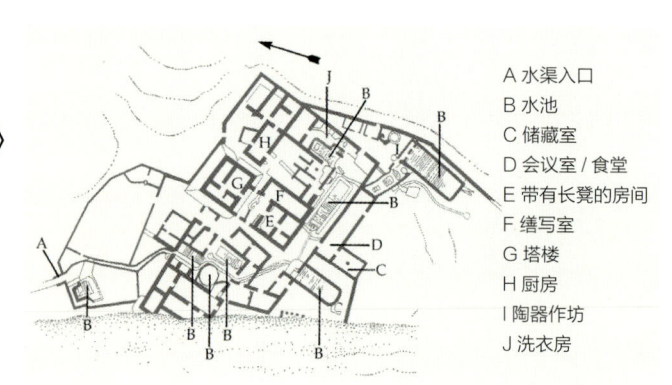

```
A 水渠入口
B 水池
C 储藏室
D 会议室/食堂
E 带有长凳的房间
F 缮写室
G 塔楼
H 厨房
I 陶器作坊
J 洗衣房
```

毫无疑问，库姆兰作为古代的定居点，与《死海古卷》中的一些文书有确凿的关联，许多学者也认为库姆兰与古代犹太教的公社教派艾赛尼派有联系。然而，在以色列没有其他遗址引起过如此多的争议。一种解释认为库姆兰是一个商队驿站，为耶路撒冷与阿拉伯和非洲之角之间的"盐路"上的大量旅行者提供服务。还有人认为该遗址是耶路撒冷一些富人的冬季别墅。甚至还有人认为该遗址是军事堡垒。库姆兰位于向东伸入死海湖滨的高地上，可能是《约书亚记》第15章第61—62节中提到的犹太旷野（沙漠）中的6座城市之一的盐城。该地区在以色列人时期首次有人居住，作为以色列人的沙漠堡垒，很可能在犹大王国灭亡时被遗弃。从公元前2世纪到公元68年第一次犹太起义被镇压期间，除了公元前31年地震后某段时间，该遗址一直有人类居住。虽然考古资料支持库姆兰是一个公社的结论，但没有发现艾赛尼人与库姆兰遗址之间的直接联系，也没有发现艾赛尼人与《死海古卷》所提到的族群之间的联系。该建筑群的大门紧邻两层塔楼。此外，还有另外两个入口。建筑群没有防御工事，围墙由房屋的背面和院墙组成。公用建筑包括一个拥有5个壁炉的厨房。厨房旁边一个长长的大厅，一般认为是食堂；相邻的是一个较小的房间，里面有罐子、盘子、壶、碗和杯子等器皿的碎片，数量多达上千件，可能用于供应公共膳食。该遗址还有一个陶器作坊。另外，人们还挖出了一个长方形房间，可能被用作缮写室，因为发现了1张写字台和3个墨壶。社区的供水系统相当复杂。水通过西北角的水渠进入一个倾泻池，在那里被净化并通过

1947年发现《死海古卷》的山洞之一。干旱的沙漠环境保存了抄录《圣经》文本的羊皮纸和库姆兰社区的文书。

书卷是在库姆兰的山洞里发现的。库姆兰位于俯瞰死海的犹大沙漠中,位置偏远的犹大沙漠为它们提供了相对安全的避难所。

渠道流入社区的7个蓄水池。居住区旁边有一个大型墓地，里面有1000多座坟墓。这些坟墓排列有序，每个坟墓都有一个小石堆作为标记。墓葬中的尸骸几乎都是面部朝上，头部朝南，基本都是男人的尸骸，只有墓地外围有少数妇女和儿童的尸骸。

古代犹太历史学家亚历山大的菲洛和弗拉维乌斯·约瑟夫斯以及长老普林尼都提到了艾赛尼人。据这些历史学家所讲，艾赛尼教派超过4000人，其成员遍布整个巴勒斯坦。他们过着集体同居生活，成员仅限于男性。新成员在被接纳为该教派的正式成员之前有一段见习期，并需要将他们的所有财产交给教派，并保证上交以后的收入。人们普遍认为，《死海古卷》是在68—70年左右由库姆兰社区的居民藏在洞穴里的。其中一些卷轴以及更早发现的其他古代文件，如《大马士革文献》，描述了集体生活的规则，不同于当时主流犹太教的信仰。《会规手册》概述了集体生活的规则，而另外一份名为《光明之子与黑暗之子的战争》的书卷则试图解

上图　在库姆兰的发掘中发现的墨壶，有助于支持"许多《死海古卷》是由该社区的文士写的"的说法。

中图　在库姆兰的一个洞穴中发现了一个可以追溯到1世纪的犹太经匣，仍然保存着4份折叠的羊皮纸文稿或宗教文书。

下图　这些在库姆兰山洞中发现的罐子是用来保存卷轴的，它们使很多文书的完整文本都得以保存下来。

释世界末日前的事件。关于库姆兰的问题，还没有定论。随着更广泛的学术团体加入对《死海古卷》的研究，必然会涌现出许多新的解释。此外，可能还有其他书卷有待发现。其中一些可能仍在贝都因人手中，或为私人所有。更有可能的是，有更多的书卷躺在库姆兰附近悬崖峭壁上坍塌的洞穴中未被发现。

上图 在犹大沙漠的一个洞穴中发现的羊皮纸文件。对这些文本的研究提供了关于1世纪犹大地区人们生活的大量信息。

下图 第二次犹太起义期间，巴尔·科克巴的追随者在"藏经洞"中留下的青铜器、一面镜子和一把钥匙。

马萨达，死海边上的堡垒

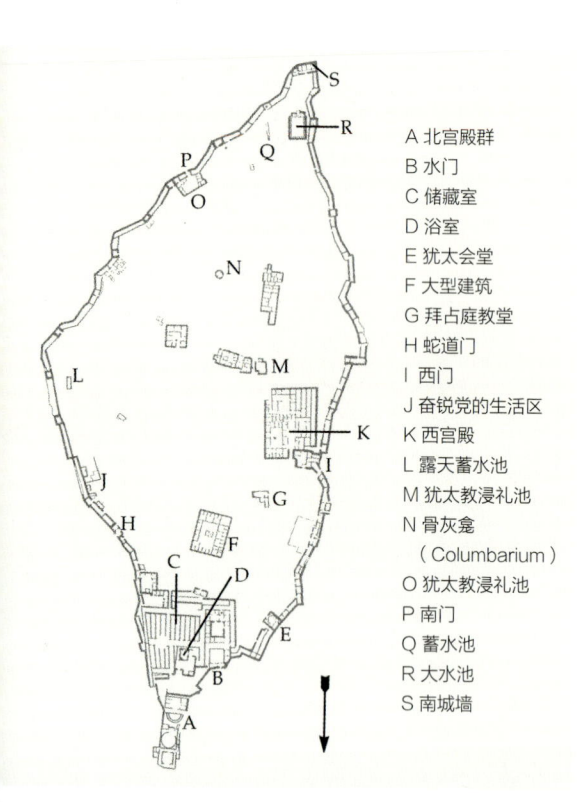

A 北宫殿群
B 水门
C 储藏室
D 浴室
E 犹太会堂
F 大型建筑
G 拜占庭教堂
H 蛇道门
I 西门
J 奋锐党的生活区
K 西宫殿
L 露天蓄水池
M 犹太教浸礼池
N 骨灰龛（Columbarium）
O 犹太教浸礼池
P 南门
Q 蓄水池
R 大水池
S 南城墙

从北望马萨达，远处就是死海，陡峭的悬崖把马萨达平坦的山顶与四周犹大沙漠的高原都隔开了。

马萨达这个由希律王建造的沙漠堡垒是犹太民族最悲壮的象征之一。73年，960名男子、妇女和儿童自杀，坚决不向罗马第十军团的士兵投降。这也是因3年前耶路撒冷被毁而引发的叛乱的终结。马萨达最早被用作堡垒是在哈斯蒙尼王朝时期。公元前40年，希律在逃离安提戈努斯的军队时将他的家人留在了那里。希律王的追随者被围困了很久之后，一场突如其来的大雨重新填满了蓄水池让他们活了下来。不久之后，当希律王成功夺回他的王国时，为了保护自己免受叛乱的犹太人民和埃及女王克里奥帕特拉的威胁，希律王在马萨达建造了精心设计的堡垒和宫殿。马萨达最令人印象深刻的结构仍然是悬挂在山顶北侧的三层宫殿。上层平台有一块居住生活区和一个建在悬崖峭壁上的圆形柱廊建筑。下一层平台也有一个环形的柱廊阳台，主要用于娱乐活动。第三层是方形的，有一个小型的浴室。宫殿的内墙装饰着色彩鲜艳的壁画，其中一些壁画今天仍然可以看到，有些绘有花卉和几何图案，还有一些精美的石雕。马赛克地板上铺设着黑白相间的几何图案。悬空宫殿显然是为了娱乐，也是为了展示希律王的财富和权力。而西宫则更具功能性，不仅包括王室住宅、作坊和储藏室，还包括具有行政功能的房间，如国家接待室。西宫地板上铺着精美的马赛克。有证据表明这座宫殿的某些部分有几层楼高。毗邻的还有3个较小的宫殿。

即使在今天，北侧这个有4个房间的大

上图 从南望马萨达，近处是一个长方形水池，还可以看到堡垒的残墙。

下图 刻着希伯来语人名或绰号的陶片。左下角的陶片上刻着 73 年叛军领袖本·耶尔（Ben Yair）的名字。

位于马萨达北端的悬空宫是为希律王个人使用而建造的、顶层的圆形柱廊用于举办豪华的娱乐活动，第二层也是圆形。第三层是长方形的，有一个小浴室。

浴室也特别令人印象深刻,而且它也是罗马遗址中保存最完好的之一。入口处的房间(更衣室)装饰着石膏壁画,地板铺着黑白相间的瓷砖。还有从温水浴室通向冷水浴室的阶梯水池。热水浴室里支撑火炕供暖系统的地板的小圆柱仍然保存完好。靠近浴室的地方是一个大型的储藏室群,不仅用于保存食物和酒,其中一个储藏室还可以存放贵重物品,如武器或金库。马萨达包括宫殿、澡堂和储藏室的区域,被一堵墙和门与山顶的其余部分隔开。同样,对于一个可能需要在任何时候至少容纳1000人的地方来说,最大的问题是水的供应和储存。马萨达不仅处在一个季节性很强且降雨量非常稀少的沙漠中,而且它还处在一个被陡峭的山体包围的高原上。所以人们设计了一套供水系统,将附近山谷中的雨水引入低坡上的12个蓄水池中。这些蓄水池可容纳40000立方米的水,然后可以用人或驴子将水从一条蜿蜒小路,经过水门,运到山顶的水库。尽管马萨达位于外人几乎无法进入的陡峭之地,但它也修建了高墙进行防御。城墙包围了除山顶北端以外的所有地方,内墙和外墙之间有狭长的房间隔开。马萨达的城墙总共有1387米长,包括70个门厅、30个塔楼和4扇门。在犹太人反抗罗马的6年时间里,当犹太起义军接管马萨达时,他们对希律王的建筑群进行了许多改动。为了容纳大量的家庭,外墙的所有房间都用于居住,宫殿中被细分为住宅单元。起义军还建造了两个犹太教浸礼池,还有证据表明有一个房间可能被用作学经堂。位于西北端的犹太会堂遗址已被部分重建,它面向耶路撒冷,可能是由奋锐党在之前希律王时代的犹太会堂的位置上建造的。祈祷者的披肩、皮凉鞋、陶器等碎片在非常干燥的气候下得以保存。人们还在这里发现了大量的铸币。对研究《圣经》的不同文本非常有价值的是,在废墟的不同地方发现了14个卷轴的残卷。此外,还发现了700多件陶片(有文字铭文的陶片),为我们提供了信息,进一步了解被围困在马萨达山顶的起义军的社会生活。这些陶片主要是用希伯来语或阿拉姆语书写的,但也有少数是用希腊语或拉丁语书写的。

带有科林斯式柱头的角柱,来自宫殿的最底层。在有些地方,仍然可以看到覆盖在柱子和墙壁表面的亮色石膏。

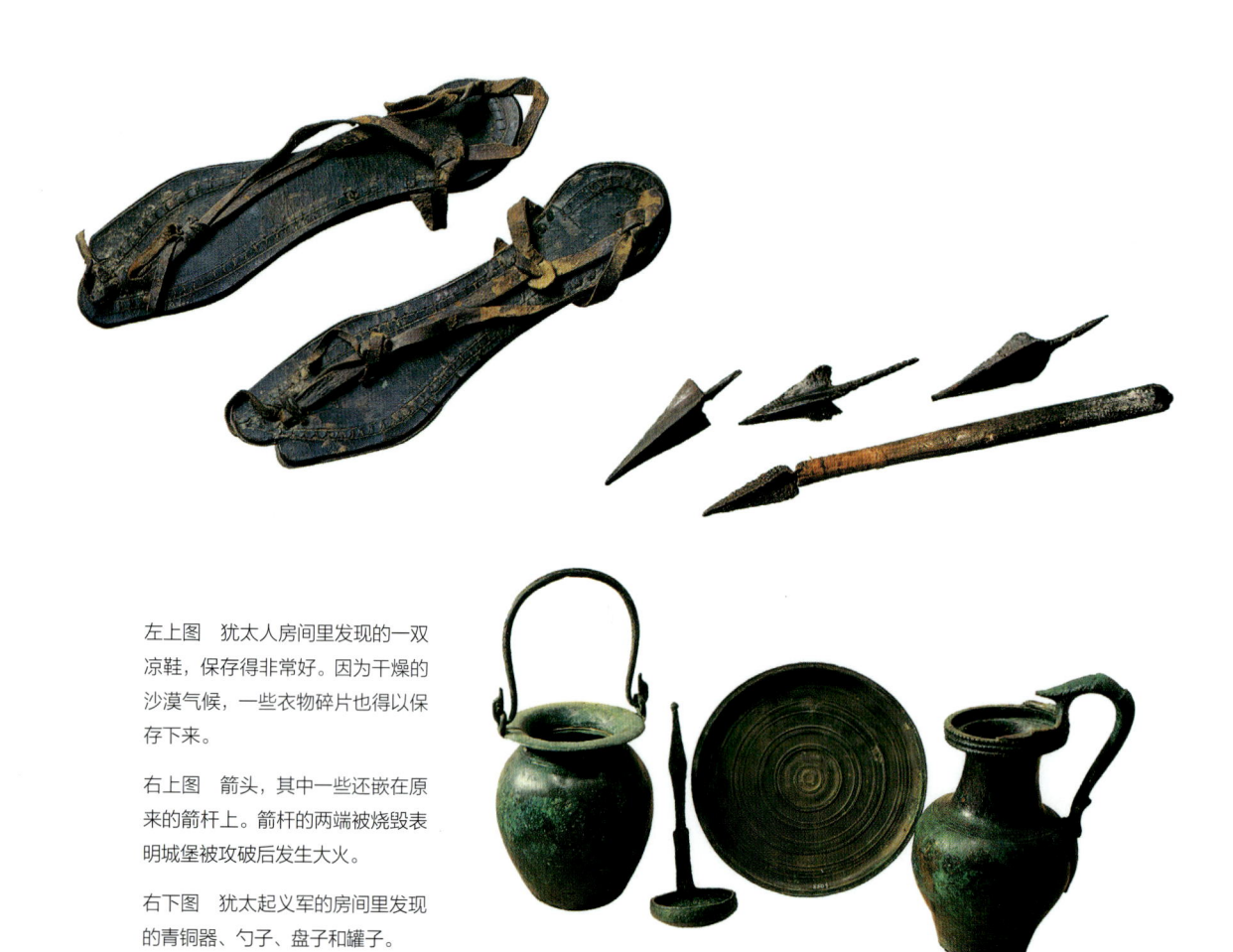

左上图 犹太人房间里发现的一双凉鞋，保存得非常好。因为干燥的沙漠气候，一些衣物碎片也得以保存下来。

右上图 箭头，其中一些还嵌在原来的箭杆上。箭杆的两端被烧毁表明城堡被攻破后发生大火。

右下图 犹太起义军的房间里发现的青铜器、勺子、盘子和罐子。

在仓库附近发现了许多瓦片，似乎表明当时实行的是食品配给制度。4片刻有名字的瓦片旁边都有一个数字。最耐人寻味的是，在守卫仓库入口的内部大门旁边发现了一组11片瓦片，每片都刻有一个名字。其中一个名字是本·耶尔——马萨达叛军的领袖。可能是叛军领袖意识到失败已成定局，抽签决定实施自杀。约瑟夫斯讲述了每个人如何负责杀死自己的家人，然后他们为自己制定了同样的抽签规则，即抽到签的人首先要杀死其他9个人，然后再杀死自己。有很多实物证据证实了约瑟夫斯关于罗马将军弗拉维乌斯·席尔瓦（Flavius Silva）和第十军团围攻马萨达的叙述。罗马人在山脚下建造了8个坚固的营地，然后用12个瞭望塔将各营地连接起来，在周围形成一道墙。犹太叛军不能进不能退。陡峭蜿蜒的蛇道和堡垒上的高墙提供了一定的保护，阻止了大量的士兵攻城，攻城器械也无法运上来。但弗拉维乌斯·席尔瓦下令在山的西侧建造一个巨大的斜坡。为了掩护建造斜坡的士兵，他们在附近的海角放置了投石机。坡道建成后，巨大的破城机器就可以被拖到目的地。撞锤成功地撞开了希律王最初建造的城墙。叛军做了最后一次防御尝试，匆匆忙忙地用木板和泥土筑起了一堵墙，但这堵墙被罗马士兵攻破，马萨达陷落。

马萨达的悬宫

马萨达的悬宫（或称北宫）专门用作休闲场所，是希律王的工程师们的另一项建筑成就。最高一层是一个大厅，有向外突出的半圆空间，空间外环绕着科林斯柱，形成一道柱廊。通过一段覆顶的楼梯连接到下一层，这层主要是一个圆形建筑，其屋顶呈钟铃形，类似于耶路撒冷押沙龙墓上的覆顶。最下面一层呈长方形，包括一个小型的热水浴室。内墙和柱子覆盖着色彩鲜艳的灰泥，大多模仿成珍贵的大理石的样子。

1. 上层与宫殿的其他建筑、大浴室和仓库相邻。
2. 这三层由一段覆顶的楼梯连接起来。
3. 第二层建筑的锥形屋顶独具特色。
4. 在底层的中央，有一个用彩色灰泥装饰的内部庭院。
5. 悬宫有一个小型但豪华的热水浴室。

马萨达堡垒

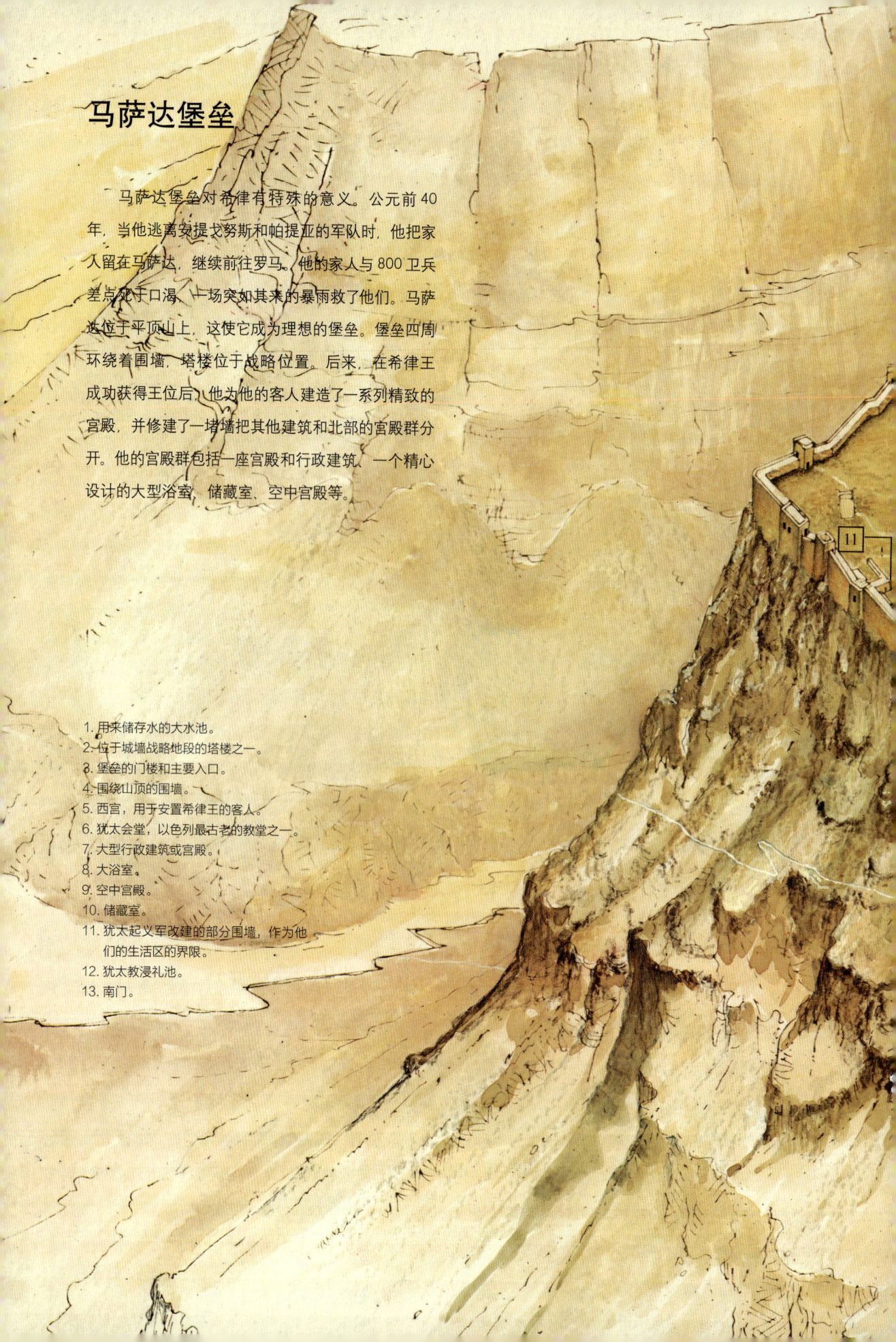

马萨达堡垒对希律有特殊的意义。公元前40年,当他逃离安提戈努斯和帕提亚的军队时,他把家人留在马萨达,继续前往罗马。他的家人与800卫兵差点死于口渴,一场突如其来的暴雨救了他们。马萨达位于平顶山上,这使它成为理想的堡垒。堡垒四周环绕着围墙,塔楼位于战略位置。后来,在希律王成功获得王位后,他为他的客人建造了一系列精致的宫殿,并修建了一堵墙把其他建筑和北部的宫殿群分开。他的宫殿群包括一座宫殿和行政建筑、一个精心设计的大型浴室、储藏室、空中宫殿等。

1. 用来储存水的大水池。
2. 位于城墙战略地段的塔楼之一。
3. 堡垒的门楼和主要入口。
4. 围绕山顶的围墙。
5. 西宫,用于安置希律王的客人。
6. 犹太会堂,以色列最古老的教堂之一。
7. 大型行政建筑或宫殿。
8. 大浴室。
9. 空中宫殿。
10. 储藏室。
11. 犹太起义军改建的部分围墙,作为他们的生活区的界限。
12. 犹太教浸礼池。
13. 南门。

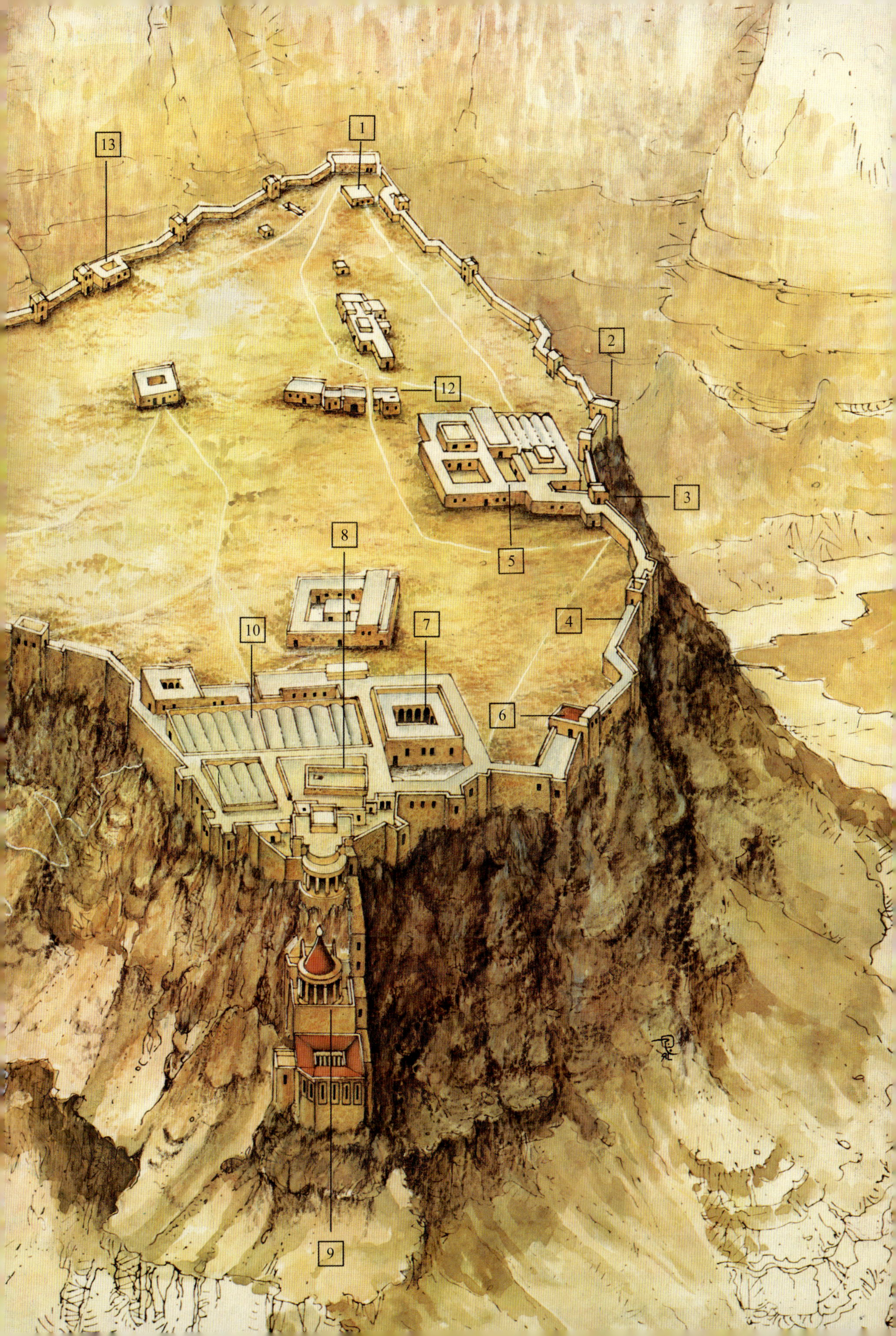
1
2
3
4
5
6
7
8
9
10
12
13

左上图　马萨达发现的大蓄水池的内部。通过水渠把水引入马萨达低坡上的蓄水池，然后被带到山顶。

左下图　火炕供暖系统的小型立柱支撑着大浴室的热水浴室的地板。

上图 墙体把宫殿群与堡垒的其他部分隔开,并将空中宫殿、大浴室、储藏室以及其他宫廷建筑包围起来。

下图 骨灰瓮,也许是用来存放在马萨达死去的非犹太士兵的骨灰瓮。

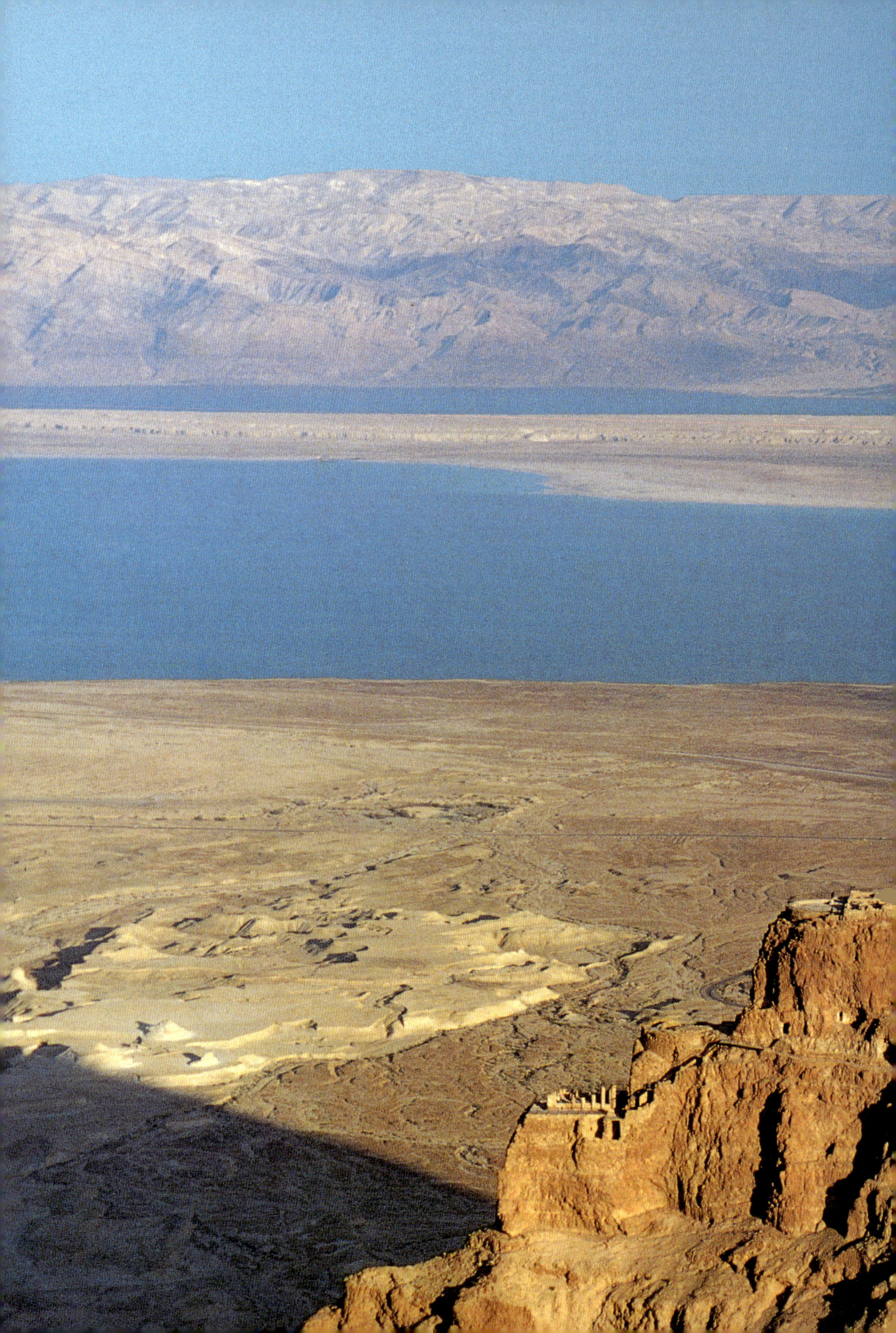

位于马萨达北端的空中宫殿为希律的客人呈现了死海的壮观景色。

上图 索巴塔（希夫塔）在拜占庭时期成为一个不断扩展的大城镇，纳巴泰人在这个时期被迫转向定居的农业生活。

下图 马姆希特（阿拉伯语为Kurnub）位于内盖夫中部，是出现在马德巴马赛克地图上的城市之一，在拜占庭时代是一个重要的贸易城镇。

下页图 希夫塔的拜占庭式北教堂是一座大型建筑，建有修道院，有证据显示它曾是一个朝圣之地。

阿夫达特、马姆希特和希夫塔：沙漠中的纳巴泰人城市

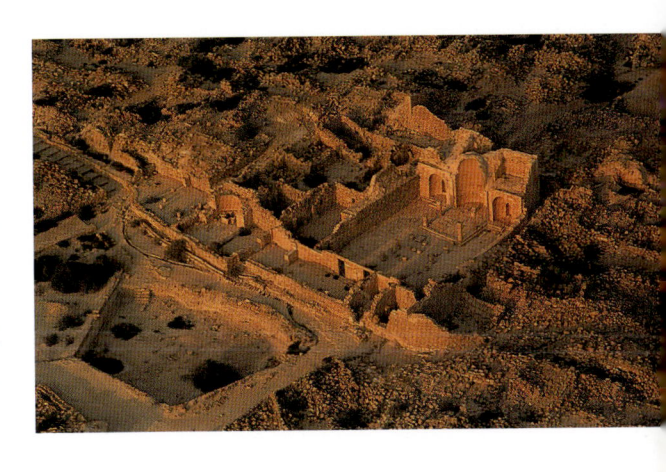

纳巴泰人是一个独特的民族。作为游牧民族，他们以贸易和为穿越沙漠的商队做向导为生。希腊历史学家希罗尼穆斯（Hieronymus）描述说，他们比其他阿拉伯游牧部落更富有，但他们的人数不超过1万人。他们在恶劣的沙漠环境中发明了先进的雨水收集储藏系统。最壮观的纳巴泰遗址是如今位于约旦的佩特拉遗址。香料贸易是纳巴泰人财富的主要来源，从公元前16世纪到1世纪中叶，他们一直处于垄断地位。这些来自遥远的印度、远东及阿拉伯的香料由纳巴泰商人带到了地中海东南岸的港口。公元前1世纪，纳巴泰人专门设立了商队停靠点，建造寺庙、浴室，甚至还提供银行服务。有了银行之后，商人就不用携带银子长途跋涉了。针对拦路抢劫，纳巴泰人也建立起军事系统来进行自我保护。以内盖夫的几个城镇为中心，纳巴泰人的贸易路线向南延伸至阿拉伯北部，向北延伸至大马士革和推罗港。在这些商队停靠点中，现存最完整的是奥博达（Oboda）古镇，它以纳巴泰国王奥博达斯二世（Obodas Ⅱ，公元前30—前9年在位）的名字命名。这个小镇的希伯来名称是阿夫达特（Avdat），来源于阿拉伯语阿卜达（Abdah）。阿夫达特的卫城已经被挖掘出来，可以清楚地看到奥博达斯二世统治时期建造的白色石灰岩神庙的遗迹。这些石材后来被用于建造两个拜占庭教堂。卫城的北面是军营，呈正方形，每边99米长。此外，还可以看到饲养骆驼的围栏，这些骆驼是纳巴泰士兵的坐骑。在发掘中没有发现住宅的遗迹，显然，在纳巴泰人占据阿夫达特的大部分时间里，居民都住在帐篷里。在罗马人侵占了以前由纳巴泰商人垄断的路线后，纳巴泰文化发生了巨大的变化。到了1世纪中叶，纳巴泰人被迫放弃了他们的游牧生活方式，开始在城镇定居，并越来越多地依靠农业。他们很早就开始养马。伴随着对农业的依赖，他们发明了复杂的灌溉系统。马普西斯或马姆希特是纳巴泰人在1世纪末和2世纪过渡到定居的生活方式后，在商队停靠点建造的一个城镇。这里的雨水收集系统保存完好，今天可以在该城市附近的一个小河谷看到3个水坝。水坝可以把稀有的雨水拦截下来。索巴塔镇（Sobata，希伯来语为Shivta，即希夫塔）位于奥博达和内萨纳（Nessana）之间的道路上，在纳巴泰人转向农业之后，其规模扩大了1倍。与阿夫达特一样，希夫塔也是以色列科学家为研究古代沙漠农业方法而创建的实验农场的所在地。

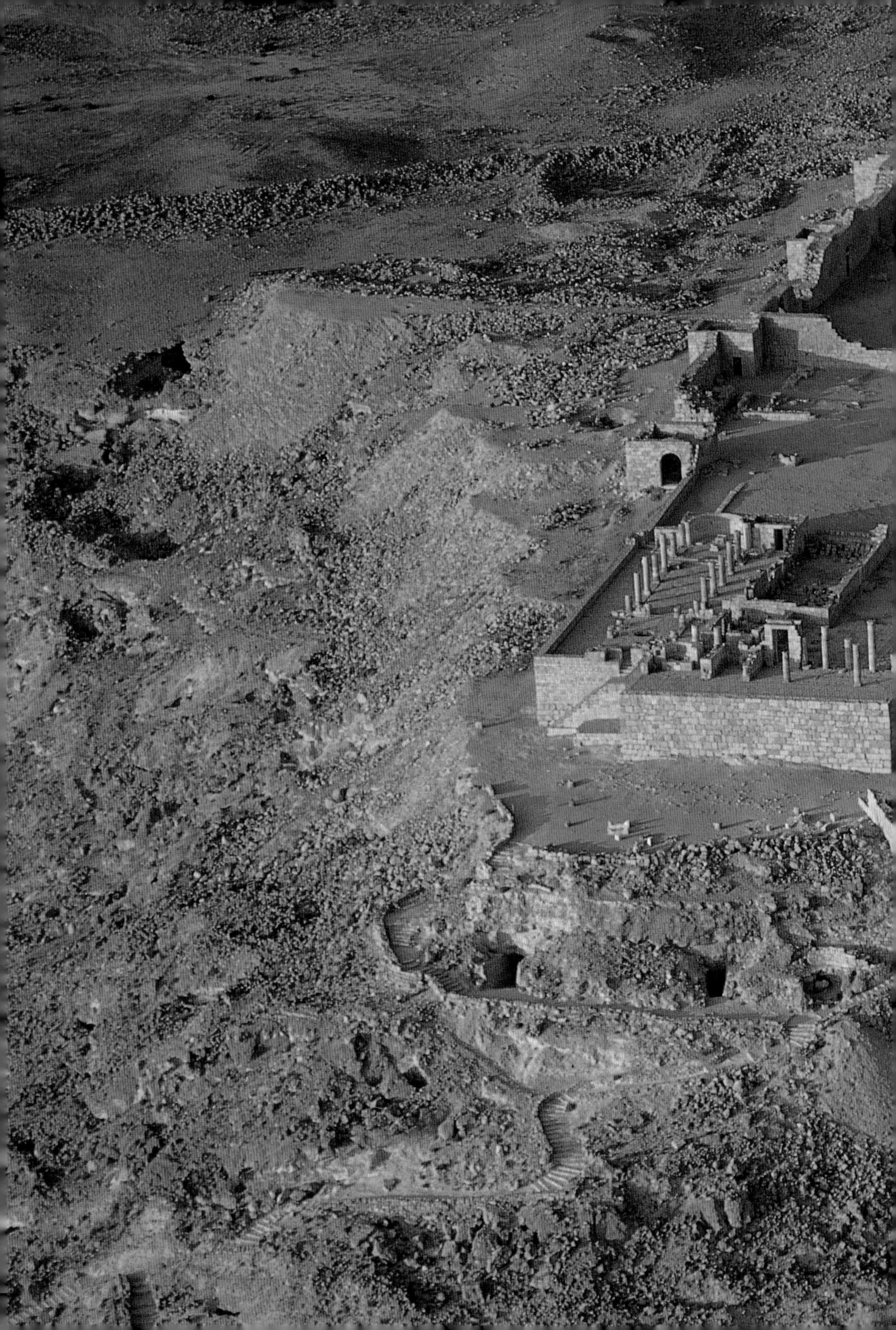

阿夫达特（或奥博达）作为一个重要的文明和宗教中心，位于几条重要贸易路线的交会处。拜占庭式北教堂建在原纳巴泰神庙的地基之上，几根圆柱至今仍然耸立着。

参考文献 | REFERENCES

圣地历史

Aharoni, Y. and Avi Yonah, M., *The Macmillan Bible Atlas*, London 1977.

Y. Tsafrir, (ed.), *Ancient Churches Revealed*, Jerusalem 1993.

Ben-Arieh, Y., *The Rediscovery of the Holy Land in the Nineteenth Century*, Jerusalem 1979.

Benvenisti, M., *The Crusaders in the Holy Land*, Jerusalem 1970.

Connoly, P., *Living in the Time of Jesus of Nazareth*, Oxford 1983.

Crombie, K., *For the Love of Zion, Christian Witness and the Restoration of Israel*, London 1991.

Dothan, T., *The Philistines and Their Material Culture*, Jerusalem 1983.

Flavius Josephus, *Jewish Antiquities: The Jewish War*, h. St. J. Thackeray, (trans.), Loeb edition. E. Barnavi (ed.), *Historical Atlas of the Jewish People*, London 1992.

Millard, A. *Discoveries from the Time of Jesus*, Oxford and Batavia Illinois 1990.

Penslar, D.J., *Zionism and Technocracy, The Engineering of the Jewish Settlement in Palestine, 1870–1918*, Bloomington 1991.

Prawer, J., *The Latin Kingdom of Jerusalem: European Colonialism in the Middle Ages*, London 1972.

Rogerson, J., *The New Atlas of the Bible*, London 1985.

Sheperd, N., *The Zealous Intruders, The Western Rediscovery of Palestine*, London 1987.

J.B. Pritchard (ed.), *Times Atlas of the Bible*, London 1987.

地图与古印刷品

Avi-Yonah, M., *The Madaba Mosaic Map*, Jerusalem 1954.

Bourbon, F., *Yesterday and Today, The Holy Land, Lithographs and Diaries by David Roberts R.A.*, Bnei-Brak, Israel 1994.

Donner, H., *The Mosaic Map of Madaba*, Kampen, Netherlands 1992.

Laor, E. (comp.), *Maps of the Holy Land, Cartobibliography of Printed Maps, 1475-1900*, New York and Amsterdam 1986.

Nebenzahl, K., *Maps of the Holy Land, Images of Terra Sancta through Two Millenia*, N. Y. 1986.

地理

Aharoni, Y., *The Land of the Bible*, Philadelphia 1967.

Shkolnik, Y., *Evergreen Mountain, Eretz*

Guide to the Carmel Park, Givatayim, Israel 1992.

Shkolnik, Y., *Desert Waterways, Eretz Guide to the Nature Reserves of the Dead Sea Valley*, Givatayim, Israel 1991.

Spring Fever, *Eretz Guide to the Sources of the River Jordan*, Givatayim Israel 1991.

耶路撒冷

Avigad, N., *Discovering Jerusalem*, Oxford 1984.

Bahat, D., *The illustrated Atlas of Jerusalem*, New York and Jerusalem 1990.

Ben-Arieh, Y., *Jerusalem in the 19th Century, The Old City*, Jerusalem and New York 1984.

Borgoyne, M.H., *Mamluk Jerusalem*, London 1987.

Corbo, V., *Il Santo Sepolcro di Gerusalemme*, I–III, Jerusalem 1981–1982.

Couasnon, C., *The Church of the Holy Sepulchre in Jerusalem*, London 1972.

Creswell, K.A.C., *Early Muslim Architecture*, I–II, Oxford 1932–1969.

Gibson, S. and J.E. Taylor, *Beneath the Church of the Holy Sepulchre*, Jerusalem, London 1994.

Hamilton, R.W., *The Structural History of the Aqsa Mosque*, Oxford 1949.

Harvey, W., *Church of the Holy Sepulchre*, Jerusalem, London 1935.

Jerusalem Revealed, *Archeology in the Holy Land, 1968-1974*, Jerusalem and New Haven 1976.

Kenyon, K., *Digging Up Jerusalem*, London 1974.

Mazar, B., *The Mountain of the Lord*, Garden City, NY 1975.

Peters, F.E., *Jerusalem the Holy City in the Eyes of Chroniclers: Visitors, Pilgrims, and Prophets*, Princeton 1985.

Prag, K., *Jerusalem (Blue Guide)*, London and New York 1989.

Richmond, E.T., *The Dome of the Rock in Jerusalem*, Oxford 1924.

Shiloh, Y., *Excavations at the City of David (Dedem 19)*, Jerusalem 1984.

Vogue, M. de, *Le Temple de Jerusalem*, Paris 1864.

Yadin, Y., *Jerusalem Revealed, Archeaeology in the Holy City 1968-1974*, Jerusalem and New Haven 1976.

圣地考古

Y. Tsafrir (ed.), *Ancient Churches Revealed*, Jerusalem 1993.

L.I. Levine, (ed.), *Ancient Synagogues Revealed*, Jerusalem 1981.

A. Ben-Tor (ed.), *The Archeology of Ancient Israel*, New Haven and London 1992.

Finegan, J., *The Archaeology of the New Testament*, Princeton 1992.

Goodenough, E.R., *Jewish Symbols in the GrecoRoman Period*, I–XII. New York 1953–1968.

Mazar, A., *Archaeology of the Land of the Bible 10,000-586 B.C.E.*, New York 1990.

Murphy-O'Conner, J., *The Holy Land: An Archaeological Guide from Earliest Times to 1700*, Oxford 1980.

E. Stern (ed.), *New Encyclopedia of Archaeological Excavations in the Holy Land*, I–IV, Jerusalem 1993.

Ovadiah, R. and A., *Moisaic Pavements in*

Israel, Rome 1987.

Pringle, D., *The Churches of the Crusader Kingdom of Jerusalem*, I, Cambridge 1993.

Shanks, H., *Judaism in Stone, the Archeology of Ancient Synagogues*, Jerusalem 1979.

Sukenik, E.L., *Ancient Synagogues in Palestine and Greece*, London 1934.

Yadin, Y., *Bar-Kokhba*, London 1971.

考古遗址

阿卡 ACRE

Dichter, B., *The Orders and Churches of Crusader Acre*, Acre 1979.

巴阿姆 BAR AM

Jacoby, R., *The Synagogues of Bar'Am*, Jerusalem 1987.

贝特阿尔法 BEIT ALPHA

Sukenic, E.L., *The Ancient Synagogue at Beth Alpha*, Jerusalem 1932.

伯珊 BEIT SHEAN

Fitzgerald, G.M., *Beth Shan Excavations 1921-23, The Arab and Byzantine Levels III*, Philadelphia 1931.

Rowe, A., *The History and Topography of Beth Shean I*, Philadelphia 1930.

Yadin, Y., and S. Geva, *Investigations at Beth Shean, The Early Iron Age Strata (Qedem 23)*, Jerusalem 1986.

贝特舍阿里姆 BEIT SHE'ARIM

Avigad, N., *Beth She'arim III, Catacombs 12-23*, Jerusalem 1973.

Mazar, B., *Beth She'arim I*, Jerusalem 1973.

Schwabe, M. and B. Lipshitz, *Beth She'arim II, Greek Inscriptions*, New Brunswick 1973.

贝尔沃 BELVOIR

Benvenisti, M., *The Crusaders in the Holy Land*, Jerusalem 1970.

伯利桓 BETHLEHEM

Hamilton, R.W., *A Guide to Bethlehem*, Jerusalem 1939.

Harvey, W., *Structural Survey of the Church of the Nativity Bethlehem*, Oxford and London 1935.

恺撒利亚 CAESAREA

Frova, A., et al., *Scavi di Caesarea Maritima*, Milan 1965.

Holum, K.G. et al., *King Herod's Dream Caesarea on the Sea*, New York and London 1988.

Raban, A., *The Harbours of Caesarea Maritima*, Oxford 1989.

迦百农 CAPERNAUM

Corbo, V., *The House of St. Peter at Capernaum*, Jerusalem 1970.

Orfali, G., *Caphernaum*, Paris 1922.

Tzaferis, V., et al., *Excavations at Capernaum I, 1978-1982*, Winona Lake, IN 1989.

希律堡 HERODIUM

Corbo, V., *Herodium I: gli edifici della reggia fortezza*, Jerusalem 1989.

Netzer, E. *Herodium: An Archaeological Guide*, Jerusalem 1987.

马萨达 MASADA

Cotton, H. and J. Geiger, *The Latin and Greek Documents (Masada II)*, Jerusalem 1989.

Netzer, Y., *The Buildings. Stratigraphy and Architecture (Masada III)*, Jerusalem 1991.

Yadin, Y., *Masada*, London 1966.

Yadin, Y. and J. Naveh, *The Aramaic and Hebrew Ostraca and Jar Inscriptions*; Y. Meshorer, *The Coins of Masada (Masada*

I), Jerusalem 1989.

米吉多 MEGIDDO

Davies, G.I., *Megiddo*, Cambridge 1986.

Fisher, C.S., *The Excavation of Armageddon*, Chicago 1929.

Guy, P.L.O, *New Light from Armageddon*, Chicago 1931.

Kempinsky, A., Megiddo: *A City-State and Royal Centre in North Israel*, Munich 1989.

蒙特福特 MONTFORT

Benvenisti, M., *The Crusaders in the Holy Land*, Jerusalem 1970.

纳巴泰城市 NABATEAN CITIES

Negev, A., *Personal Names in the Nabatean Realm*, Jerusalem 1991.

拿撒勒 NAZARETH

Bagatti, B., *Gli Scavi di Nazareth I*, Jerusalem 1967.

Folda, J., *The Nazareth Capitals and Crusader Shrine of the Annunciation*, University Park, PA 1986.

库姆兰 QUMRAN

Callaway, P.R., *The History of the Qumran Community: Investigation*, Sheffield 1988.

Cook, E.M., *Solving the Mysteries of the Dead Sea Scrolls: New Light on the Bible*, Grand Rapids, MI 1994.

Laperrousaz, E.-M., *Discoveries in the Judean Desert 6-7*, Oxford 1977–1982.

Milik, J.T., *Ten Years of Discovery in the Wilderness of Judea*, London 1959.

Vaux, R. de, *Archaeology and the Dead Sea Scrolls*, London 1973.

Vermes, G., *The Dead Sea Scrolls: Qumran in Perspective*, London 1977.

萨法德和梅隆 SAFED AND MEIRON

Meyers, E.M. et al., *Excavations at Ancient Meiron, Upper Galilee*, Israel, Cambridge, MA 1981.

塞弗里斯 SEPPHORIS

Miller, S.S., *Studies in the History and Traditions of Sepphoris*, Leiden 1984.

Waterman, L, et al., *Preliminary Report of the University of Michigan Excavations at Sepphoris, Palestine, 1931*, Ann Arbor, MI 1937.

太巴列 TIBERIAS

Dothan, M., *Hammath Tiberias: Early Synagogues and the Hellenistic and Roman Remains*, Jerusalem 1983.

期刊

Biblical Archaeological Review, Biblical Archaeological Society, 4710 41st Street NW, Washington, DC 20016.

Eretz. The Geographic Magazine from Israel, P.O. Box 565, 53104 Givatayim, Israel.

Palestine Exploration Quarterly, Palestine Exploration Fund, 2 Hinde Mews, Marylebone Lane, WIM 5RR London.

1世纪希腊化纳巴泰风格的微型青铜豹。发现于内盖夫的阿夫达特,可能是是亚历山大城真品的仿制品,因为在挖掘过程中还发现了其他的微缩雕塑。(以色列博物馆)

图书在版编目（CIP）数据

以色列 /（以）莎拉·科查夫著；李巧燕译 . -- 北京：中国友谊出版公司，2023.9（2024.5 重印）
书名原文：Israel：Splendour of The Holy Land
ISBN 978-7-5057-5580-2

Ⅰ . ①以… Ⅱ . ①莎… ②李… Ⅲ . ①以色列—历史 Ⅳ . ① K382

中国版本图书馆 CIP 数据核字（2022）第 216925 号

著作权合同登记号 图字：01-2023-0564

White Star Publishers® is a registered trademark property of White Star s.r.l.
© 1995 White Star s.r.l.
Piazzale Luigi Cadorna, 6
20123 Milan, Italy
www.whitestar.it
本书经由中华版权代理总公司授权北京创美时代国际文化传播有限公司。

书名	以色列
作者	[以] 莎拉·科查夫
译者	李巧燕
出版	中国友谊出版公司
发行	中国友谊出版公司
经销	新华书店
印刷	北京中科印刷有限公司
规格	787 毫米 ×1092 毫米　16 开 19 印张　290 千字
版次	2023 年 9 月第 1 版
印次	2024 年 5 月第 2 次印刷
书号	ISBN 978-7-5057-5580-2
定价	168.00 元
地址	北京市朝阳区西坝河南里 17 号楼
邮编	100028
电话	(010) 64678009

如发现图书质量问题，可联系调换。质量投诉电话：(010) 59799930-601

出 品 人：许　永
出版统筹：海　云
责任编辑：许宗华
　　　　　党敏博
特邀编辑：蒋运成
装帧设计：张传营
内文制作：百　朗
印制总监：蒋　波
发行总监：田峰峥

发　　行：北京创美汇品图书有限公司
发行热线：010-59799930
投稿信箱：cmsdbj@163.com